北京物资学院学术专著出版资助项目

北京社会信用管理及社保公共服务体系建设研究

BEIJING SHEHUI XINYONG GUANLI JI
SHEBAO GONGGONG FUWU TIXI JIANSHE YANJIU

闫　俊著

首都经济贸易大学出版社
Capital University of Economics and Business Press
·北京·

图书在版编目(CIP)数据

北京社会信用管理及社保公共服务体系建设研究 /闫俊著.
-- 北京 : 首都经济贸易大学出版社, 2023.4
ISBN 978-7-5638-3468-6

Ⅰ. ①北… Ⅱ. ①闫… Ⅲ. ①信用制度—建设—研究—北京②社会保障—公共服务—研究—北京 Ⅳ. ①F832.4 ②D632.1

中国版本图书馆 CIP 数据核字(2022)第 246520 号

北京社会信用管理及社保公共服务体系建设研究
BEIJING SHEHUI XINYONG GUANLI JI SHEBAO GONGGONG FUWU TIXI JIANSHE YANJIU
闫 俊 著

责任编辑 胡 兰
封面设计 风得信·阿东 FondesyDesign
出版发行 首都经济贸易大学出版社
地　　址 北京市朝阳区红庙 (邮编 100026)
电　　话 (010)65976483 65065761 65071505(传真)
网　　址 http://www.sjmcb.com
E-mail publish@cueb.edu.cn
经　　销 全国新华书店
照　　排 北京砚祥志远激光照排技术有限公司
印　　刷 北京建宏印刷有限公司
成品尺寸 170 毫米×240 毫米 1/16
字　　数 279 千字
印　　张 16
版　　次 2023 年 4 月第 1 版 2023 年 4 月第 1 次印刷
书　　号 ISBN 978-7-5638-3468-6
定　　价 59.00 元

前 言

本书以数字信息时代人口流动性大，居民社会信用体系建设遇到新挑战为背景，以居民断档和公共管理心中无数，缺乏居民信用管理机制，公共服务体系派送能力不足的问题为导向，对信用约束评价的征信管理和经济学的失信惩戒机制构建进行理论研究。具体内容由五个部分构成：北京社会信用管理及社保公共服务体系建设研究；“信用记录”视角下的社会保障服务体制研究；“信用约束”视角下的失信惩戒制度研究；“信用评价”视角下的社保信息管理制度研究；“信用应用”视角下的北京社保公共服务经办体系建设研究。本书在研究方法上关注实践中的最新案例，突出理论联系实际特色，主要建树是从经济学和管理学等视角，研究了构建失信惩戒机制的实现路径和外部性问题。

本书有关居民信用概念及其理论研究，以及从居民社保“权益记录”到“居民档案”和“征信管理”的研究思路和内容，涉及国家行政体制机制改革、社会管理创新的突破点问题，涉及民生保障和全面小康社会的实现机制问题，目的是突破现有研究框架，为解决经济社会发展中的重大问题奠定科研基础，并以此促进政府整体建设和国家行政体制改革，从而充分发挥哲学社会科学界作为党和人民事业思想库和智囊团的作用。

当然，本书研究成果虽然对居民信用记录、约束、评价进行了理论研究并提出了制度建议，但在发展路径设计上还存在系统性思维不足，研究不充分、不深入的问题，未来还需要在信用体系制度构建的系统集成、协同高效等方面进行深入研究。

感谢北京物资学院对本书出版的资助。感谢学界同仁的研究成果（包括出现和未出现在本书中的）给笔者带来的思想启迪。笔者深知，囿于实践和认知的局限，书中错漏之处在所难免，敬请读者批评指正。

2022 年 9 月 12 日

目　录

第一章
北京社会信用管理及社保公共服务体系建设

党的二十大报告提出，健全覆盖全民、统筹城乡、公平统一、安全规范、可持续的多层次社会保障体系，是中国特色社会主义进入新时代，适应人民日益增长的美好生活需要和不平衡不充分的发展之间的矛盾的客观要求。这是在社保体系基本建立基础上提出的新要求，更是到2050年我国实现社会主义现代化强国目标的重大部署之一。从社会保障的角度而言，经过三十多年的努力发展、改革创新，我国已完成社会保障制度的基本建设，建成了世界上超十亿人、规模最大的社会保障体系，并稳步进入高质量发展阶段。

社会保障是国家抵御社会风险的制度安排，涉及全体居民一生。社会保障既需要福利政策顶层设计、公共财政预算支持，也需要良好的管理和服务体系来保障落实。社保服务是政府为居民提供基础公共服务的“龙头”，是社会治理的重要组成内容。其中，基于社保权益记录的社保信用体系建设，则是社保公共服务体系中体现“软实力”的载体。回顾20世纪90年代以来成功实现社会转型和服务型政府建设的国家，均以整合社会保障公共服务体系为突破口，与整个社会信用体系相融合，如美国社保总署、澳大利亚公共服务中联机构等，不仅节约了行政费用支出，还增强了社会信用的无形约束，实现了行政体制改革与公共服务体系建设的互动与进步。

第一节　建立与基本养老保险全国统筹相适应的管理服务体系

2018年，国务院印发《关于建立企业职工基本养老保险基金中央调剂制度的通知》，决定建立中央调剂基金制度。2020年基本养老保险实现省级统筹，为实现全国统筹打下了坚实基础，“十四五”规划目标是“实现基本养老保险全国统筹”。实施企业职工基本养老保险全国统筹是党中央、国务院做出的重大决策，有利于进一步完善养老保险制度，推动养老保险制度更加公平、更可持续。截至2022年底，全国基本养老保险参保人数为10.5亿人，基金收入7.1万亿元，支出6.6万亿元，年底累计结余7.4万亿元，基金运行总体平稳。2022年共跨省调剂基金2440亿元，有效均衡了地区间基金当期收支压力，资金使用效率更高。

全国统筹职工基本养老保险将是全球最大的公共养老金计划和公共服务体系，需要基于国家立法来转变政府职能和管理体制，完善制度建设和管理服务体系。建立与全国统筹相适应的基本养老保险的管理服务体系，需要法治政府和服务型政府，需要建设具有科学决策能力的管理体制、具有高效执行力的经办机构和可以长期合作的服务外包机制（杨燕绥、秦晨，2020）。

一、科学决策和管理体制创新

从管理型政府向服务型政府转变，重在提高决策能力和执行能力，实行管办分离、放管结合，充分利用信息技术和互联网提高数据生产和科学决策能力，通过一体化公共服务体系提高管理服务效率。目前在发达国家中均设立了具有权威性的社会保障执行机构和全国一体化的公共服务体系，如美国社会保障总署、澳大利亚中央公共服务平台等。借鉴国际经验，中国也很有必要依法建立社会保障总局或者国家养老金局，履行中央政府社保预算和待遇计发的决策职责、地方政府的基金征缴与监督职责、基层政府的沟通与服务职责，实行信息大集中垂直管理，形成人财物垂直管理与属地管理对接的网格体制和服务终端下沉和逐渐纳入地方政府的公共服务平台（杨燕绥、秦晨，2020）。

二、经办机构与运行机制创新

基于顶层设计，实现垂直管理和建设全国一体化服务平台，是服务型政府的运行机制。中央养老保险经办机构承担制定养老保险管理服务总体规划、管理制度、业务规范和实施方案职责，并组织实施。地方养老保险经办机构负责细化完善管理制度、业务规范和服务标准，并组织实施；负责省内基金归集和拨付，组织实施本省基金预算，负责省内基金会计核算；完善省级养老保险公共服务平台功能与数据应用，确保各项养老保险待遇及时足额发放到位。基层（含地级市、县级市）养老保险服务机构承担具体的养老保险公共服务事务，逐步推动经办机构受理服务纳入属地政务服务，有条件的地区可实行市场化服务机构准入（杨燕绥、秦晨，2020）。

三、服务外包与合作机制创新

服务外包是政府增加公共服务的有效路径。全国统筹基本养老保险可以选择与具有资产托管资质和窗口服务能力的银行建立长期合作的伙伴关系，共同完善养老金线上支付和特殊情况下的线下支付，满足流动人口和灵活就业人员的服务需求，规范授权清单和银行利用养老基金资产托管获取收益以弥补其服务成本的具体做法。对线下服务和有 15 分钟服务圈半径要求的业务，可以列入政务清单，委托社区服务站代办，并支付服务费用（杨燕绥、秦晨，2020）。

第二节　社保一卡通数字化促进基础公共服务精细化

2011 年 7 月正式实施的《中华人民共和国社会保险法》明确规定：社会保障号码与居民身份证号码相同，赋予社会保险经办机构管理居民权益记录和提供社会保险服务的职责。这标志着我国社会管理和基础公共服务进入“居民权益保护”和“社会网络管理”的全新时代。同期，人力资源和社会保障部公布实行的《社会保险个人权益记录管理办法》要求，全面记录居民社会保险重要信息，信息应涵盖各险种缴费基数、金额等，参保人可从中了解具体的缴费情况。

系统是指由若干部分相互联系、相互作用，形成具有增效功能的整体。系统建设是互联网时代的关键词。互联网时代，城市建设、民生保障和国家治理均凭借数字化，需要大数据，而不是碎片化的信息。社会保障卡是最接近民生、具有包容性的互联网及大数据管理服务工具。社会保障一卡通可以促进管理与服务的融合，在方便参保人的同时，还能促进社会保障管理服务标准化、规范化，由此产生社保大数据，提升政府的数据分析和应用能力，同时建立参保人信用管理制度，通过寓管理于服务的方法，降低制度成本和制度风险，提高制度绩效（杨燕绥、秦晨，2020）。

2009 年，中央首次提出“早日实现社会保障一卡通”。该一卡通具有包括身份凭证、信息记录、自助查询、就医结算、缴费和待遇领取、金融支付等功能，从而实现人社业务一卡通办、政务数据一卡通享、民政服务一卡通用，居民可以手机办事、查询和支付。2018 年，我国发行启动电子社保卡。2019 年 9 月 15 日，国家社会保险公共服务平台正式上线，提供了社保年度参保信息查询、待遇资格认证、养老金测算、社保关系转移等功能，实现全国性跨地区服务。截至 2022 年底，国家社会保险公共服务平台已开通 83 项全国服务，扩展灵活就业人员企业职工基本养老保险参保登记申请、城乡居民养老保险转移申请、城乡居民养老保险待遇申请等“跨省通办”服务功能，开通个人养老金专区服务。全国社会保障卡持卡人数 13.68 亿人，覆盖 96.8%人口。电子社保卡领用人数 7.15 亿人，全年累计访问量 112.85 亿人次。“十四五”期间，人力资源和社会保障部门的工作重点是实现两个信息共享。

一、实现内部信息共享

包括社保卡和权益管理、职业资格证书、技工院校毕业证书、企业年金管理机构资格证书、人力资源服务证书等。为此，我国应当借鉴世界先进经验，建立劳动合同属地管理备案制度和薪酬报告制度，准确提供就业数据和收入分配数据，支持民生保障决策科学化和公共服务均等化。

二、实现部门信息共享

包括高校毕业生、低保扶贫、居住证和户籍、重残家庭、养老金市场等方面的信息。在此基础上，应梳理社保卡在政务领域的应用目录，特别是在社会保险和医疗保险方面，推进社保卡在政务一体化平台中的电子证照共享应用；融合社保卡线上线下应用，支撑相关业务在本省和开通省份的“一卡通办”；在社会保险和医疗保险分家的情况下，仍然应该保持参保人“一窗式”办理的综合柜员制服务。综合治理改革先行地区可以探索各项社会保险和社会保障权益一体化管理、基金监督分别管理，做好记录、保障和服务 100 年的工作准备。

实现信息共享的主要短板不是技术和人才，而是观念和体制。党的十九届四中全会通过的《中共中央关于坚持和完善中国特色社会主义制度　推进国家治理体系和治理能力现代化若干重大问题的决定》提出“创新行政管理和服务方式”“健全权威高效的制度执行机制”“推进全国一体化政务服务平台建设”。因此，要从国家治理角度改革体制机制，从党建和组织部门做起，树立全局观和系统观，育人用人，对各级政府一把手的绩效考核要全局业绩占 30%、属地业绩占 70%，真正打破“井田和作坊”执政的狭隘观念，以参保人为中心，提高政策质量，创新体制机制，提高执行效率（杨燕绥、秦晨，2020）。

第三节　国家养老金公共服务平台的社会信用体系建设

国家养老金公共服务平台要有多支柱的综合治理功能。国家养老金包括基本养老保险、企业年金或职业年金、个人养老金三个支柱，其共同构成养老金的总替代率。在实行基本养老保险全国统筹和完善筹资及待遇基准时，需要同时完善企业年金和个人养老金制度，在养老金三支柱之间形成此消彼长的态势。在基本养老金替代率下降时，通过养老金第二支柱和第三支柱弥补不足，同时激励就业和推动养老理财服务市场的发展。为此，国家养老金信息平台和监督机制应当覆盖上述三个支柱，一是实现分类统计与整合养老金大数据，为完善民生保障决策提供支持；二是分类监督，在基本养老保险之外还要规范养老金合格计划、受托人制度和投资管理；三是整合税务处理，做好征收、减免和延期征收等事务；四是做好国民养老金教育和信息披露（杨燕绥、秦晨，2020）。

我国社会信用基础性法律法规和标准体系已经建立，建成了以信用信息资源共享为基础的覆盖全社会的征信系统，信用监管体制基本健全，信用服务市场体系比较完善，守信激励和失信惩戒机制全面发挥作用。特别是在社会保障领域及劳动用工领域的信用体系建设，现已完成：①在养老、社会保险等方面，建立了诚信制度，打击各类失信行为。②建立社会救助、保障性住房等民生政策实施中的申请、审核、退出等各环节出现的失信及违规信用黑名单制度。③健全社会保险诚信管理制度，加大对社会保险协议服务机构及其工作人员、各类参保人员的违规、欺诈、骗保等行为的惩戒力度，防止和打击各种骗保行为。④落实和完善企业劳动保障守法诚信制度，制定实施重大劳动保障违法行为社会公示办法。⑤建立用人单位拖欠工资违法行为公示制度，健全用人单位劳动保障诚信等级评价办法。⑥加强人力资源市场诚信建设，规范职业中介行为，打击各种黑中介、黑用工等违法失信行为。

全国各地围绕顶层制度设计，在实际工作中创新实践做法，联动破冰重塑地区和行业信用体系。特别是医药行业建立实施信用评价制度，制定失信事项目录清单，抓住医药招采关键环节，以信用评级对应失信惩戒强度，运用供给侧市场准入资格限制手段，约束震慑效果明显。如浙江省首宗药企违法营销失信惩戒案例成为医药行业治理腐败的风向标，其所展现出的寒蝉效应，警示相关医药企业要守住营销合规底线。不仅有效扼制了药价虚高，还开启了治理商业腐败新模式。（见第三章第五节医药企业失信惩戒首案寒蝉效应分析）

第四节　北京市信用管理和社保公共服务体系现状

一、北京市信用管理现状

2018 年 5 月，北京市公布实施了《北京市公共信用信息管理办法》（以下简称《管理办法》），为完善首都市场经济体制、加强和创新社会治理、提高全社会的诚信意识和信用水平、营造优良信用环境提供了坚实的法律保障。《管理办法》明确规定，公共信用信息包括基本信息、良好信息和不良信息三类。同时规定，公共信用信息实施目录管理制度，由北京市经济信息化部门与有关行政机关协商确定归集内容、归集标准、归集方式和公开属性等事项，编制全市公共信用信息目录，并向社会公布；行政机关应当按照职责分工将归集的公共信用信息共享到市公共信用信息服务平台，不得归集法律法规禁止归集的信息。目前，“信用北京”网站已开通上线，社会各界可登录网站查询公开类的公共信用信息或者公共信用信息报告。

公共信用信息有三种披露方式：一是属于依法应当主动公开的公共信用信息，可以通过公共信用信息服务平台查询；二是对于主动公开以外的其他公共信用信息，单位或者自然人可以查询自身信息；三是查询他人信息应当经被查询人书面同意。《管理办法》要求，行政机关在市场监管、行政审批、政府采购、招标投标、国有土地出让、人员招录、职称评定和表彰奖励等工作中，须将公共信用信息作为行政决策的重要依据；明确对信用状况良好的单位和自然人则采取六项激励措施，对信用状况不良的单位和自然人则采取七项惩戒措施，并明确建立全市信用联合奖惩机制和区域合作共建机制；鼓励单位和自然人应用公共信用信息，防范交易风险，提高全社会诚信意识（任笑元，2018）。

二、北京市公共服务体系之医疗机构信用记录现状

北京已建立并实施医疗机构信用记录，公布严重失信者“黑名单”，并公开向公共信用信息平台推送“黑红名单”及联合奖惩信息。北京市卫生健康委员会于 2021 年 4 月下发通知要求进一步加强医疗服务多元化监管，持续从

机构自治、行业自律、政府监管、社会监督等方面发力，提高北京市公共服务体系的医疗服务质量水平。

加强医疗机构自治。从2019年开始，北京市所有医疗机构必须围绕依法执业每年完成一次全面自查。对自查发现的问题，应立即整改，实现全过程持续改进。行业组织依据相关法规要求自主行动，制定和实施本行业内医疗服务信用评价标准。2019年，以健康体检和医疗美容为切入点和突破口，由北京健康管理协会和北京医疗整形美容业协会牵头，制定北京市健康体检和医疗整形美容行业信用评价指标，同时利用信息化手段实施行业内医疗服务信用评价，并将信用评价结果纳入“信用北京”信用平台进行公示。此外，北京市加强卫生健康监督执法信息化工作的顶层设计，建立统一的集行政管理、监督执法、信用监管为一体的医疗卫生综合监管信息平台，构建上可直报国家卫生健康委、下可直达街道乡镇、中可与全市其他业务部门联通的机制，织密全市医疗卫生监管网，实现医疗卫生服务监管信息互联互通，提升系统监管水平。北京市还在部门联通上下工夫，进一步完善协同监管机制，同公安、市场监管、药监、医保等相关部门加强沟通协作，同时在卫生行政部门内部实现监管结果多方应用的信息闭环。具体实践是：结合辖区内医疗机构依法执业自查结果、信用评价结果、校验管理、既往监督检查、投诉举报、不良记分等情况，建立医疗机构信用记录，公布严重失信者“黑名单”，并向各区公共信用信息平台推送“黑红名单”及联合奖惩信息，使严重失信者“一处失信、处处受限”；对诚实守信的市场主体，则优先提供公共服务便利，优化行政监管安排，降低市场交易成本，并积极向市场和社会推介，引导各方面提供优惠和便利，使守信者获得更多机会和实惠，进一步提高守信收益。

第五节 北京居民社保权益记录制度安排和公共服务体系政策建议

围绕公民社会保障个人账户权益记录的内容和信用记录功能，本书提出运用权益记录（从出生到死亡五项内容）、居民档案（全面收录六大类信息）、征信管理（法治建设、指标体系、信息体系）的理论和实践，构建北京居民社会保障权益记录的制度安排和公共服务体系，提出顶层设计方案（如图1-1所示）。

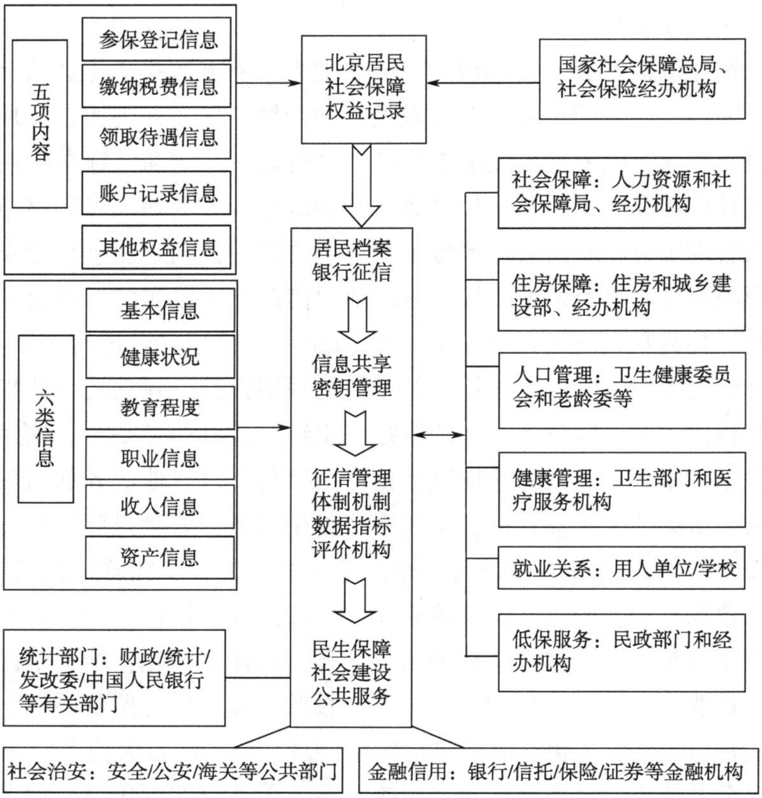

图 1-1 北京居民社会保障权益记录的制度安排和公共服务体系建设的顶层设计结构

一、核心观点

（一）公众对国家的第一需求：保证基本生活安全

国家合理性存在的前提是向公众提供社会保障，这也是公众对国家的第一需求。就业和社会保障既是公民权利，也是公民义务，公民有参加社会保险计划和缴纳社会保险费的义务，国家的社会保险经办机构则有为公民缴费和受益记录终生与服务终生的责任。社会保障权益记录涉及大部分的居民信息，只要与银行征信系统对接，即可构成社会化管理的居民档案，形成居民社会信用体系建设的核心平台。

（二）个人权益记录是社会管理的核心

以居民社会保障权益记录为核心，建立一个号、一张网、一张卡和一个窗口的社保公共服务体系。建立健全信息时代的居民档案，涉及联系方式、基本收入、家庭状态、职业状态等，能够全面反映居民的六大基本信息，是社会建设的突破点，具有社会管理和公共服务的双重功能，也是建设居民档案的基础平台。

（三）北京社会建设进入“公民权益保护”和“社会网络管理”新时代

以社会保障权益记录为核心，在政府部门和社会组织之间构建信息共享机制，形成社保、民政、公安、人口、住建、海关、用工单位的信息联动，互为利用，减少政府运作成本，提高工作效率。

（四）北京聚焦养老保险和医疗保险，完善首都居民信用管理新模式

以首都社保公共服务平台为基础，建立居民社保信用记录，强化信用约束，对养老保险不如实申报信息和缴费的、重复参保的、身故后仍然领取的，实施失信惩戒。重点治理医疗保险领域的居民骗保等违法失信行为，引导居民合理就医。

（五）北京持续推进诚信建设

加快《北京市社会信用条例》立法工作，完善信用“红黑名单”制度、奖惩措施清单制度、信用主体权益保护机制。加速推进北京公共信用信息共享应用，加强首都公共信用信息服务平台建设，及时将居民失信记录上传全国信用信息共享平台，按规定实施联合惩戒。

二、政策建议

结合北京市情及社会信用体系建设实际，提出如下政策建议。

（一）以居民社会保障号为核心，加强社保公共服务管理

居民社会保障号（即居民身份证号）是社会管理的“龙鼻子”，实行统一管理，即一号、一网、一卡和一窗，以社会保障“权益记录”为核心，统一“居民信息系统”（含长期合法居住的外国人）和信息共享机制，派送社会保障公共服务进入社区，方便居民，提高公共服务质量，降低公共服务成本。为此，北京市需要整合散落在多部门的社会保障事项，结束“九龙治水”的局面。

（二）整合人口信息，建立居民档案，提高社会管理的科学性和有效性

“互联网+大数据”的信息时代，人口流动性激增，用人单位职工档案和公安部门户籍管理均出现“断档”现象，解决办法是建立社会化管理的“居民档案”。社会保障号码和社保个人账户是社会管理的重要基础，具有终身性、及时性和互动性特点，自然成为居民档案的核心部分。建议北京市以“居民档案”为中心建立信息共享机制，互联互通，既方便数据统计，也方便城乡居民社保关系的转移携带，从而消除行政部门之间的“信息孤岛”现象。

（三）建设人口数据平台，强化社会信用管理

居民社会保障权益记录和信息系统，是居民社保信用信息采集、加工、使用和隐私保护的操作平台，是制定和执行社会保障政策的依据，可以降低守信居民的生活成本，鼓励居民自律守法，惩治违规失信行为，防止福利欺诈。北京市社保管理机构应与出入境管理部门建立人员信息共享机制，运用边控指纹信息，可以有效收集外流人口信息，由此强化政府管理社会能力，改变“经济增长、数据贫困”的社会现象。

（四）建设社保公共服务的网格体系

基本社会保障服务是公共品，需要整合相关社保服务（含民政、卫生、住房、公安、海关等），与相关行政部门实行“服务协议”制度（人社和民政部门是主要委托人），明确任务、指标、预算、信息披露和绩效考评；自上而下地垂直派送（政策、资金和信息的“高速铁路”）社保服务，与各级地方政府的属地管理实现有效对接（信息共享的“火车站”）。为此，北京市社保经办服务机构需要具备“焊工”能力，改变“垂直即下级等靠上级，属地即上级点菜下级买单”的现象。北京市应率先打破公共服务的部门分割格局，实现政事分离，精简行政部门，强化政府执行能力。根据“决策科学、执行高效、监督到位”原则，设计和实现政府转型，整合社保服务机构，建立征收、管制和服务“三架马车”实施社会管理的运作机制，树立服务型政府组织形象，改变“重收费、强管制、轻服务”现象（杨燕绥、杨丹，2011）。

（五）强化北京市社保经办机构信息系统和主机建设

坚持“政府主导、社会参与和引入市场机制”原则，强化北京市社保经办机构信息系统和主机建设，有效管理居民社会保障权益记录和确保居民信息安全。同时，应建立社保“服务外包”机制，依法生成指令信息（可由服务商使用的信息），完善服务外包的合同制度，政府、社会组织、专业机构以及商业机构（特别是大型商业银行）共同打造开放式、社会化的公共服务体系。既要避免“政府包揽、服务缺失”的现象，又要防止“借公共服务之名、行急功近利之实”的现象，确保受益人利益。

（六）强化社保监督机制

社保经办服务体系自身需要安全保障系统，包括信息安全保障、财务安全保障和基金安全保障。为此，发达国家社会保障机构中50%以上的公务人员位于监控岗位。就我国社保机构而言，可以借鉴人民银行的经验，建立服务窗口、财务管理、风险控制、内部审计、外部稽核和社会监督制度，配置相应的人、财、物，有效防止福利欺诈和基金流失，这也是社保经办机构的重要职能。北京市应建立与具体经办机构分离的、独立的、垂直的社会保障稽核队伍，直接对同级政府负责，尽快改变目前“有名无实”的监控虚设局面。

第二章
“信用记录”视角下的社会保障服务体制

“征”是征收、征集的意思。“信”是信用、诚信的意思。“征信”是一种能够便利地征集获得个人和组织的信用状况的制度安排，目的是让失信者受到约束、受到惩治，让守信者受到褒奖、得到便利。良好的征信机制一旦形成，整个社会就可以非常便利地获得企业、个人和组织的信用状况。这种信用状况的获得不完全依靠政府提供，而是可以通过市场购买获得，如可由社会上专门经营信用产品的公司提供。

在农业社会和工业化初期，居民信用主要体现在劳动所得收入（土地收入）和少量储蓄上，基本没有交易行为、投资行为和资产积累。当下中国的情况已大为不同，特别是在21世纪信息时代大背景下，居民包括中国公民和外国居民，居民财产包括劳动收入、储蓄和理财、投资和股份、固定资产等，居民信用广泛存在于个人之间、个人与经济组织之间，乃至个人与政府之间的交易行为和福利行为中。因此，居民信用成为社会信用的重要组成部分。

第一节　信用的概念

信用，也叫诚信，是指在社会交往中，人与人之间基于信任并因相互承诺的兑现程度所形成的一种社会关系。信用最本质的特征是各类主体在社会交往及社会事务处理中应当“诚实守信”“一诺千金”，它是一种处理各类社会关系的普遍准则，也是自发维护社会秩序使之得以运转的基本要素。

一、信用

（一）狭义的信用概念

狭义的信用概念指经济领域中的信用，是人们在经济交往过程中由于商品买卖的预付款或延期付款，以及直接借贷所形成的经济关系，即经济活动中的资金借贷行为和商品赊销行为。信用本质上是一种承诺，是指在获得商品、服务或资金时，承诺在未来一段时间内偿还。偿还的方式包括商品、服务或资金。社会成员的信用记录是一种无形资产。最通俗的信用定义一般指的是货币借贷关系，是以偿还和付息为条件的一种价值运动的借贷行为，是一种债权债务关系，偿还和付息是其基本特征。

（二）广义的信用含义

广义的信用包括信誉、诚信、信任、声誉等多重内容，甚至还与道德和伦理有关，是一种信念、一种社会共识和价值观，是指在生产、分配、交换、消费等各个社会经济过程中，所有社会个人与法人，包括政府和国家都必须遵守的诚实无欺、信守诺言、不损他人、正当获利的道德规范，是指合作的一方对他方的可靠性和诚实度有足够的信心，从而愿意信赖对方。

可以看出，传统的信用概念本质上是一个关乎道德的概念，是指一个人守不守信用、说话算不算数，属于个人道德范畴。同时，信用也是一个文化范畴，是一种重信守诺的环境氛围。不难发现，传统的信用是一种自律行为，依靠自我约束、自我管理来实现。

（三）信用的发展

发展到现代，信用更多是一种经济、商品、制度、机制的概念，其核心是把与信用有关的信用信息加工成信用产品。此类信用产品，可以是个人消费者的信用报告，也可以是经济主体的资信报告，可以是银行的信用等级，也可以是债券的信用等级，甚至是国家的信用等级。由专门生产信用产品的信用服务机构中介机构、信用服务公司来收集信用信息，然后进行加工生产出信用产品，再把这些信用产品销售给需要的社会主体。在销售过程中，形成一种社会机制：谁的信用等级低，其负面信用信息在信用产品中反映出来之后，谁就贷不到款，就没有人愿意与之交易，于是在就业、经商、贷款等方面就受到制约。这种征信机制有放大的作用，就是把对某一个人的失信、对某一个企业的失信、对某一个机构的失信，扩大为对全社会的失信。在没有建立社会征信制度之前，个体之间的失信没有太好的办法去制约，无外乎下次避开不与之发生交易或下次不再借款给对方。形成征信机制后，就可以将个体间的失信行为转化为其对社会的失信，也就是如果个体信用产品所显示的信用等级低，则其将为后续交易付出高昂的失信交易成本。如果客户的信用等级很低，银行一般就会拒绝给其贷款；找工作的人一旦被潜在雇主发现自己的信用等级很低，也会被拒之门外。

信用体系的建立使信用也可以成为一种商品，具有极强的使用价值。由于信用产品的特殊性，因此它的使用价值随着使用的频率在不断扩大，可以无限多次使用，起到制约失信者的作用。

专栏 2-1

北京市通州区市民信用状况调查报告

2020 年 6 月，北京市通州区社会信用体系建设领导小组办公室发布《通州区市民信用状况调查报告》，本次调查结果共分为 7 部分 19 项。

> 调查显示，80.7%的市民了解个人信用评价制度，使用过京东分、芝麻分；29.7%的人知晓个人信用查询渠道；84.7%的居民表示北京市应当建立个人信用评价制度；65.3%的居民表示个人信用评价制度评价主体应为政府相关部门。居民表示个人信用评价制度评价要素排在前三位的是：个人违法违纪行为信息、个人身份信息及个人社会保障信息。居民表示与个人信用评价无关的因素排在前三位的是：学历、名望及收入。居民表示与个人信用评价正面相关的因素排在前三位的是：见义勇为，除恶扬善、好人好事，扶贫助困及热心公益，慈善捐款。居民表示与个人信用评价负面相关的因素排在前三位的是：房贷及信用卡逾期不还、医闹及不遵守交通规则、违章停车等。居民表示应纳入个人信用评价的行为中排在前三位的是：高铁霸座、考试作弊及欠缴物业费。居民表示应纳入个人信用评价的行为中排在前三位的是：电信诈骗、地沟油流入餐桌及网络购物上当受骗。74.3%的居民表示非常有必要对失信行为进行惩戒。居民表示对失信行为惩罚的方式中排在前三位的是：限制享受公共福利、限制办理贷款及限制乘坐高铁；64.3%的居民表示有必要对个人失信行为建立修复机制。64.3%的居民表示非常有必要对守信行为进行奖励。居民对守信行为奖励的方式最为认可的是：优先享受公共服务。45.3%的居民表示个人负面信息保存期最多不超过5年，31.3%的居民表示个人负面信息应当永久保存。56.3%的居民表示有必要对个人信用评价设置基准日，35.0%的居民表示没有必要。居民表示个人信用评价应当使用的场合中排在前三位的是：享受社会公共福利、办理金融业务及享受基本公共服务；居民最担心个人信用安全的场合中排在前三位的是：网购、移动支付及通过房屋中介租房。
>
> （资料来源：北京市通州区社会信用体系建设领导小组办公室：《通州区市民信用状况调查报告》，http://www.bisp.org.cn/portal.php? mod=view&aid=4090。）

二、信用管理

由于信用呈现碎片化、个性化、偶然化的特征，因此须加以有效管理，形成集约化、标准化、系统化后，才能发挥更大的社会应用价值。信用管理，就是通过对信用活动中的各个环节、各种风险进行管理，包括但不限于信用信息的收集、识别、分析、评估、风险预警与控制，以及后续的结果运用和行为约束，全过程、多层次地介入依法治国和以德治国的方方面面。

（一）信用信息归集

征信信息来源于信用主体的自主申报信息、行业自律组织的内部管理信息和政府主管部门在履职过程中产生的相关登记监管信息，是对信用主体的践约意愿与能力的信息归集。根据信用主体和内容的不同类型，征信分为个人征信、企业征信和公共征信三个方面。

（二）信用信息披露

信息归集是基础，信息披露是手段。通过公开、及时、准确、规范、系统的信用信息披露，犹如在信用主体的头顶悬着一把达摩克利斯之剑，能够促进信用主体的自律和他律，时刻警醒、自觉守信、避免失信。

（三）主体信用评级

日益纷繁复杂的信用活动，仅凭简单的好与坏不足以作为信用的评价标准。信用不仅需要定性判断，而且需要定量分析，信用评级由此应运而生。第三方专业机构基于一定的规则和体系，对信用主体的践约意愿与履约能力作出综合评价，作为信用活动相关参与方的风险控制依据和交易参考指标。

（四）信用激励约束

如果说信息归集是基础，信息披露是手段，那么信用激励约束则是目的。信用信息不是摆设，关键在于它能够起到正向激励和反向约束的作用，即守信激励和失信惩戒所对应的民事与行政司法强制措施。

建立覆盖全社会的征信系统是逐步探索和完善的过程。目前，我国社会信用体系主要有三大支撑。一是个人信用体系，主要依托中国人民银行征信中心建设的基于互联网运行的个人信用信息服务平台。随着社会公众信用意识不断提高，了解个人信用状况的需求日益增加。个人信用信息服务平台可向注册用户提供个人信用信息提示、个人信用信息概要及个人信用报告三种产品服务，该平台的侧重点是个人的相关信贷信息。二是企业信用体系，主要依托国家市场监督管理总局建设的国家企业信用信息公示系统。公示的内容为企业信用信息（包括市场主体的注册登记备案、行政许可审批、年度报告、企业公告、抽查结果、行政处罚等）、经营异常名录、严重违法失信企业名单三个模块。所有涉企信息以树状图式归集到一个统一社会信用代码名下的市场主体之上。按照“谁公示、谁负责”的原则，来自市场监督管理部门、其他政府部门的履职信息以及市场主体自主申报公示的信息，其真实性分别由政府部门和市场主体负责，该公示系统的侧重点是市场主体的经营及其监管信息。三是公共信用体系，主要依托国家发展改革委、中国人民银行指导，国家信息中心主办的“信用中国”网站，打造全国信用信息共享平台，是政府褒扬诚信、惩戒失信的综合性总窗口。网站向社会公众提供“一站式”的查询服务，主要板块有信用动态、政策法规、信息公示、信用服务、信用研究、诚信文化、信用承诺、联合奖惩、个人信用、行业信用、城市信用等。该网站提供重点人群信用信息查询、个人信用关联信息查询等动态查询服务，具有广泛的关联性和综合性的特点。

通过上述“一平台、一系统、一网站”，中国人民银行、市场监管总局、国家发展改革委分别牵头的信用管理体系“三驾马车”各有侧重、互相补充，总体上起到了对相关信用信息的系统性支撑作用。随着时代的发展、技术的进步，特别是互联网大数据和云计算，为信用管理提供了坚实的技术支撑和广阔的应用场景。从信用信息的归集、公示、分析、评级到风险预警和结果运用，信用管理正走进经济社会发展的方方面面。

第二节 信用的价值和作用

信用，从本质上说，是在平等的主体之间或市场交易对象之间所形成的相互信任的生产关系和社会关系；从形式上说，是须兑现、应兑现的行为预期，是人类社会民商活动的一种基本形态与现实需求。因为有信用基础的存在，才有参与各方自觉自愿的反复交易。信用是人际关系和社会关系的基石，正所谓，“与国人交，止于信”（《大学》）；“言不信者，行不果”（《墨子·修身》）。

一、信用的价值

（一）信用的道德价值

诚信是社会主义核心价值观的重要内容，主要体现在个人层面，也延伸和影响至社会层面和国家层面。所谓“欲正其心者，先诚其意”（《礼记·大学》），诚意是个人的道德修养，是儒家孜孜以求的“修身、齐家、治国、平天下”最高理想的精神基础。人因为有诚意，才有对社会的关心和参与的主动性与积极性，才能着眼于自身道德修养的提高，从而成就“内圣”与“外王”之道。

（二）信用的法律价值

《中华人民共和国民法典》第七条规定：“民事主体从事民事活动，应当遵循诚信原则，秉持诚实，恪守承诺。”诚信原则要求，所有民事主体在从事任何民事活动时都应该秉持诚实、善意，信守自己的承诺。诚信原则作为民法最为重要的基本原则，被视为民法的“帝王条款”，是各国民法公认的基本原则。

（三）信用的文化价值

文明社会，礼仪之邦，谦谦君子，一诺千金。守信重诺，既是普罗大众需要遵循的公序良俗，也是主流阶层潜心守护的文化元素。信用作为一种文化符号，是衡量人类社会发展和文明进步程度的一把标尺。

（四）信用的商业价值

信用是一种建立在信任基础上的商业行为能力，受信方不付现款也可获取授信方按照约定提供某种商品或服务的机会，践约的时间期限应当为授信方和受信方双方共同认可和遵守。从商业角度来讲，信用是一种能够获得市场机会和商业利益的生产要素。

（五）信用的社会价值

信用不分地域东西、不分时域古今、不分民族信仰，是人类社会亘古不变的共性主题。没有社会属性的个体并不存在所谓诚信问题。具有社会属性的个体离不开社会的群体环境，社会也离不开具有社会属性的个体参与，信用是一种关于社会对象和社会环境的互动性存在。

二、征信的作用

从传统的银行业征信活动服务来看，征信活动服务的范围很广，如金融业、电信业、公共事业、政府部门等。按服务对象的不同，可以总结出征信具有六方面作用。

（一）防范信用风险，促进信贷市场发展

对于单一个体而言，人类行为在很大程度上具有路径依赖的特点，预测一个人未来行为的最好方法是看其过去的表现，这一点也成为社会信用体系建设的理论基础。

银行如果不了解企业和个人的信用状况，为了防范风险，就会采取相对紧缩的信贷政策。通过征信活动，查阅被征信人的信用历史记录，商业银行能够比较方便地了解企业和个人的信用状况，采取相对灵活的信贷政策，扩

大信贷范围，特别是对缺少抵押品的中小企业、中低收入者等边缘借款人而言，更是如此。

（二）服务其他授信市场，提高履约水平

现代经济的核心是信用经济，授信市场包含的范围非常广泛，除银行信贷外，还包括大量的授信活动，如企业和企业（应收账款）、企业和个人（各种购物卡、消费卡等）、个人与个人（借款）之间的授信活动，一些从事授信中介活动的机构如担保公司、租赁公司、保险公司、电信公司等在开展业务时，均要了解受信方的信用状况。征信活动通过信息共享、各种风险评估等手段将受信方的信息全面、准确、及时地传递给授信方，有效揭示受信方的信用状况，其呈现方式有信用报告、信用评分、资信评级等。

（三）加强金融监管和宏观调控，维护金融稳定

通过征信机构强大的征信数据库，收录工商登记、信贷记录、纳税记录、合同履约、民事司法判决、产品质量、身份证明等多方面的信息，以综合反映企业或个人的信用状况。当从更为宏观的角度对此进行数据分析时，则可以整合出企业、行业乃至国家的整体信用风险状况，因此，可以按照不同的监管和调控需要，对信贷市场、宏观经济的运行状况进行全面、深入的统计和分析，从而清楚了解不同地区、不同金融机构、不同行业和各类机构、人群的负债、坏账水平等，为加强金融监管和宏观调控创造条件。征信对监管者的帮助主要体现在两个方面：监控总体信贷质量，测试银行是否满足监管要求。征信对宏观调控者的帮助，则主要体现在通过整体违约率的测算来判断经济目前所处的周期。

（四）服务政府部门，提升执法效率

根据国际经验，征信机构在信息采集中除了采集银行信贷信息外，还依据各国政府信息公开的法规采集了大量的非银行信息，用于帮助授信机构进行风险防范。在这种情况下，当政府部门因执法而需要征信机构提供帮助时，可以依法查询征信机构的数据库，或要求征信机构提供相应的数据。

通过征信活动，使政府在依法行政过程中存在的信息不对称问题得到有效解决，征信活动也为政府部门决策提供了重要的依据，这些依据主要是通过第三方反映出来的，信息的准确性比较强，有效地提高了执法效率。

（五）有效揭示风险，为市场参与各方提供决策依据

征信机构不仅通过信用报告实现信息共享，而且会在这些客观数据的基础上，通过加工来提供对企业和个人的综合评价，如信用评分等。通过这些

评价，可以有效反映企业和个人的实际风险水平，有效降低授信市场参与各方的信息不对称，从而得到市场的广泛认可，做出更好的决策。其原理在于：一是信号传递作用，通过这些综合评价，将新信息或现有的信息加以综合并提供给市场，市场则根据这些综合评价所处的信用区间，对受信方的信用状况做出整体的评价；二是证明作用，满足一定门槛的信用评分，往往成为监管者规定受信方可取得授信的条件之一。

（六）提高社会信用意识，维护社会稳定

在现代市场经济中，培养企业和个人具有良好的社会信用意识，有利于提升宏观经济运行效率。当然，良好的社会信用意识并不是仅仅依靠教育和道德的约束就能够得到建立的，而是必须在制度建设上相应设计完备的约束机制。征信在维护社会稳定方面也发挥着重要的作用。实践表明，不少企业和个人具有过度负债的冲动，如果不加以约束，可能会造成企业和个人债务负担过重，影响企业和个人的正常经营和生活，甚至引发社会问题。有的国家就曾发生过信用卡过度发展的问题，几乎酿成全民债务危机。一些西方国家建立公共征信机构的目的之一就是防止企业、个人过度负债，维护社会稳定。在我国，征信活动有助于金融机构全面了解企业和个人的整体负债状况，从制度上防止企业和个人过度负债，并有助于政府部门及时了解社会的信用状况变动，防范突发事件对国计民生造成重大影响，维护社会稳定。

专栏 2–2

信用管理是新时代推进德法合治的关键

市场经济的本质是契约经济，而契约经济的核心和灵魂就是信用。道德层面的“信用”，是“信守承诺”的伦理品质和精神内核；法律层面的“信用”，是各方当事人基于“契约”精神及时间差预期而享有的民事权利和应当履行的民事义务。

习近平总书记指出：“法律是成文的道德，道德是内心的法律。”法律调整社会的底线，设定行为的最低标准；道德调整社会的高线，倡导行为的最高标准。从某种意义上说，法律是最低限度的道德，道德是最高标准的法律。法律有成文的条目，道德有公认的标尺。无论是德治语境下的信用，还是法治语境下的信用，都围绕着承诺与践约所设定的时间差预期，来界定其内涵与外延。信用管理兼有道德影响力与法律约束力的双重属性和功能，能将以德治国与依法治国无缝衔接起来，并始终贯穿和有机统一于新时代中国特色社会主义建设的理论创新与伟大实践之中。以守信激励、失信惩戒为导向的社会信用管理体制机制建设，统筹以德治国与依法治国，实行德法合治，扬弃兼行，奖惩并举，是新时代推进国家治理体系和治理能力现代化的重要抓手。

一、信用管理与德治

待人诚实，言而有信，历来是中华民族的传统美德，也是维系社会关系的基本纽带。诚实是一种高贵的品质，是一笔难得的精神财富，是薪火相传的光荣传统。忠诚老实，言行一致，表里如一，谓之诚实；说话、办事讲信用，能履行诺言，说到做到，谓之守信。守信是诚实这种精神品质的行为表现。

虽然儒家侧重于人与人的关系，佛家侧重于人与心的关系，道家侧重于人与自然的关系，但在关于诚信的态度和问题上，儒释道三家可谓殊途同归。

中华文明绵延数千年，长期以来形成了独特的文化价值和思想道德体系。中华优秀传统文化已经成为中华民族文化自信的强大基因，植根在中国人的内心深处，潜移默化影响着国人的思想方式和行为方式。提倡和弘扬社会主义核心价值观，必须从传统文化和习俗中汲取丰富营养，这样才更有生命力和影响力。以德治国从来就不是一句空话。具体到信用方面，强调“言必信，行必果”（《论语·子路》）、“人而无信，不知其可也”（《论语·为政》）。这样的思想和理念，不论过去还是现在，都有着鲜明的民族特色和永不褪色的时代价值，既随着时间推移和时代变迁而不断与时俱进，又有其自身的连续性和稳定性。这是我们中国人的独特精神世界和文化传承，是老百姓日用而不觉的价值观。

国无德不兴，所以要坚持以德治国；人无德不立，所以要坚持诚实守信。道德之于个人、之于社会、之于国家，都具有基础性意义，历来是人们修身养性、完善自我乃至治国安邦的重要工具，而诚实信用则是道德操守最基本最核心的要素。因此，要聚焦信用的精神内核，着眼和着力于以德治国，一体化推进“不敢失信”“不能失信”“不想失信”的意识形态建设。

形成“不敢失信”的心理威慑。以构建与完善一处失信、处处限制、联合惩戒的信用管理体制机制为抓手，警示失信的违法成本，彰显失信的惩戒预期，时刻保持对诚实信用的敬畏之心。

营造“不能失信”的社会舆论。加强信用管理体制机制建设是根本，不断完善顶层设计，补短板、锻长板、优结构、强效能，让失信联合惩戒成为常态化的监管手段和常规化的制度藩篱，在全社会营造诚实守信的舆论氛围。

培养“不想失信”的道德自觉。以弘扬社会主义核心价值观为根本遵循，牢牢把握守信光荣、失信可耻的社会舆论导向，大力推崇信用至上的意识形态，让诚实守信成为全社会的精神自觉和道德风尚。

二、信用管理与法治

治国凭圭臬，安邦靠准绳。“法治是人类文明进步的重要标志，是治国理政的基本方式，是中国共产党和中国人民的不懈追求。法治兴则国兴，法治强则国强。”信用管理不仅是一种德治手段，而且是一种法治手段。进入中国特色社会主义新时代，建立以信息归集共享为基础、以信息公示为手段、以信用监管为核心的监管制度，是社会信用管理体系建设的必然要求。

在“放管服”改革中，信用监管既处于基础地位，也处于核心地位。在放的方面，开展“减证便民”行动，大道至简、政简易从、简政取信；在管的方面，推进“双随机、一公开”跨部门联合监管，探索信用监管、大数据监管、包容审慎监管等新型监管方式，形成全覆盖、零容忍、更透明、重实效、保安全的事中事后监管体系；在服的方面，推行证明事项告知承诺制，简化优化办事流程。

信用监管是“放管服”改革中重要的应用场景，也是加强事中事后监管工作的标志性工程，影响和决定着事中事后监管工作的成败。信用监管是“放管服”改革的关键，是审慎包容的重点，从信用承诺制出发，全面介入宽松便捷的准入环境、公平有序的竞争环境、安全放心的消费环境，能有效提升事中事后监管效能、维护市场公平竞争秩序、降低市场交易成本、优化和改善营商环境，从而构建起企业自治、行业自律、社会监督、政府监管的社会共治格局。

以法治思维加强信用监管。遵循法治轨道，着力构建诚信建设长效机制，规范和健全失信行为认定、记录、归集、公开、惩戒和信用修复等机制，推动社会信用体系迈入高质量发展的新阶段，更好发挥社会信用体系在支撑“放管服”改革和政府职能转变、营造公平诚信的市场环境和社会环境等方面的积极作用。

以法治方式加强信用监管。依托“一平台、一系统、一网站”三大信用信息源的数据支撑，在充分掌握法定公示信息、自主公示信息和政府部门依法归集的信用信息的基础上，参考公共信用评价结果、行业信用评价结果、区域信用评价结果等，对监管对象进行分级分类，建立健全信用风险分级分类制度。根据监管对象信用等级的高低、风险程度的不同，采取差异化的监管措施。将“双随机、一公开”监管与信用风险分级分类监管有效结合起来，进行不定向和定向的信用监管抽查，抽查结果分别通过“一平台、一系统、一网站”进行公示，建立健全信用风险分级分类监管制度。

以法治手段加强信用监管。建立健全以“双随机、一公开”监管为基本手段、以重点监管为补充、以信用监管为基础的新型监管机制。突出信用监管的基础性作用，完善信用约束制度。统一各类失信“黑名单”管理制度，从国家立法立规的高度和层面解决“黑名单”制度的统一规范、管理问题，提高“黑名单”制度的公正性、科学性、有效性。健全失信联合惩戒对象名单管理制度，制定国家层面的失信联合惩戒名单管理办法，明确失信联合惩戒名单的认定依据、标准、程序、异议申诉和退出机制。建立重点关注对象名单制度，对存在失信行为但严重程度尚未达到失信联合惩戒对象认定标准的信用主体，实施与其失信程度相对应的严格监管措施。建立联合惩戒措施清单制度，保持动态更新并向社会公开，构建跨地区、跨行业、跨领域的失信联合惩戒机制，形成行政性、行业性、市场性、社会性失信联合惩戒大格局，从根本上解决失信行为反复出现、易地出现的问题。

三、以信用管理统筹推进德法合治

市场经济是信用经济。德治，是信用正向激励的舆论前提；法治，是信用反向约束的制度保障。信用管理具备统筹德治与法治的特殊属性和功能，能够完美切入和全力营造德法合治的最佳情境。

信用管理丰富了德法合治的时代内涵。法律是准绳，任何时候都必须遵循；道德是基石，任何时候都不可忽视。对守信者给予精神褒扬或物质奖励，对失信者进行精神批判或物质惩处，是信用管理在德法合治中辩证统一、相辅相成的两个方面。信用管理从不同的层面和维度，以不同的方式和方法，无缝联结着德治和法治，极大地丰富了德法合治的时代内涵。

信用管理促进了德法合治的辩证统一。法治和德治是治国理政两个不可或缺的重要方式和手段，如车之两轮、鸟之双翼，互相依靠和依存。通过信用管理的介入，用道德的力量强化信用意识，用法律的手段规范信用行为，坚持依法治国和以德治国相结合，坚持“两点论”，学会“弹钢琴”，法治和德治两手抓、两手都要硬。这是对社会历史经验的全面总结和治国理政规律的深刻把握。

信用管理贯通了德法合治的实现路径。信用管理具有这种天然的特点，即能够作为联系、打通、贯穿德治与法治的桥梁和纽带，是德法合治的共振点、宽严相济的平衡点、虚实结合的联结点。法律实施有赖于道德支持，合法需要合情；道德践行也离不开法律约束，合情也需要合法。情与法的统一，是德法合治的有机统一，是道德和法律在信用管理中的高度融合与共生。法治和德治不可分离，信用管理的兼容性不可偏废，国家治理需要法律和道德协同发力。

信用管理提高了德法合治的治理效能。信用管理兼有道德的力量和法律的威严，能够统筹德治和法治的统一，从而达到合治的效果。法律的有效实施有赖于道德支持，道德的自觉践行离不开法律约束。立法具有天然的滞后性，法律一时难以规范的领域，道德可以随时随地发挥作用；立法具有强烈的针对性，道德无力约束的行为，法律可以践行惩戒。法治，只有建立在坚固的道德基石上，才会牢不可摧，才有深厚的正当性和道义基础。德治，只有建立在坚强的法治保障上，才能教化天下，才有广泛的影响力和强大的鞭策力。以信用管理为抓手，融会贯通道德和法律两个层面，一手抓法治、一手抓德治，促进法律和道德的相辅相成、法治和德治的相得益彰，从而实现德法合治效能的最大化与最佳化。

法安天下，德润人心。信用是修身齐家、兴业治国的基础，信用管理是行之有效的手段。站在两个一百年的历史交汇期，要科学把握新发展阶段，深入贯彻新发展理念，加快构建新发展格局，以构建和完善全覆盖的社会信用体系为抓手，大力推动德法合治，实现经济行稳致远、国家富强安全、社会文明和谐，让法治和德治在国家治理中相互补充、相互促进、相得益彰，加快推进国家治理体系和治理能力现代化。

（资料来源：潘晓峰：《信用管理是新时代推进德法合治的关键》，《市场监督管理》2021 年第 5 期。笔者略做删减和改动。）

第三节 信用记录与征信数据库

凡发生信用关系，围绕有关各方是否履行了各自义务等情况就会形成信用记录，于是就会有信用评级的产生。信用评级是指信用评级机构依托来自某一渠道或社会各方、能够判断经济主体信用状况的信息，按一定标准和指标进行评价之后，用一定符号或文字表示的关于经济主体信用的说明。

信用信息是征信的基础。信用信息是自然人、法人和社会组织在经济活动中信用状况的记录，是交易主体判断和控制信用风险、了解利益相关方信用状况的基础。信用信息包罗万象，主要有商业信用信息、社会信用信息、金融信用信息等。传统的征信业务主要服务于金融借贷活动，以防止信贷交易双方信息不对称，防范和化解信用风险。当前，征信则被广泛应用于经济社会各领域，并对经济社会管理产生了巨大影响，在明确业务领域、拓展市场交易范围、解决信息不对称、培育社会诚信意识、优化商业环境、提供社会管理平台等方面发挥着重要作用。

在我国，由中国人民银行主导的个人信用信息基础数据库，是金融业运用最广泛的信用记录库。此外，司法、行政机构在社会治理中对社会主体在民事责任、工商活动、依法纳税、交通出行、旅游休闲等社会生活中产生的行业管理信息，当然也会形成相应的记录数据库。此外，在互联网交易的大数据时代，网购平台等经济主体根据买方和卖方是否履行交易、卖方交货的品质和时限、买方是否货到付款等信息，也可以建立各自的信用记录库，作为管控网购交易安全或提供网络商店贷款的依据。比如，我国已经完成的商事制度改革中的“五证合一、一照一码”，以及信用记录平台——国家企业信用信息公示系统，与全国信用信息共享平台对接并实现信息共享，对经营异常名录进行信用监管。

专栏 2-3

央行征信中心

根据党中央、国务院部署，中国人民银行从信贷征信起步，从 20 世纪 90 年代初的贷款证制度开始推动全国集中统一的企业和个人征信系统（以下简称“征信系统”）建设。1992 年，原中国人民银行深圳分行推出贷款证制度，1997 年到 2002 年建成银行信贷登记咨询系统（企业征信系统前身）。根据党中央、国务院关于加快社会信用体系建设、加快建设征信系统的重要战略部署，中国人民银行组织商业银行于 2004 年至 2006 年建成征信系统并实现全国联网运行。2006 年，经中编办批准，中国人民银行设立中国人民银行征信中心（以下简称“征信中心”），作为直属事业单位专门负责征信系统的建设、运行和维护。2013 年 3 月 15 日起施行的《征信业管理条例》，明确了征信系统是由国家设立的金融信用信息基础数据库的定位。

一、征信系统覆盖范围广泛

（一）信息规模最大

征信系统已经建设成为世界规模最大、收录人数最多、收集信贷信息最全、覆盖范围和使用最广的信用信息基础数据库，基本上为国内每一个有信用活动的企业和个人建立了信用档案。征信系统收集的信息以银行信贷信息为核心，还包括企业和个人基本信息以及反映其信用状况的非金融负债信息、法院信息和政府部门公共信息等；既有正面信息，也有负面信息。

（二）接入机构广覆盖

立足社会融资规模口径，征信系统接入了所有商业银行、信托公司、财务公司、租赁公司、资产管理公司和部分小额贷款公司等，部分保险公司信用保险业务开始接入，基本覆盖各类放贷机构。近年来，征信中心一直在积极推动小微金融机构全面接入征信系统并为其提供征信服务。2014 年建成小微机构互联网接入系统，有效提高了接入效率、降低了接入成本，小微机构接入数量快速增长。

（三）服务网络覆盖全国

征信中心与报数机构密切合作，征信系统数据质量保持在较高水平，实现信贷信息次日更新，信用报告查询秒级响应。中国人民银行分支机构2 100多个信用报告现场查询点基本覆盖到全国基层县市，征信系统30多万个信息查询端口遍布全国各地的金融机构网点，信用信息服务网络覆盖全国。

（四）非银行信息采集实现新突破

为了全面反映企业和个人信用状况，中国人民银行从2005年开始积极推动工商、环保、质检、税务、法院等公共信息纳入征信系统，共采集了16个部门的17类非银行信息，包括行政处罚与奖励信息、公积金缴存信息、社保缴存和发放信息、法院判决和执行信息、缴税和欠税信息、环保处罚信息、企业资质信息等。

二、征信产品与服务

（一）形成以信用报告为核心的多元化征信产品服务体系

征信产品不断创新、丰富，逐步形成以信用报告为核心的多元化征信产品服务体系。企业和个人信用报告主要用于信贷审批和贷后管理，也广泛用于政府依法履职、资格审查等方面，已经成反映企业和个人信用行为的“经济身份证”。

（二）开展多种信用报告查询渠道建设

征信中心已经为个人提供多种便捷的信用报告查询服务渠道：一是现场查询网点遍布全国的中国人民银行分支机构，截至2021年底，现场查询0.73亿次；二是在全国实现通过互联网提供本人信用报告查询服务。截至2021年底，通过互联网查询平台，公众累计申请信用报告查询1.47亿次。此外，还积极开拓个人信用报告自助查询等其他服务渠道建设，满足社会公众的多样化需求。

（三）信息主体权益保护全面展开

征信中心认真按照《征信业管理条例》要求，在保障系统安全稳定运行的基础上，全面保护信息主体合法权益和信息安全。依法开展信息采集，合规提供查询服务，承诺并践行每年两次向社会公众提供免费查询信用报告服务。通过开设400-810-8866客服电话提供信用报告咨询，组织金融机构积极开展信用报告异议处理服务，提高异议处理效率，切实维护信息主体的知情权、异议权和更正权。

（资料来源：中国人民银行征信中心，http://www.pbccrc.org.cn。）

征信数据是信用信息收集和信用记录而形成的重要资源。将社会征信数据集合建立数据库，是征信体系的基础性工作，没有完善开放的征信数据库，征信体系的建设就是空谈。特别是政府掌控下的政务信息在社会经济活动中公开流动，是现代征信体系最基本的要求。

专栏 2–4

中国人民银行发布《征信业务管理办法》

为贯彻落实党中央、国务院关于征信业规范发展的决策部署，推进征信法治建设，践行“征信为民”理念，加强个人信息保护，中国人民银行发布《征信业务管理办法》，自 2022 年 1 月 1 日起施行。《征信业务管理办法》是《征信业管理条例》的配套制度，与《征信机构管理办法》共同构成征信法治体系的重要组成部分，对依法从严加强征信监管，保障信息主体合法权益和信息安全，促进征信业市场化、法治化和科技化发展具有积极意义。

《征信业管理条例》实施以来，中国人民银行推动国家金融信用信息基础数据库不断完善服务功能，取得突破性进展，在防范金融风险中发挥了征信体系主干作用。同时，批设两家市场化个人征信机构、备案 134 家企业征信机构和59 家信用评级机构，形成中国人民银行征信中心与市场化征信机构优势互补的发展格局，在增加征信有效供给、服务中小微企业融资和支持实体经济发展等方面发挥了重要作用。

《征信业务管理办法》在总结近年来征信业实践经验的基础上，遵循规范与发展并重、机构监管与业务监管兼顾的原则，明确信用信息的范围，细化征信业务的合规要求，规定征信机构、信息提供者和信息使用者的法律责任，为依法合规开展征信业务提供具体可操作的规范指引。

《征信业务管理办法》严格依照国家法律法规，进一步明确征信全流程业务规则。在保障信息主体合法权益方面，规定信用信息采集的方式和原则，明确信用信息加工处理的客观性和准确性要求，全面落实信息主体的知情、同意、异议和投诉等各项权利。在保障信用信息合法使用方面，强调信用信息使用的公平性和正当性。征信机构应当依法合规提供信用报告、信用画像、信用评分、信用评级和信用反欺诈等征信服务，应用于服务实体经济的金融等活动。在保障信用信息安全方面，进一步强化完善征信内控制度建设、征信系统安全管理和征信机构人员管理等监管要求。

中国人民银行将按照《征信业管理条例》《征信机构管理办法》《征信业务管理办法》等规定，切实履行对征信业的监督管理职责，从严督促征信机构、金融机构等各类市场主体，依法合规开展征信业务活动，促进我国征信业规范健康发展，为健全具有高度适应性、竞争力、普惠性的现代金融体系，有效防范化解金融风险提供征信支持。

一、《征信业务管理办法》出台的背景

一直以来，人民银行高度重视征信业发展，坚决贯彻落实党中央、国务院决策部署，积极推动征信业市场化、法治化和科技化发展，在2013年国务院颁布实施《征信业管理条例》后，出台了《征信机构管理办法》等多项规章制度，征信法制框架持续完善。

近年来，随着数字经济的快速发展，互联网和大数据等新技术在征信领域广泛应用，大量有效“替代数据”被采集、分析和应用于判断企业和个人信用状况，征信已突破传统借贷信息共享的范围。同时，金融机构围绕小微企业融资和长尾客户普惠金融服务的征信需求不断提升，人民群众对高质量征信服务也提出了更高的要求。新时代背景下，已有的法律法规和制度不能完全覆盖征信的新业态、新特征。

为更好地贯彻“征信为民”的发展理念，满足新时代征信业规范发展的需求，切实保障征信市场主体的合法权益和信息安全，中国人民银行本着实事求是的原则，在充分调研的基础上，广泛征求并吸收各方意见，制定出台了《征信业务管理办法》。

二、《征信业务管理办法》的主要内容

《征信业务管理办法》以信用信息的采集、整理、保存、加工、提供、信息安全等全流程合规管理为主线，以明确征信业务边界、加强信息主体权益保护为重点。

（一）明确信用信息的定义及征信管理的边界

《征信业务管理办法》按照依法采集、为金融等活动提供服务、用于识别判断企业和个人信用状况等三个维度，将符合上述标准的基本信息、借贷信息、其他相关信息，以及基于这些信息的分析评价信息界定为信用信息。从事个人征信业务应当依法取得个人征信许可；从事企业征信业务和信用评级业务应当依法办理备案。

《征信业务管理办法》定义的征信管理范畴不涉及非商业合作的信息服务。比如，国家机关及法律法规授权的具有管理公共事务职能的组织依职责直接向金融机构提供个人或企业信息的，以及汽车经销商、房产营销中介等市场机构依法代金融机构收集客户信息但并不对客户信息分析处理营利的，不适用本办法。互联网平台开展助贷等相关业务符合征信业务定义的，适用本办法。

（二）规范征信业务全流程

《征信业务管理办法》对信用信息采集、整理、保存、加工、提供和使用等征信业务的各个环节进行了明确规定。主要包括：信用信息采集应遵循“最小、必要”原则，不得过度采集；采集个人信用信息应当经信息主体本人同意，并明确告知信息主体采集信用信息的目的；征信机构要对信息来源、信息质量、信息安全、信息主体授权等进行必要的审查；信息使用者使用信用信息要基于合法、正当的目的，并取得信息主体的明确同意授权，不得滥用；等等。

（三）强调信用信息安全和依法合规跨境使用

《征信业务管理办法》规定征信机构应当强化信用信息安全管理，明确信息安全负责人、设立专职部门，负责信息安全管理工作；应当加强内部人员信息安全管理，完善信息安全内控制度，防范信息泄露。《征信业务管理办法》允许在保障信息安全前提下，在跨境贸易、投融资等经济金融活动中依法合规使用信用信息。

（四）提高征信业务公开透明度

《征信业务管理办法》规定征信机构应客观展示对外提供的信用信息内容，建立评分类产品的评价标准，使评价规则可解释、信息来源可追溯。征信机构应将评分方法、模型、主要维度要素等向人民银行报告，主动向社会公开采集信用信息的类别、信用报告的基本格式和内容及异议处理流程等。

三、《征信业务管理办法》对征信市场发展的意义

通过明确信用信息的定义和规范征信业务全流程，《征信业务管理办法》将进一步提升征信业市场化、法治化和科技化水平，助推征信市场健康有序发展。

（一）明确了信用信息的定义及征信管理的边界

此举能够很大程度上消除市场对政策的不确定性预期，鼓励市场主体适

应数字时代征信产品和服务变革需求，增加征信基础设施投资，更好地应用新兴科技推动征信业务创新发展。

（二）将征信替代数据应用纳入监管

强调从事征信业务须取得合法资质，可有效解决“无证驾驶”的问题，将原先游离于监管之外的新兴征信活动纳入法治监管的轨道，促进市场公平，维护国家金融稳定和金融安全。

（三）对征信业务全流程进行更为具体的规范

这既是对《征信业管理条例》等现有征信业法规制度的必要补充，也是《中华人民共和国民法典》《中华人民共和国网络安全法》《中华人民共和国数据安全法》《中华人民共和国个人信息保护法》等法律法规在征信领域贯彻落实的具体体现，将切实保护征信活动中各方参与主体的合法权益。

（四）降低各参与方的合规风险和合规成本

进一步强化对征信机构、信息提供者、信息使用者的合规要求，降低各参与方的合规风险和合规成本，促进金融机构和征信机构的专业化分工与协作，提升征信行业效率和征信活动市场主体的合规管理水平。

四、《征信业务管理办法》落实《中华人民共和国个人信息保护法》措施

《征信业务管理办法》按照对个人信息依法保护、有限共享的原则，与《中华人民共和国个人信息保护法》关于个人信息主体权益的保护规定全面衔接。

（一）与《中华人民共和国个人信息保护法》在立法理念和基本原则上保持一致

《征信业务管理办法》贯彻《中华人民共和国个人信息保护法》“告知—同意”的个人信息处理规则，采集个人信用信息应当采取合法、正当的方式，遵循最小、必要的原则，不得过度采集；从事征信业务及其相关活动，应当遵循独立、客观、公正的原则，不得危害国家秘密、侵犯个人隐私和商业秘密；使用信用信息，应当基于合法、正当的目的，不得滥用；等等。

（二）强调对个人信息主体同意权的保护

《征信业务管理办法》规定，征信机构采集个人信用信息应当经信息主体本人同意，并明确告知信息主体采集信用信息的目的；信息使用者查询个人信用信息须取得信息主体同意，并按照约定用途使用。

（三）注重对个人信息主体知情权的保护

《征信业务管理办法》规定，征信机构提供信用报告等信用信息查询产品服务的，应当客观展示查询的信用信息内容，并对查询的信用信息内容及专业名词进行解释说明；提供画像、评分、评级等评价类产品和服务的，应当建立评价标准，不得将与信息主体信用无关的要素作为评价标准。

（四）强调对个人信息主体异议投诉权的保护

《征信业务管理办法》规定，信息主体认为信息存在错误、遗漏的，有权提出异议；认为自身合法权益受到侵害时，有权投诉。征信机构、金融机构应依法依规办理异议事项，中国人民银行分支机构应依法依规处理投诉。

五、中国人民银行关于征信业“十四五”时期的发展规划

征信业在优化资源配置、防范化解金融风险、维护金融安全和推动金融服务实体经济中具有重要作用。“十四五”期间，中国人民银行将坚决贯彻落实党中央、国务院决策部署，继续坚持征信市场化、法治化和科技化发展方向，以规范发展、创新提升为主线，以权益保护和信息安全为基本要求，着力构建适应数字时代经济高质量发展的现代化征信体系。

（一）通过严肃监管规则促进征信业规范有序发展

《征信业务管理办法》发布实施后，中国人民银行将结合《中华人民共和国民法典》《中华人民共和国个人信息保护法》《征信业管理条例》和其他征信业制度规定，督促相关市场主体认真贯彻执行《征信业务管理办法》各项监管要求，严格依法合规经营，并对非法从事征信业务的机构和行为依法依规严肃查处。

（二）通过市场化方式深化征信业供给侧结构性改革

按照“建立覆盖全社会的征信系统”的目标，继续推进征信市场基础设施建设，扩展信用信息共享覆盖范围，构建形成多层次、全方位、宽领域的征信体系。在巩固和发展好公共征信服务平台的基础上，根据市场需要引导国有资本、民营资本和社会力量积极参与，有序发展市场化征信机构，增加多层次征信供给。严防资本在征信领域的无序扩张，维护征信供给的公平正义。

（三）通过鼓励科技应用保障征信市场主体的合法权益和信息安全

创新监管方式，强化对征信机构的合规要求，推动实现动态、可持续的征信监管科技，保障征信市场主体的各项合法权益，确保各类征信系统网络环境、技术构架安全可靠。鼓励征信机构依法应用新技术创新征信业务，

在提升服务能力的同时确保信息安全。

六、《征信业务管理办法》的过渡期

《征信业务管理办法》充分考虑互联网平台、数据公司等机构与金融机构业务合作模式的调整，对本办法施行前未取得征信业务资质但实质从事征信业务的市场机构给予了一定的业务整改过渡期，过渡期为该办法施行之日至2023年6月底。过渡期内，中国人民银行将加强对相关机构的业务指导，分步骤推动实现平稳过渡。

（资料来源：https://m.thepaper.cn/baijiahao_14740032。笔者略做删减和改动。）

信用记录要依托征信数据库，并且要对各部门的信息进行共享。社会信用体系的形成，就是要完善全国信用信息共享平台，逐步实现各地区、各有关部门信用信息归集共享和整合。运用大数据，对市场主体服务活动进行事中事后监管，建立并强化守信联合激励和失信联合惩戒机制。目前，我国正积极发展信用服务业，开展社会信用体系建设示范城市创建和信用大数据应用示范工程建设，全面推进统一社会信用代码制度改革，建立健全国家人口基础信息库、国家法人单位基础信息库。

信用记录大数据赋能信用监管，精准刻画市场主体信用状况。一是技术应用。从宏观层面来看，信用监管离不开数据的归集、归类与应用。企查查科技有限公司创始人陈德强表示，长期以来，企查查致力于我国范围内全部市场主体信用数据的归集工作，将相关信用信息精准定位于对应的市场主体名下，形成多维度反映市场主体信用情况的精确画像。在数据的分类与精准应用方面，企查查不断深耕用户使用场景，基于数据挖掘与数据建模，在企业信息查询的基础上持续推出更高阶的功能模块。二是数据共享。信用数据的共享和互通对诚信体系的构建至关重要。增强政府部门间信息共享，建立畅通的政企沟通渠道，可使政府部门更精准、更实时、更全面地掌握监管对象相关信息，做到及时响应，迅速行动。同时，针对一些民营企业的经营风险，政府方面能够借助企查查的大数据分析，及时发现潜在问题，做到负面舆情的提前知悉与把控，建立更好的数据防控系统，完善数据要素市场建设。三是信用赋能。在经历了从顶层设计到信用惠民、信用优企的不同发展阶段后，信用赋能将成为“十四五”时期推进信用体系建设的新使命。在此基础上，我国将进一步完善政府主导、社会参与、信用监管、法治保障的新型体制机制。

第四节　社会保险权益记录

在社会保险领域，与信用相关的主要是社会保险权益记录。《中华人民共和国社会保险法》第 8 条规定："社会保险经办机构提供社会保险服务，负责社会保险登记、个人权益记录、社会保险待遇支付等工作。"此外，《中华人民共和国社会保险法》第 58 条规定："国家建立全国统一的个人社会保障号码。个人社会保障号码为公民身份号码。"要在统一的社会保障号码管理下记录个人权益，这是社会保险契约的组成部分，也是社会保障体系内的公民社会保障权益记录。

《社会保险个人权益记录管理办法》（人社〔2011〕14 号）规定："个人权益记录，是指以纸质材料和电子数据等载体记录的反映参保人员及其用人单位履行社会保险义务、享受社会保险权益状况的信息，包括下列内容：①参保人员及其用人单位社会保险登记信息；②参保人员及其用人单位缴纳社会保险费、获得相关补贴的信息；③参保人员享受社会保险待遇资格及领取待遇的信息；④参保人员缴费年限和个人账户信息；⑤其他反映社会保险个人权益的信息。"

社会保险个人权益记录单是反映参保人员及其用人单位履行参保缴费义务、享受相关待遇等社会保险个人权益记录内容的纸质凭证。开展权益单邮寄工作，一方面是依法依规落实《中华人民共和国社会保险法》《社会保险个人权益记录管理办法》等政策法规的要求，另一方面能让参保人及时了解社会保险个人权益记录情况，有利于发挥参保人对社保工作的督导和推进作用，确保参保人的合法知情权，维护参保人的合法权益，完善社会保险服务管理，对促进社会和谐具有重要意义。

个人权益记录是信息时代建立居民档案和管理居民征信的基础，是社会建设和社会管理的重要组成部分。社会保障涉及全体公民的一生，是公共服务的"龙头"，社会保障号码管理即牵住"龙鼻子"，做到一号、一卡、一网、一窗和一站式服务，是推动体制机制改革、创新社会管理的突破口。

《社会保险个人权益记录管理办法》第 4 条规定："社会保险个人权益记录遵循及时、完整、准确、安全、保密原则，任何单位和个人不得用于商业交易或者营利活动，也不得违法向他人泄露。"保管参保人权益记录是社保机构的核心任务，待人人享有的社会保障体系建成和人人拥有社会保障卡之日，也是居民社会化档案建成之时，社保机构就是服务型政府的“人事部”和“居民档案”的管理者，民政、卫生、公安、人口计划生育等部门应当依法向社保机构报告信息，建立居民信息保密和共享机制，避免政府多部门重复建设和出现信息孤岛现象。

一、社保对账单与个人权益记录的区别

（一）不同点

1. 数据特点不同

社会保险个人缴费信息对账单是固化数据，次年生成当年度对账单，生成后参保人对账户进行变更，对账单不会随之发生变化；个人权益记录则是实时数据，对账户变更的次月，个人权益记录能够做到时时更新。

2. 展示方式和发放频次不同

对账单按年度发放，体现上一年的缴费记录，缴费记录按月展示；权益记录则随时可查，可查询1996年至查询上月之前（不含上月，因受社会保险费为次月征收影响）的缴费记录，记录按年展示。

3. 作用和意义不同

对账单用于参保人核对上一年社保缴费情况；权益记录则用于记录反映清晰、完整、实时的参保缴费信息。由于权益记录体现上月之前（不含上月）的缴费记录，并且包括变动情况，相较于对账单来说，其数据更准确、及时，更方便参保人查看自己当下的缴费情况。一般购房、小客车摇号社保资格审核前，建议参保人自行打印个人权益记录，对自己的缴费情况有初步了解，比照购房、小客车摇号社保方面的要求，检查自己是否符合条件。

（二）相同点

社保对账单与个人权益记录都体现北京市缴费，不体现外地转入记录。两者查询方式都一样，可以通过社会保险经办机构现场自助查询，也可以通过社会保险各地官网及相关应用App，还可以通过第三方如支付宝、微信等小程序查询。

专栏2-5

北京：社保个人权益记录查询打印服务全面优化升级

2021年以来，北京市人力资源和社会保障局深入推进“我为群众办实事”工作。为进一步方便参保单位和参保人查询社会保险个人权益记录，近

日，市人力资源和社会保障局全新升级社会保险权益查询服务，查询服务"内容更齐全、渠道更多样"，实现了线上"电脑+手机"不打烊随时查，线下"社保+银行"跨区域就近查。

一、社保个人权益记录新增17项信息

此次升级丰富了社保个人权益记录的展示内容，新增了缴费记录、缴费地点、补填情况、缴费年限、转移接续原参保地及转移金额、待遇发放等17项信息。可查询打印的表单增加到了12种，包括《参保人员职业年金账户信息》《参保人员转移接续信息》《参保人员养老待遇信息》《参保人员工伤待遇信息》等，实现了权益查询内容全覆盖，可以满足参保人各类查询需求。

居民赵大叔有2010年以前在外地工作并参保缴费的经历，他办理了社保转移业务后，回京继续参保缴费。此外，他还有之前在京农转非缴费的记录。以前如果想查询这些信息，必须到区社保中心现场办理，还没有制式的材料可以打印。现在他可以随时查询相关信息了，打印也很方便。

二、全面拓展线上线下查询打印渠道

为满足参保人打印带有印章的权益记录的需求，本次升级全面拓展线上、线下查询渠道。其中线上查询在原有北京市社会保险个人权益记录查询平台（http://fuwu. rsj. beijing. gov. cn/bjdkhy/ggfw/）的基础上，新增了6种移动端查询方式，包括北京人社App和微信公众号，北京通App及支付宝、微信、百度App中的北京通小程序，充分实现"掌上查询"。线下查询渠道在原有的区社保中心柜台、自助机的基础上，新增了银行网点自助查询。这些渠道出具的权益记录内容、格式均完全一致。

退休的杨大妈在办事时需要提供收入证明，以前必须到区社保中心柜台才能打印退休金的发放明细，遇到人多的时候还需要排队等候。现在她坐在家里，通过手机就能随时查询养老保险和工伤保险待遇的发放明细了。

三、社保权益记录可在银行网点查询打印

通过此次升级，以群众办事"就近办"为目的，线下查询实现了两个"首次"。①首次实现跨区通查。打破原有行政区域限制，现在参保人可以在全市任意一个社保经办服务网点、任意一台社保自助终端机上进行权益记录的查询和打印，实现线下权益记录查询服务的"全市通办"。②首次实现银行查询打印服务。借助银行网点分布广的优势，进一步织密服务网络，将社保服务延伸至银行端。目前，工商银行北京市分行已实现社保权益查询功能，参保人可以在工商银行北京地区全部营业网点的千余台自助机上查询、打印个人社保权益记录。同时，市人力资源和社会保障局还在与其他银行积极对接，争取逐步在更多银行网点实现权益查询、打印等服务功能。

周阿姨从西城区的单位退休后，搬到了郊区居住，想看看自己的养老保险待遇明细，但因为年纪大了，不会操作电脑和手机，也不方便跑远路去西城区，就到家门口的社保所想“碰碰运气”。结果不仅顺利地打印出了待遇明细，社保所的同志还告诉她，在分布更多、离她家更近的工商银行北京市网点自助机上也可以查询、打印社保权益记录。

（资料来源：北京市人民政府网站，http://www.beijing.gov.cn/fuwu/bmfw/shbz/ggts/202110/t20211019_2515378.html。）

二、社保权益记录存在的问题

早前有学者曾指出社保权益记录存在如下问题。一是历史记录的残缺性。尤其是在特殊工种认定的记录上，存在记录中的特殊工种描述与政策不能完全匹配的问题。二是管理技术的疏漏性。对社保记录的管理，管理机构在技术上存在漏洞，个别案例显示造假严重，致使经办机构拥有的权益记录要么不全要么不准，缺乏权威。三是管理工作薄弱的普遍性。或多或少还存在记录不及时，以及基础信息和数据（如身份证号码、参保时间、建账日期、缴费年限和欠费信息等关键性权益记录信息）不全、不准。

专栏 2-6

问卷：参保人对社保权益的了解程度

为了解参保人对个人社保权益的行为和态度，就北京市内的用人单位职工及有雇工的个体工商户进行调查。调查个案共 55 人，均为在京参保者，以全职就业人员占多数，1998 年 7 月 1 日以后参加工作的“新人”占 88%。调查情况如下。

1. 个人维护社会保险个人权益的主动性较差

调查对象使用自助查询机的比重为 16.67%、使用对账单的比重为 48.81%、使用公共查询机的比重为 31.48%。具体分布情况如图 2-1 所示。

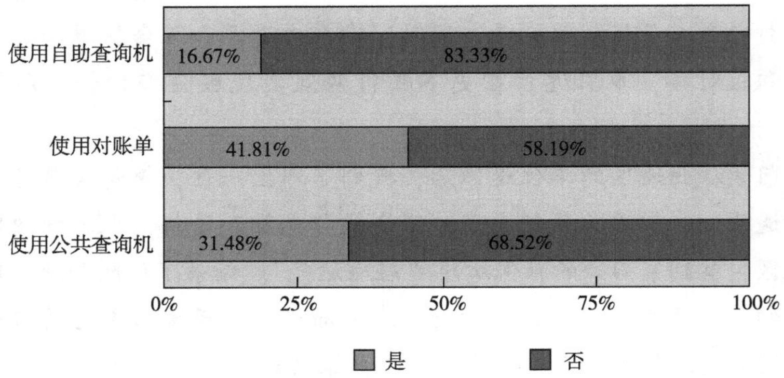

图 2-1　参保人主动使用自助查询机、对账单、公共查询机的情况

进一步了解发现，即使是曾经使用查询机或者到社保经办机构查询缴费情况、开具缴费证明的人群，也是被动的。例如，因办理异地转移被告知需要自己查询到账情况，或者是因购房、购车时需要出具连续五年的社保缴费证明。由于没有养成主动查询社保个人权益的习惯，导致参保人在自身权益受损时才认识到查询个人权益来维护社保权益的重要性，这样的例子比比皆是。例如，有的参保人直到生病就医时才得知由于单位欠缴而无法享受医保待遇，因此不得不垫付大额医疗费；有的参保人直到办理退休时才发现由于此前某用人单位漏缴，导致自己未达到养老最低 15 年、医疗最低 20 年（女）或 25 年（男）的退休待遇领取资格，这时他们再去找原单位补缴，不仅要缴纳更多的费用，而且要花费大量精力与单位协商，甚至有的单位以时隔多年找不到当时的劳动合同和财务凭证为由拒不为劳动者办理补缴，还有的是原单位因注销、关闭等已不存在了。

2. 参保者对个人权益记录记载的基本概念了解程度较低

对缴费基数，53.7%的人表示了解自己的缴费基数，46.3%的人员则表示完全不了解。知道缴费比例的人就更少了，只有 25.49%的受调查者了解北京市的社保缴费比例。对单位参保是否合法的了解程度则更低，90%的人不知道近三年本单位缴纳社保及接受社保缴费稽核情况。具体分布情况见图 2-2 所示。

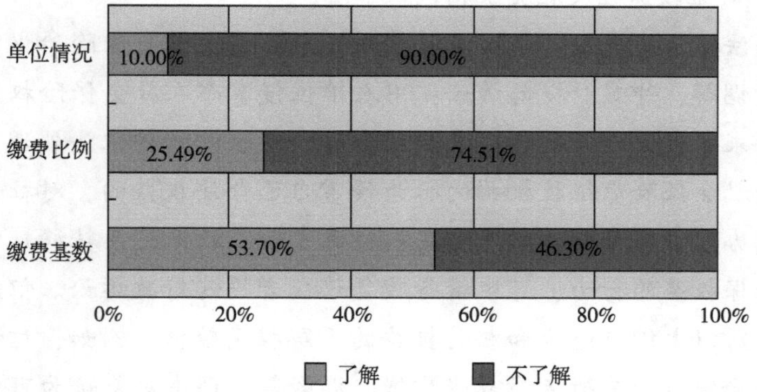

图 2-2 参保人对自己缴费基数、缴费比例及单位情况的了解程度

3. 参保人个人权益信息获取严重依赖单位，对个人权益维权途径认识不足

(1) 个人信息来源严重依赖单位调查发现，参保个人对自身参保情况的了解渠道主要来源于单位的社保负责人、经办人（100%），因此，社保负责人、经办人的政策掌握情况、业务水平和职业道德情况对职工参保有重要影响。

尽管经办人代表单位进行社会保险的代扣代缴，在社保制度和参保者之间搭起了一座桥梁，但也导致参保者对单位经办人过于依赖，从而失去监督意识。参保人通过 12333 热线等政策咨询机构、社保经办机构查询自身缴费情况的比例偏低（24. 53%），劳动保障部门对参保人的影响力有待增强。具体分布情况如图 2-3 所示。

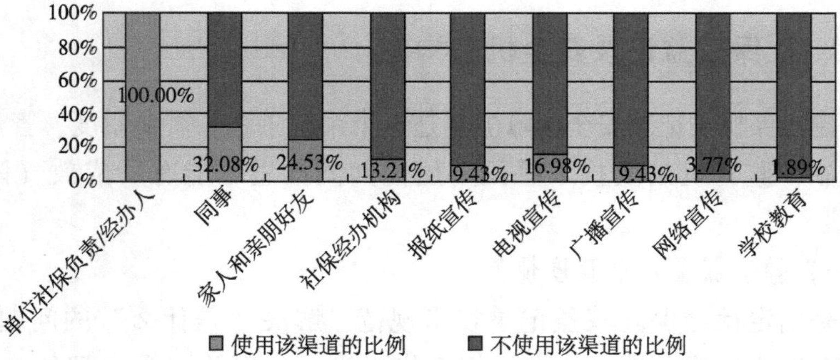

图 2-3 调查对象使用各种渠道了解参保情况的比例

（2）对维权途径及相关机构认识不清

相关法律法规规定：个人与所在用人单位发生社会保险争议的，可以依法申请调解、仲裁、提起诉讼；用人单位侵害个人社会保险权益的，个人可以要求社会保险行政部门或者社会保险费征收机构依法处理。单位和个人认为社会保险费征收机构的行为侵害自己合法权益的，对社保经办机构不依法办理社保登记、缴费核定、待遇支付、社保关系转移接续或者侵害其他社保权益的行为，可申请行政复议或者提起行政诉讼。但是调查发现，个人对以上维权途径和相关机构的了解程度较低。例如，对于一旦出现社会保险纠纷如应缴未缴或者少缴、漏缴等，调查对象认为可以解决的机构，由高到低的回答是：社会保险稽核部门（34%）、劳动仲裁部门（31%）、劳动监察部门（29%）、人民法院（6%）。然而对于以上机构的责权划分，只有不到10%的调查对象表示完全或大部分了解（如图2-4所示）。这说明即使与用人单位在社保问题上产生了分歧、矛盾、纠纷，大部分人也很难有效维护自己的权益。

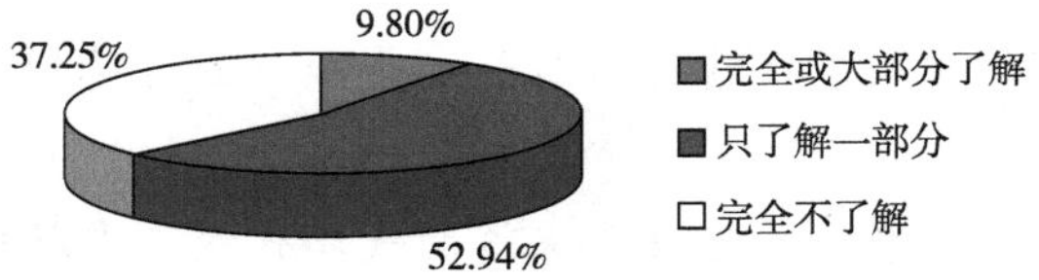

图 2-4　调查对象对相关机构权责划分的了解程度

（资料来源：许东黎：《对北京市社会保险个人权益记录管理服务的思考》，《北京劳动保障职业学院学报》2014年第8卷第2期。笔者略做删减和改动。）

三、社保权益记录安全机制构建

构建社保权益记录安全保障机制是一个系统工程，需要制度、管理体制、工作机制、监管机制及技术手段多层面共同推进才能有所成效（陈仰东，2010）。

（一）建立权益记录制度规范

一是制定社会保险权益记录技术规范，解决“是什么”的问题。明确权益记录基本内容、项目分类、信息代码等，让权益记录“记什么”有标准可循。二是制定社会保险权益记录管理规则，解决“怎么管”的问题。

对权益记录做出规定，使权益记录管理主体和权益当事人有章可循。同时应规定，政府有关部门、企业、社区、中介机构等有向管理主体提供、移交参保人权益记录和协助调查的责任。此外还应规定参保人应当配合调查并有提供权益记录原始凭证的责任，同时任何公民均有依法协助和监督的义务。

（二）完善权益记录管理体制

明确权益记录管理的责任主体。政府主导的经办机构是社会保险权益记录的责任主体。其职责是：负责为参保人建立权益记录档案并永久保存；负责为参保人及时、准确、完整记录履行缴费义务等信息；负责为参保人收集、筛选、取证、甄别散存于原本人档案及其他地方的有关权益记录；负责为参保人及时、准确、完整地记录待遇给付等信息；负责为参保人提供权益记录对账单及其他咨询服务；承诺保护权益人隐私不得对外泄露。为了规范责任主体职责，必须改变现行城乡分割、征收记账分离、信息业务分离的机制，实行城乡一体化、征收记录一体化、信息业务一体化的新体制，消除权益记录多头负责、无人负责的状况。

（三）强化权益记录工作机制

一是建立权益记录责任制。通过明确岗位职责、建立责任制，把好信息入口关。参保人基本信息尽量一次采全、采准。加强对“中人”“老人”基本信息的动态管理，对那种参保时登记、退休时才核对的做法则必须摒弃。应抓住每次调整待遇的机会，认真核对权益记录并修正数据库信息错误。二是及时准确记录个人账户。用心管好个人账户是做好权益记录的中心环节。缴费核对后，根据财务收到的资金信息，业务部门负责每月生成一次个人账户。每年要打印对账单，通过邮寄直接发到本人手里。对账单应该成为管理主体与参保人沟通权益记录的制度化桥梁。三是抓住关系转接易错环节，选派熟悉业务和政策的人专门进行关系处理工作。其实工作人员只要足够认真耐心，就可以帮助当事人处理好权益记录。四是实事求是认定既往权益记录。对于散存于个人档案中的权益记录，正确认定是正确归集的前提。为对参保人权益负责，必须坚持实事求是，历史地看待过去的权益记录。

（四）健全权益记录监管机制

建立行政监管、社会监督、内部控制三层次监督工作体系。人力资源和社会保障行政机关要加强行政监管，工会、企业、媒体、参保人等则应以社会监督角色，对权益记录的管理工作进行评议。经办机构要通过建立组织体系、信息管理系统、档案管理系统、内控系统进一步强化内部监控，要有严密的监测手段和科学的监测方法，对权益记录进行全天候动态监测。所有权益记录信息实行异地备份。

专栏 2-7

广州市探索构建社会保险信用体系

一、社会保险信用体系的建设理念

社会保险作为社会保障体系的重要组成部分，诚信缺失会严重危及社保基金的安全完整和社会保障政策的实施效果，社会保险信用体系的构建是社会保障诚信制度建设的重要环节。

二、社会保险信用体系的信息化管理

（一）建设企业社保诚信数据库

通过深入挖掘广州市社会保险业务系统、社会保险稽核和内控系统的数据资源以及导入外部有效数据，建立企业社会保险诚信基本档案，形成全市范围的以社会保险业务数据和稽核数据为主体的企业社会保险诚信数据库。

（二）建立个人社保诚信黑名单

对存在欺诈骗取社会保险待遇、业务审批资料造假、冒领养老金、虚构劳动关系违规补缴、虚假投诉举报等违规行为的个人，将其列入系统的个人诚信黑名单，并通过与相关系统的接口进行应用。

（三）健全社保信用等级管理机制

1. 评估模型初步成形

要对信用等级进行评价，则需要建立有效的评估模型，定制评价算法，并对模型进行验证和持续调整。①建立信息等级标准，进行分类及定义；②建立信用等级评估标准，对信用得分与信用等级的关系进行定义；③制定信用等级重新评估的机制，对触发机制进行定义；④制定评估模型的验证功能，包括模型合理性检测、模型预评估结果分析等。系统对企业的信用评价结果通过确认后，作为企业初始诚信等级数据，开始正式发布和应用。

2. 评定结果落地应用

为有效应用企业信用等级评定数据，广州市社会保险基金管理中心制定了企业社会保险诚信管理制度，实现了数据的信息化动态管理，达到了信用信息的采集、整合和应用的目标：

一是加大对守信行为的激励力度。建立健全守信“红名单”制度，对守信者依法提供优先办理、简化程序、“绿色通道”等激励政策；加大对守信行为的表彰和宣传，对于信用等级评级高的用人单位，给予本年度内免于稽核等激励措施。

二是加大对失信行为的惩戒力度。通过相关媒体依法向社会公布失信者“黑名单”及违法违规行为的处罚结果，对失信者施以社会性惩戒，并将其列为专项稽核对象，重点核查。

三是加强对单位及个人黑名单的管理力度。系统根据企业的信用等级信息及个人黑名单生成预警信息，通过系统间接口传送到社会保险业务系统、财务系统、稽核系统和内控系统，限制黑名单人员的业务经办或待遇支付，并重点对失信企业进行跟踪和监督。

四是完善投诉人管理功能。投诉人管理功能主要是记录投诉信息，并对投诉进行核实确认，对于有效的投诉信息将依据问题情况调整单位的诚信等级，一经证实，将此人信息放入诚信“黑名单”。

（资料来源：根据《中国劳动保障报》2014年8月8日第A6版报道整理。）

第五节 社会保障公共服务体系建设

进入21世纪，各国政府均在重新定位其角色，建设服务型政府，以应对全球化、老龄化和信息化所带来的挑战，提高国家竞争力和实现公民的期望。面对多极世界和多元利益，21世纪是重建公共治理秩序的时代，公共治理是利益相关人合作与共赢的过程。借鉴各国政府改革和公共服务管理体制、运行机制的经验，特别是先行一步的经济合作与发展组织（OECD）国家的经历，对我国打造更为完善的社会保障公共服务体系具有借鉴意义。

一、服务型政府的核心职责

信息时代科技飞速发展带动了买方市场和顾客偏好，产业结构不合理、收入分配不合理，就业不足和消费能力不足的问题也随之浮现，需要政府打造更加有效的公共服务生产和派送系统，制定政府购买服务和分配服务（福利）的政策。很多国家增加政府支出，用于社会保险（社会保障）基础设施和经办机构建设。一方面，以此加强公共服务，改善民生，持久拉动消费；另一方面，社会保障涉及全体公民的一生，是公共服务的龙头，社会保障号码是“龙鼻子”，基于社会保障登记来与居民和相关部门建立互动管理机制，采集、更新和共享居民信息并建立居民征信管理制度，为建立公共治理机制、提高公共管理效率和保障民生奠定数据基础，这是由管理型政府向服务型政府转变的必由之路。为了强化政府的执行能力和治理能力，很多国家建立了综合性、权威性、信息化的公共服务机构，如欧盟成员国的社会保障信息中心（Cross Road Bank）、澳大利亚的公共服务中央集结机构（Centrelink）、美国隶属总统办公室的社会保障总署（Social Security Administration）等。

二、公共服务机构的主要特征

公共服务机构是一面反映各国政治、经济和文化的镜子。这些机构在成立原因、资金来源、法律和组织形式、内部治理结构、责任机制以及与上级主管部门之间的关系等方面存在不同之处；有些由政府行政部门组建，有些由立法部门组建，可以在公法、私法或者两者的共同框架内行使职能；其工作人员中一部分是公务员，另一部分是政府雇员。从国际上来看，不同国家（地区）的公共服务机构具有如下几方面特征。

（一）机构名称

在法国，其公共服务机构一般被称为公共管理组织、独立行政权力机构等；在德国，称为联邦机构（直接联邦行政机构）、公法实体（间接联邦行政机构）以及一些私法行政实体等；在荷兰，称为独立行政实体和机构等；在新西兰，称为皇家实体和半自治实体等；在美国，称为特别机构、独立机构、独立的监管委员会、政府公共事业公司等。混乱的名称导致公共服务机构在社会认识中的模糊，有的公共服务机构甚至被戏称为“私生子”，足见其名称有待整合与统一。

（二）治理结构

从国际通行情况来看，各国（地区）公共服务机构一般直接向上级主管部门的部长或主管汇报工作，或者直接向政府首脑或内阁汇报。机构领导的任命由同级部门的部长或主管委员会提名，往往需要内阁会议或者立法部门的批准。机构领导对组织、管理和人员负有全责，同时负责财务及包括日常工作和规章制度在内的其他事项。战略规划是政府部门、主管委员会、机构领导的共同责任。主管政府部门向实体传达政府的预期目标和政策走势、指导主管委员会的工作、参与资本投入决策、监督实体的工作业绩并确定规章制度的性质等。

（三）控制环境

从一些国家（地区）的情况来看，其预算、会计和财务规定：根据实体类型的不同，公共服务机构可以通过税收收入提供全部资金，也可以由用户缴费和产品/服务销售收入提供部分或全部资金支持。经批准后，这些实体可以进行资金借贷，并对其盈余资金进行合理使用。其人事制度规定：根据实体类型不同，公共服务机构的工作人员可以根据公务员法进行管理，在确定人员等级、工资、奖金、录用和晋升等方面享有一定的灵活性。有些实体的工作人员不是公务员，而是政府雇员，或者合同制员工。

（四）管理自主权

在一些国家（地区）中，其公共服务机构高级管理层对实体的组织结构、财务和人员的管理决策，不受同级部门和部长的干预，也无须获得批准。不过各国（地区）的情况差别较大，但普遍趋势是越来越多的实体开始要求获得更大的管理自主权。实体可能有很高的管理自主权以及相对灵活的总投入，但往往要遵守政府部门的财务预算和人事规则。例如，公务员聘用和薪酬的通行规则也可能适用于一个在人员管理方面有很大自主权的实体。

（五）合同化管理

从世界范围来看，许多国家（地区）的公共服务实体和同级政府部门之间存在准合同或完全合同性质的关系。由同级政府部门、实体领导和主管委员会共同制定工作目标，实体领导对工作目标的完成情况负责并向上级汇报。合同管理已经逐渐与产出/效果导向型预算编制和管理相联系，对实体投入的控制正在逐渐放松。政府已经逐步在这些实体中实行跨年度的授权预算管理制度，目的在于实现跨年度、连续性的政策成果。

（六）组织弹性

如果传统政府组织不能满足公共服务需求，就需要克服传统公共组织的刚性，借鉴公司组织弹性的经验，从而在组织结构、人力资源和经费预算三个方面保持弹性，把僵化的组织变为动态的和具有活力的组织。首先，在对决策部门施行精兵简政政策的同时，对社会保障社保机构之类的对外公共服务部门应当适度增编；其次，对社会保障社保机构等实行弹性编制，即公务员编制和非公务员编制相结合。对公用技术人员和公共服务人员实行非公务员编制管理，其用人方式根据公共服务的技术需求和服务对象规模来确定，授予社保机构一定程度的用人自主权和灵活用工权。

（七）社会保障公共服务机构的绩效管理

执行机构应讲求绩效，其履行公务的行政、人工和系统建设费用主要来自财政预算，当然也不排除其在项目外包、购买私营服务等情况下的收费服务所得。公共服务的管理成本和工作绩效应当向公众披露，受公众监督，赢得公众满意，社会保障公共服务更是如此。

现在，国际社会已开始关注政府社会保障项目的投入产出关系，并倡导提高社会保障项目的管理绩效。有的国家开始通过打破公益受托人的垄断和展开竞争来促进公益受托人的绩效。例如在智利，医疗保险受益人可以在公益受托人和法人受托人之间选择社保机构。

专栏 2-8

国际社会保障协会（ISSA）建立良治的基本原则

国际社会保障协会（ISSA）建立良治的基本原则为：①分离日程操作机构和监督机构，社保机构成员要承担明确的和适度的责任；社保机构独立于政治机构，依法独立进行决定，不受政治干预；②建立与人口、经济和金融等因素关联的社会保障基金监督和风险管理制度，确保社会保障制度的财务稳定性；③建立有别于社会保障行政的社会保障基金投资制度；④建立反映全部经营和相关利益的信息披露制度；聘请咨询专家和专业机构提供咨询服务；⑤由政府或者社会保障社保机构指定的精算机构定期提供社会保障精算报告；⑥建立良好治理机制，包括公共信息披露、控制系统、行为矫正、内部报告等制度；⑦建立社会保障基金风险投资技术支持委员会，制定社会保障基金投资政策和策略，将风险控制到一定程度，定期对社会保障计划进行资产评估，根据回报率、通胀率和风险进行调整。

（资料来源：邱善圻：《国际社会保障协会简介》，《劳动保障通讯》2004 年第 10 期。笔者略做删减和改动。）

（八）信息化

公共服务从居民登记做起（社会保障登记），建立在个人信息管理的基础之上。公共服务信息化体现在三个方面：一是统一居民信息管理，建立信息共享和密钥管理制度；二是公共服务流程和智能审核信息化，以实现低成本、高效能；三是信息公开与阳光操作，接受社会监督。

三、与老龄化社会进度相匹配的公共服务体系建设

当前全球人口结构变化的主要特征是老龄化。人口老龄化问题是创新社会管理绕不开的时代背景。通常界定人口老龄化的标准是60岁或65岁以上人口数占总人口数的比例在10%或7%以上。

根据联合国于2001年发布的《世界人口老龄化（1950—2050年）》报告，国际社会老龄化发展包括初度、深度和超度三个阶段。一国或地区进入老龄社会的标志是老年赡养比约为1∶10（10%），即10个劳动人口供养一个老龄人口。据此，2000年国际社会已进入初度老龄化阶段。考察发达国家人口老龄化发展进程可知，2000年发达国家65岁及以上人口占比已达到14.3%（Anderson Ku，2012），老年赡养比达到1∶5（21.2%），据此作为其进入深度老龄化社会的标准。预计在2035年左右，发达国家65岁及以上人口占比将达21.2%，老年赡养比约为1∶2.5（40%左右），据此作为其进入超度老龄化社会的标准（Anderson Ku，2012）。基于一定的总和生育率，各国可以排列出老龄社会发展的时间表（如表2-1所示）。

表2-1 部分国家和地区老龄化社会发展时间表

	进入老龄化（7%）年份	发展时间（年）	深度老龄化（14%）年份	老年赡养比1∶5*年份	发展时间（年）	超级老龄化（21%）年份
美国	1950	65	2015	2015	20	2035
英国	1950	25	1975	1970	55	2030
德国	1950	25	1975	1970	35	2010
法国	1950	40	1990	1975	30	2020
澳大利亚	1950	65	2015	2015	20	2035
加拿大	1950	60	2010	2010	15	2025
日本	1970	25	1995	1995	15	2010
瑞典	1950	25	1975	1970	40	2015
新西兰	1950	65	2015	2015	20	2035

续表

	进入老龄化（7%）年份	发展时间（年）	深度老龄化（14%）年份	老年赡养比1∶5*年份	发展时间（年）	超级老龄化（21%）年份
智利	2000	25	2025	2025	15	2040
中国香港	1985	30	2015	2020	10	2025
俄罗斯	1970	45	2015	2020	5	2020
印度	2025	30	2055	2055	20	2075
巴西	2010	25	2035	2030	15	2050
新加坡	2000	20	2020	2020	10	2030
中国	2000	25	2025	2030	10	2035
世界	2005	35	2040	2035	35	2075
发达国家	1950	50	2000	1995	25	2025
最不发达国家	2050	40	2090	2085	10	2100

* 在部分国家和地区可能出现例外的情况，如某年大量引进外籍劳动人口或领养国外孤儿，则造成劳动人口和儿童人口占比剧变。

基本判断：我国在2000年前后步入初度老龄化社会，其后于2008年起出现民工荒和养老难等深度老龄社会的现象。我国将在2025年步入深度老龄化社会，预计2035年左右步入超级老龄化社会。

（一）初度老龄化社会时的养老服务体系

初度老龄化社会的养老服务体系具有如下特征：一是以“补砖头”为主的养老基础设施建设，如老年交通、老年住宅和老年病区等。要让更多老年人能够独立生活，而不仅是为建立补养老院床位而“补砖头”。二是从长计议打造养老金融环境，包括个人养老金账户、护理保险等，要让更多老人买得起服务，而不是消极地“补人头”。为此，要积极培育老年人口的购买力，基于购买能力打造养老服务体系，实现满足老年人群的服务需求和促进养老服务体系发展的双赢目标，以上统称为养老服务政策准备。

以美国为例，其于20世纪50年代进入老龄社会，养老服务的基础设施和金融服务则在20世纪60年代以后逐渐形成。在60年代美国推出了老年社会医疗保险计划；在70年代颁布实施《雇员退休收入保障法》，完善了雇主养老金计划；在80年代完善了养老储蓄延期征税的401（k）计划，同期完善了以房养老和置换养老服务的制度安排，由此形成“30年我养房，20年房养我”的社会理念。此外，美国社会崇尚独立和消费的文化观念也在影响其养老服务体系的发展。老年居住设施根据老人健康状况和老人意愿，分为独居式住宅、老年公寓、养老院、护理院、老年养生社区五类；老龄产业于1975年起步，逐渐形成以居家养老、养老社区和专业护理机构为主的养老服务体系，并与医院之间形成联体和互补关系，拥有专业护理师、康复治疗师、长期护理护士等专业团队，老年护理的程度从弱到强，费用从少到多，实行差异定价。居家养老采取轻资产扩张模式，以home-instead为主的加盟模式，毛利高达40%。养老资产形成以地产开发商、养老金融、专业运营商为主的产业链，强调资产长期持有、高入住率，从而造就了养老服务的金融生态。

专栏2-9

美国养老太阳城

美国太阳城位于佛罗里达州坦帕市郊，从1961年开始建设，有来自全美及世界各地的1.7万住户，一直处于持续增长的态势。居民平均年龄75岁，65岁以上居民占住户总人数的83%。所有居民必须年满55岁，18岁以下的陪同人士一年居住时间不能超过30天。建筑规划按照老年人的需求设计，小区内实现无障碍设计。太阳城占地面积为32.37平方千米，住宅单元1.05万个，每平方公里504人，家庭平均年收入4.23万美元（佛罗里达州为4.2433万美元），房屋平均价格16.3万美元（佛罗里达州为18.95万美元），设有康娱中心（recreation center）4个，还有游泳池、网球场、艺术与手工艺中心、高尔夫球场（共162个洞）8个、网球场19个、俱乐部超过200家。共有六大居住区：太阳城中心（独立家庭别墅）、国王之殿（连体别墅）、湖中之塔（辅助照料式住宅和家庭护理机构）、庭院和阿斯顿花园（出租的独立居住公寓）、自由广场（辅助照料式住宅和家庭护理机构），以上各社区共同享用一个邮局、超市、医疗机构、银行和教堂。每人每年享用综合会所的费用为140美元，交纳入会费后，每年每人费用大约为1 500美元。开设的课程和组织的活动超过80种以上。例如，曾经的外科大夫在年轻时可能一直喜欢做木匠活，那么他生活在太阳城里，可以到木工坊去做喜欢的事情，也可以做缝纫等。根据美国的一项调查，生活在这种环境的老年社区中，老年人的平均寿命可延长10年。

美国太阳城经营特点如下：①营利机构开发住宅，以销售为主、出租为辅，政府提供周边基础设施，包括老年医疗服务设施；②居住方式和养老服务形式多样、功能齐全，客户分常住和旅游两类。

（资料来源：吕志新：《美国太阳城——集中式养老社区的代表》，《中国医院建筑与装备》2013年第14卷第8期。笔者略做删减和改动。）

日本于1970年进入老龄社会，在这之前（1963年）颁布了《老人福祉法》。1995年日本老龄人口达到14%，进入深度老龄社会，此时日本政府颁布了《高龄老人保健福祉推进10年战略》，并于2002年修订。这些法律催生了以老年护理为主的产业群，包括生活照料、老年护理和老年医疗，老龄产业逐渐成为日本经济的主要支柱。

法国、英国、联邦德国、意大利、瑞典、荷兰等国家尽力将老年人安置在专业化或由福利机构举办的养老机构里，以同时满足老年人的居住和服务需求。1969年，英国地方政府和住房建设部规定老年居住建筑的分类标准，并不断对其加以修订，共分为七类，包括一类住宅、二类住宅、退休住宅、生活自理住宅、护理住宅、养老院和护理院。法国按照老人需要服务的程度的不同，将老年住宅服务设施主要分为收容所、老年公寓、护理院和中长期老年医院，在老年居住区内提供服务设施，实行家庭服务员制度。瑞典将老人住宅分为普通公寓和专用住宅，专用住宅又分为集中管理和分散管理，从而满足不同老人的需求。

专栏2-10

英国Bupa养老服务机构

Bupa成立于1947年，是一家英国健康保险、保健和老年服务机构，其业务包括本地健康保险、全球健康保险、护理院、养老院、其他医疗服务（如私立医院、医疗检查中心）等，在全球190个国家拥有820万名客户。Bupa的发展路径是通过并购进入养老产业并且不断扩张，养老产业已经成为稳定其收入和盈利的重要支柱。2008年全球遭遇金融危机，众多行业和企业受到巨大冲击，而Bupa依然经营稳健，年总收入为59亿英镑，较2007

年上涨了30%。其中，Bupa的护理院、养老院业务贡献了15%的收入和33%的盈利（如图2-5所示）。

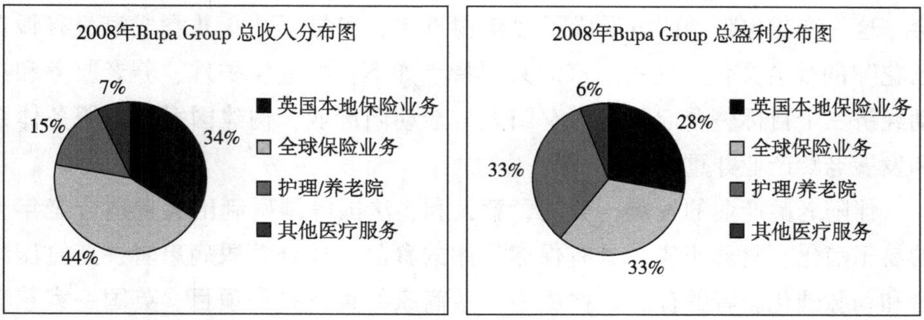

图 2-5 2008 年 Bupa 总收入和盈利分布结构图

Bupa的业务遍布英国、西班牙和澳洲，是英国第二大护理营运机构与最大的阿尔茨海默病患者专业养老院，拥有超过300家护理院。在西班牙，Bupa收购了Sanitas Residential，目前拥有38家养老院、3 800位客户，是西班牙最大的长期养老服务机构。在澳大利亚和新西兰，Bupa收购了Amity Group、Guardian Health Care，并将这两家公司合并成立了Bupa Aged Care Australasia。Amity Group目前拥有48家养老院，Guardian Health Care也拥有数十家养老社区、养老院和专业医院。

（资料来源：卫大可：《英国老龄社会政策发展及对机构养老服务转型的影响》，《城市建筑》2014年第5期。笔者略做删减和改动。）

在新加坡，以居家养老为主、社区养老为辅，国家的主要作用是促使个人、家庭和社区都有效参与养老服务。新加坡约在2000年进入老龄社会，而其早在1982年便开始实行“多代同堂的政府组屋（公房）计划”，鼓励老人与子女亲属同住，抑制家庭向小型化、分散化方向发展。进入老龄化社会之后，基于“孝文化”的多代同居养老模式受到推崇，政府一方面对在父母居室附近（不超过5公里）购买首住房的青年夫妇给予房价5%的补贴；另一方面颁布《子女孝敬父母义务法》，强制和鼓励子女尽最大努力履行照顾父母的义务。

（二）深度老龄化社会时的养老服务体系

在深度老龄化社会时期完善养老服务体系的主要特征如下：老龄科

技、老龄产业和养老服务体系相对成熟，困难老人的补助政策呈现多样化特征。

德国、英国、法国、日本于20世纪70—90年代先后进入深度老龄化社会，这一变化也带动西方形成了“年逾五十，房贷还清；儿女成家，有钱自己花”的社会文化。这些国家的共同特点如下：将老年护理、养老服务和拉动经济三个目标整合起来，为夕阳人打造朝阳产业，构建国家养老服务体系和发展老龄产业并重。

伴随老龄产业的发展，美国、意大利、法国等国研制出大批适合老年人的易于消化、营养丰富、具有保健作用的食品，适合糖尿病患者、高血压患者和动脉硬化患者的食品日益成为一些商家的重点投资项目。英国一家慈善机构邀请知名专家专门设计了多种方便老人或残疾老人使用的生活用品，如坐式淋浴设备、可调节的淋浴喷头、可升降的床、各种形式的适合行动不便老人使用的餐具、容易穿脱的衣服、可升降的椅子、塑料量杯等。美国企业生产为老年人设计的脚踏式开关电冰箱、简易开拆包裹器、按钮式自动弹簧锁、自动配药服药定时器等，深受老年人的青睐。

日本老龄科技和老龄产业在20世纪八九十年代成熟。2013年数据显示，在日本提供上门服务的机构有30 431家，提供日间照料的有36 317家，居家养老支持机构有35 992家，其中盈利企业数量快速上升。近年来，居家养老人口数量下降，入住养老机构人口数量增加，养老机构以出租为主，一般不出售。市、町、村政府提供日间照料的养老服务，成为老年用品的购买者，向65岁以上卧床的老年人提供特殊生活用品，如随意调节高度、倾斜度并装有安全防护装备的特殊用床，保持恒温、干燥的特殊床垫，任意升降的特殊浴盆，特殊尿袋，体位变换器，紧急通报装置，火警报器，自动灭火器等。日本商界率先推出的用于卧床老人的“老人尿裤”在国际市场上畅销不衰，继“老人尿裤”后，一家日本公司又推出“随身尿袋”以解决老年人外出时找厕所的难题，尤其受老人喜欢。

专栏2-11

日本流行老人日托服务

日本大部分老人希望居家养老。政府建了很多白天为老年人提供免费日托服务的机构，晚饭后家人再接他们回家。只有年龄在65岁以上、身体或精神有疾病不能自理的老人才能享受这一服务。一般由老人服务中心的职员开车到居民家中去迎接老人，也有自己家人开车送老人去的。为了让腿脚不方便的老人下车，服务人员都事先准备好踏脚凳，并搀扶老人进屋。老人在这里可以享受健康午餐、洗澡、身体机能训练等服务，大大减轻了亲人照顾老人的负担。除上述服务外，还有短托服务，即针对那些因疾病或其他原因无法居家护理的老人，让他们短时间入住社区设施（原则上为1~3个月）；长期服务，即为社区老年人提供3个月以上的护理服务。

（资料来源：《环球时报》2013年5月18日。https://world.huanqiu.com/article/9CaKrnJAyfY。）

（三）超度老龄化社会时的养老服务体系

在超度老龄化社会时期发达的养老服务体系的主要特征如下：老龄科技、老龄产业链和养老服务体系相对成熟，不仅保证老龄人口消费需求，而且具有拉动经济的作用，养老服务产值占GDP的比重不断上升。

德国和日本在2010年相继进入超度老龄化社会，二者的共同特点如下：均具有老年护理保险计划，成熟发达的老龄产业、养老服务体系、养老资产和老年社会文化。并且，其老年人口具有消费能力，对国家经济平稳发展有所贡献。OECD国家均将改善老龄人口的资产结构和消费能力作为养老保障和老龄社会发展战略的重要组成部分。

老年社会护理险旨在为高龄和残障老人安度晚年提供必要的护理服务，是国家进入超度老龄化社会的必备制度。日本与德国两国的老年社会护理都包括居家服务和设施服务两大部分。其中，居家服务包括身体护理、上门看护、家务援助服务、护理辅助用具使用等；设施服务包括完全入住设施护理（特别养护老人院、老人护理疗养院等）和部分设施护理（短期入住、日间护理、夜间护理）。当然，两国在促进老年社会护理发展的制度模式上存在显著差异。

德国采取了促进老龄产业发展和社会服务发展的两手策略。一是资助老龄产业。2008年，德国政府决定从联邦预算中划出400万欧元扶持科研机构、企业、老人协会和消费者协会，以尽快催生老龄产业，力争成为世界老龄服务产业的领跑者。德国银行存款的50%以上属于50岁以上的人群，60岁以上人群的可支配收入为4 000亿欧元，占全国居民可支配收入的1/3。目前，在旅行支出和护肤用品支出中，50岁以上群体的支出占50%。德国北威州政府对该州5 000多户老人家庭的调查显示：老人家庭的平均月可支配收入为

2 550欧元，87%的老人家庭有可支配现金 12 750 欧元，15%的老人家庭有可支配现金 5 万欧元以上，62%的老人家庭拥有房地产，老龄产业至少可给该州带来 10 万个就业岗位（方祥生，2010）。二是建立居民互助的时间银行制度。政府推出老年服务储蓄时间制度，年满 18 岁的德国公民要利用公休日和节假日为养老机构提供义务服务，国家建立老年服务的时间银行，记录每个公民的服务贡献，以换取其进入老年后享有他人服务的资格。

日本在 2010 年进入超度老龄化社会，2014 年老龄人口数达到总人口数的 24. 1%，2. 5 个劳动人口供养 1 个老人。面对持续增长的护理保险费用，日本已于 2006 年依托社区建立了护理预防体系，将制度转向预防导向，以此抑制护理费用的快速增长。许多日本大企业也从多元化、市场细分化的战略出发，携带技术和资金进入老龄服务市场的各领域，大大提高了老龄服务产品的科技含量，拓展了市场空间，在规模、功能、设备、人员和专业化等方面均具备了产业要素。目前该产业规模约为 39 万亿日元，若此后以 4%~5%的年均增长率计算，至 2025 年将成为拥有 112 万亿~155 万亿日元（按现行汇率折合可达 1 万亿美元左右）规模的支柱产业。日本老年人拥有很多黄金，相对比较富裕，且消费观念超前，愿意花钱，这不仅有利于日本老龄产业的快速发展，而且能带动日本经济发展。

专栏 2-12

美国的以房养老政策

美国在 1987 年颁布实施《住宅与社会发展法》之后，居民住宅反向抵押养老金的计划趋于成熟，每月人均可获得月 2 500 美元房产抵押养老金，用于购买老年服务资格。62 岁以上，拥有已付清按揭或欠按揭数目很少的自住房，不欠任何联邦债务（税、学生贷款等）者可申请，手续费为全部抵押款的 2%。由联邦政府担保，帮老人找借贷银行，计算公式由银行负责。美国房产部和贷方银行对申请者的住房进行 3 次估价，以最低估价为准。以老年夫妇中年轻的一位为准，参考利息率、房子价值等方面，给予相应的现金贷款；申请人年龄越大，房子价值越高、利息率越低、贷款额越高。借款人在世时，房子所有权为借款人所有；离世后，房子所有权归住房及城市发展部，该部把房子出售还清贷方银行款项后尚有盈余的，交给老人的遗产继承人，欠款则由住房及城市发展部补足。可以选择终身年金方式每月定额取款，或选择不定期方式取款，改变原定方式的银行收取20美元手续费。

（资料来源：周煜：《美国式“以房养老”制度模式及启示》，《山东财经大学学报》2014年第4期。笔者略做删减和改动。）

第六节 国外养老金制度

一、澳大利亚养老金制度

澳大利亚养老金制度是典型的三支柱模式。第一支柱是基本养老金，资金来源于一般税收，养老金的水平取决于家计调查结果；第二支柱是强制性的“超年金保证”制度，由雇主缴费；第三支柱是雇员自愿参加的补充“超年金”以及其他方式的退休储蓄。三支柱养老金体系相互配合，为雇员的退休生活提供了一个相当安全的保护网。澳大利亚的养老金制度体现了“先市场、后政府”的特点，是效率与公平的有效结合。

澳大利亚养老金制度在20世纪90年代初就开始了其多支柱体系的发展历程。我国也在1993年拉开了城镇养老保险体制改革的序幕，实行“统账结合”的养老保险模式。澳大利亚养老金制度多年来的发展历程表明其养老保险制度基本上是成功的，整个制度的财政可持续性得到了保障。研究澳大利亚养老金制度及其成功经验可以为进一步完善我国的养老保险制度提供一些有益的启示（李晓卉，2009；王明海等，2004；皮专胜，2006）。

（一）澳大利亚养老金制度的发展历程概述

澳大利亚的正式退休收入政策可追溯至20世纪早期，最早给雇员提供职业养老金的部门是银行及政府机构。1909年，澳大利亚开始在全国正式实行包括资产调查和收入调查在内的家计调查型的基本养老金（Age Pension，AP）体制。之后，在保守党政府的努力下，于1913年开始在全国引入缴费型的“超年金”制度。1922年，澳大利亚政府开始为联邦政府雇员建立“超年金”基金。6年后，保守党政府着手建立国民保险账户计划，该计划经过10年的发展最终于1938年以国民健康与养老金保险账户计划的形式开始实行。在此期间，澳大利亚政府对1936年第一次开始支付的养老金一次性领取实行税收减让政策。工党政府上台后，于1943年建立国民福利基金，以保障公共服务的良好运行。1992 年澳大利亚开始实行带有一定强制性的私营养老金制度，即“超年金保证”（Superannuation Guarantee，SG）制度。从此澳大利亚正式成为实行多支柱养老金体制的国家之一，其经验与教训也逐渐被纳入研究机构的视野。

（二）澳大利亚养老金制度的具体内容

1. 由政府提供的社会保障养老金

此项养老金被称为“有限福利”制度或称“最低生活保障福利安全网”。1992 年以前的养老金制度是单一性的，完全由政府包揽，并沿袭多年，其主要对象是长期服务的公务人员和富裕群体。其中，1985 年以前的养老金制度规定成员达到 55 岁退休年龄时即可获得一次性福利收益，并向受赡养者提供；1986 年至 1992 年的养老金制度则规定，成员到达 58 周岁退休时，向其一次性支付养老金。目前执行的新的养老金制度规定，凡年满 65 周岁的女性居民和男性居民，退休年龄将从 2017 年开始增加，每两年增加六个月，直到于 2023 年达到 67 岁。取消退休金福利的最低年龄是 1960 年 7 月 1 日之前出生。只要通过家计审查（means test），即可领取由财政部门发放的最低养老金。养老金额度为当地平均周薪的 25%，并随物价指数进行调整，其资金来源于税收。

2. 雇主提供的职业年金

职业年金包括企业养老金和政府雇员养老金等。职业年金分为强制性和自愿性两种。强制性职业年金是该国多年来在养老金方面最重要的改革之一，主要体现在 1992 年联邦政府通过的新法律，即《养老金保责法案》和《养老金管理法案》，其覆盖所有雇员，被称为“强制养老金”。法案要求，雇主必须按当地规定的比例为每位全职雇员缴纳养老金作为他们退休时的积蓄。到 2002 年 7 月，雇主被要求按员工工资的 9%提取养老金。按澳大利亚就业人数 800 万、人均周薪 860 澳元估算，每年将有 300 多亿澳元的职业年金，其中尚未包括雇员自愿储蓄部分。澳大利亚在国家法律和政策上扶持弱者，夫妻离婚时，由于女方收入低，丈夫必须为妻子付一部分养老金。强制养老金制度的推行，相比 1992 年以前的自愿性质，雇员的覆盖面已由当时的 40%扩大到目前的 80%以上。职业年金由政府委托基金经理、保险公司和咨询公司等进行运营管理。职业年金已成为澳大利亚养老金制度最重要的支柱。

3. 个人自愿的养老金储蓄

该部分包括自愿性质的职业年金、个人养老金储蓄和投资。澳大利亚联邦政府鼓励雇员提前为自己提高退休待遇水平而进行储蓄，因为雇主若仅按当地在职时工薪标准的9%缴费是不够雇员退休时的生活开支的，至少需达到15%才行。国家在税收上的优惠政策有利于养老金的筹集，雇员想提高退休时的待遇，只要接受附加税、薪酬减损或配偶支付即可。雇主也配以特殊条件，以确保其贡献不降低，甚至采取将减薪转化为贡献的方式。1986 年，企业法院规定被“企业奖励”覆盖的雇员应得到薪酬水平的3%作为养老金。这是工会和雇员之间达成的合法协约，它覆盖了大多数人员，也提高了被养老金覆盖的劳动比例，同时造成了养老金储蓄的急剧增长。从 1997 年开始，澳大利亚政府对向保险公司购买商业性养老金的人给予税收减免优惠，即每年的保险费在 3 000 澳元以内的部分免征个人所得税，3 000 澳元以上的部分按原税率的 25%纳税。据资料显示，有三分之一年龄在 15~64 岁的雇员有自愿性养老金储蓄。个人自愿性养老金储蓄已成为澳大利亚养老金体系中的重要支柱之一。

(三) 澳大利亚养老金制度的评价

在澳大利亚，曾经由政府提供的养老金完全靠国家税收筹集资金，直接由政府预算支付，实行超年金计划后，改变了养老保险基金的筹集、支付办法，大大减轻了财政负担。政府只维持较低水平的退休替代率（即养老金和退休之前工资之比），而在此之上的待遇由个人账户来弥补，它为养老保险提供了稳健可靠的资金支持。

过去澳大利亚的养老金制度更多地体现了政府责任，而转为三支柱模式后，养老金更多地体现了社会责任，特别是增加了个人责任。如采用个人账户、税收优惠、鼓励投资等措施，把养老保险从单纯的政府责任逐步转向社会责任，大大增加了个人对自己老年保障的关注。

专栏 2-13

澳大利亚联邦服务派送者——中联机构

1996 年以前，澳大利亚公共服务也是分散在政府各部门的，由于政出多门，不但效率低下造成不便，也产生了社会管理漏洞，信用缺失、福利欺诈等现象亦时有发生。1997 年，澳大利亚《联邦服务派送机构法案（The Commonwealth Services Agency Delivery Act）》颁布实施。在其第一部分“前言”中规定：本法中的“机构”是指根据本法案建立的提供联邦服务的政府部门。根据该法建立的“中央联结机构”（Centrelink，简称“中联机构”），是政府出资设立的非营利性公共服务派送机构。

中联机构与政府各部门保持联系，承担受委托的各种公共服务项目之派送。受公共服务部（Department of Human Services）委托发放福利是其主要任务之一。这些“福利”包括：①养老金、津贴、优惠或持续收入的支付；②福利卡持有者应当享受的优惠或持续收入的支付。在此过程中，中联机构的具体职责包括审核资格、保存记录、信息披露、公众教育以及对欺诈冒领行为进行违规处罚、处理诉讼和争议等。

该机构在全澳各地社区设有1 000多个服务网点，30多个专门服务中心（如青年服务中心、学生服务中心、职业信息服务中心等）、260个城镇社区服务中心、16个农村地区服务中心、15个退休人员服务中心等，直接为市民办理各项业务。该机构共有20 000多名员工，提供的公共服务超过70余项，几乎涵盖市民基本生活的各个方面，每年支付金额高达500多亿澳元。该机构拥有28个电话服务中心，每年接受2 000多万人次的电话咨询。该机构拥有全澳第四大IT信息网络系统，每年给客户发出9 700多万封信件，处理29亿条计算机业务信息，提供230万个互联网页供用户查询。

中联机构的设立，在政府与百姓之间架起了服务的桥梁，使政府从繁杂的具体事务中解脱出来，形成了一个从中央到地方、从城市到乡村、从社区到家庭，面面俱到、疏而不漏的社会服务网。

澳大利亚中联机构的成功经验显示，抓住社会保障公共服务的龙头和社会保障号码管理的“龙鼻子”，按照一号、一户、一卡、一系统，建设公共服务体系，是社保信用体系建设的必由之路。

（资料来源：澳大利亚联邦服务 Centrelink 官网。）

二、印度养老金制度

世界银行推荐的三支柱养老保障体系并未被印度所采纳。印度没有一个覆盖所有民众、具有最低水平的保证养老金体系，第一支柱不存在，第二支柱由雇员养老金制度组成，第三支柱是自愿性质的个人养老金。没有被第二支柱覆盖的雇员和自由劳动者可以寻求第三支柱的养老保障，但第三支柱基本没有成型。事实上，印度的养老保障体系主要由第二支柱即雇员养老保险制度组成。

印度目前的社会保障制度主要包含五个部分：老年人救助专案、雇员养老金计划（EPS）、雇员公积金计划（EPF）、雇员储蓄保险计划（EDLI）、退职基金（Gratuity）。值得注意的是，在2004年前，印度的公务员系统有一套独立的养老金系统，但在2004年改革后，统一并入了EPFO（Employees Provident Fund Organization）。

根据2011年的人口调查，大约有12%的劳动力（或约5 800万人）包含在各种各样的养老金体系中。其涵盖属于各类组织领域的个人，如受雇于政府、国企、公共或者私人企业的人，都被EPFO强制包括在内。雇主有20名或者更多员工的也被EPFO涵盖在内。剩余约88%的劳动力则主要分布在无组织部门（包括个体户、日薪工人、农民等），此外还有一些劳动力在组织部门，但他们不是EPFO的成员。

1995年，包括非缴费型养老金在内的社会救助计划被纳入中央预算。国家社会救助计划（NSAP）包括：国家养老金计划（NOAPS）、国家家庭福利计划（NFBS）和国家生育津贴（NMBS）。国家养老金计划是一项以减贫为目的的非缴费型福利制度，采取家计调查形式发放现金津贴。此项资金由中央和邦两级财政承担，由农村发展部管理，由邦政府财政、劳动、社保或医疗保健部门负责申请、家计调查和福利发放。其资格标准为65岁及以上年龄，无法或很少从家庭成员获得固定收入来源；待遇标准最初为每月75卢比。

2000年4月，实物给付的非缴费型养老制度——安娜普娜计划（Annapurna Scheme）开始实行。该计划向符合非缴费型养老金领取资格、但实际没有获得救助的老年人提供每月10公斤的谷物救济。2007年，国家养老金计划改为英迪拉·甘地国家养老金计划（IGNOAPS），其资格标准改为所有生活在贫困线下家庭的60岁及以上老人，为60~79岁的每月提供200卢比，为80岁及以上的每月提供500卢比。2009年2月，寡妇津贴和伤残津贴纳入非缴费型养老金计划，分别向生活在贫困线下的40~64岁丧偶妇女和18~64岁的严重伤残人士提供每月200卢比的津贴。至此，两级政府财政融资和多级管理的，包括现金和实物两种福利派送方式的非缴费型养老保障制度基本确立。截至2012年7月，印度约有1 370万老年人领取了非缴费型养老金，其对老年人口的覆盖率为15%左右，200卢比的待遇标准为贫困线的27%、人均GDP的3%，养老金总支出约占GDP的0.04%（李亚军，2014）。

印度拥有比较成熟的雇员职业养老金制度。

雇员公积金计划（Employee's Provident Funds Scheme，EPF）以 1952 年颁布的《储蓄基金法》为基础，属于强制性的缴费确定型（DC）计划。当雇员工资低于每月15 000卢比（约合人民币 1 468.5 元）时，雇员每月缴纳工资的 12%，雇主缴纳 3.67%作为员工的养老保险。如果员工每月工资高于15 000卢比，那么雇员与雇主各缴纳 12%。该养老金在参保人退休、辞职、裁员或死亡时可被一次性领取；在参保人购房、结婚、失业、接受高等教育和医疗时可以部分提前支取，提前支取部分可以高达 60%~70%。

雇员养老保险金计划（Employee's Pension Scheme，EPS）于 1995 年正式实施，该计划属于待遇确定型（DB）养老保险制度，以雇员工资为缴费基数，雇主缴纳 8.33%，政府补贴 1.16%。缴费 10 年以上的参保人，养老金替代率为退休前 12 个月平均工资的 50%。这项计划覆盖率较低，目前不足就业人口的 10%。按照规定，雇员超过 20 人的公司中月收入低于 6 500 卢比（约合人民币 648 元）的雇员必须参加雇员养老保险制度。但一方面，大多数劳动者都在 20 人以下的公司工作或者没有与雇主签订正式用工合同；另一方面，符合参保条件的公司面对高缴费率、低收益率和不尽如人意的服务，会想方设法逃避缴费，劳动者也更愿意到非正规部门工作以逃避缴费。

EPFO 是雇员养老保险三个计划的管理机构，它在印度各级行政区划设有分支机构，负责办理全国雇员社会保险业务，包括缴费和待遇给付。EPFO 根据政府确定的投资模式，对该三个计划基金进行投资管理。中央信托委员会（CBT）是 EPFO 的监管机构，它由政府、雇主、雇员三方代表组成，包括 1 名主席（由劳工部部长担任）、1 名副主席、5 名中央政府代表、15 名邦政府代表、10 名工会代表和 10 名雇主组织代表。CBT 的主要职责有：监督 EPFO 及三个计划基金的运作，任命官员，维护账户收支平衡，向政府提交审计报告和 EPFO 年报。

截至 2011—2012 财政年度末，雇员养老保险制度下三个计划基金规模总计达 860.08 亿美元。根据 EPFO 的 2011—2012 财政年度报告披露，该财政年度三个计划基金的合并收益率为 8.25%。EPFO 负责按照政府确定的投资模式对三个计划基金进行投资管理。印度政府规定：三个计划基金只能投资于中央政府债券、邦政府债券、政府担保债券、特别存款计划、指定公共金融机构发行的证券。满足一定投资评级的私营机构发行的证券，在通过 CBT 的审核批准后也可能成为投资标的。

三、日本养老金制度

日本是典型的又富又老的国家，截至2015年，日本的平均工资水平是40 765美元/年，高于OECD国家的平均水平，65岁以上老人占总人口比例为26.4%，远高于OECD国家的平均水平16%，从这两点就可以看出日本老龄化的程度，而在养老金领域，日本政府公共养老金类支出占GDP的10.2%，也高于OECD国家平均的7.9%。可以说，日本在平均工资水平、公共养老金支出、预期寿命和65岁以上人口占总人口百分比等各项数据上都比OECD国家平均水平要高。可见，日本面临着更加严峻的人口老龄化形势，社会养老保障压力也比较大。

日本社会养老保险体系包括两个层次。一是基础养老保险国民养老金，二是保费与个人收入挂钩的厚生年金。所有20岁以上未满60岁的人必须加入国民养老金，大中型私营企业的员工和公务员则必须加入厚生年金和共济年金。

凡参保25年以上且年龄超过65岁的老年人均可领取国民养老保险金。从2017年4月1日起，日本基本养老保险的最低缴费年限为10年。想要领取全额的基本养老保险金则需要缴费40年，若有未缴纳保险金的时间段和免缴的时间段，将根据时间的长短相应地减少给付金。

厚生年金是从65岁开始支付的。厚生年金是除了基础养老金之外还可以领取的养老金，厚生年金的领取资格没有最低参保年数的限制，只要具备领取国民年金的资格，即使仅参保一个月，到了退休年龄也可以领取到厚生年金，只不过其金额与参保年数和退休前的工资水平成正比。2013年，国民养老金要求男性的退休年龄延长到65岁，女性也在2018年延长到65岁。厚生年金的领取年龄，男性被要求在2013年到2025年之间从60岁提高到65岁，女性的年龄也被要求在2018年到2030年之间达到65岁。

如果计算日本的国民养老金，可以发现2014年人均全年养老金金额为772 800日元（约合人民币44 513.28元），相当于其国内工人平均工资的16%。在67岁之前，基本养老保险与平均工资水平挂钩，68岁以后与物价水平挂钩。此外，社会救助补充了养老金体系。2014年社会救助为居住在东京的年龄在60~69岁的老人提供了981 160日元（约合人民币56 514.82元）的补助，其中不包括住房补贴和其他补贴。

厚生年金的收益由薪酬和缴费年限决定。每月最高的缴费上限为620 000日元（约合人民币35 774元），相当于月平均工资的15%。

到2025年，特别支付的老龄厚生养老金以60~64岁的人为对象进行支付。特别支付给60岁人群的老龄厚生养老金由报酬比例部分和定额部分组成。定额部分由出生年份决定。特别提供的养老金，男性的已经在2013年废除，女性的已在2018年废除。

员工养老金在支付方面，在员工67岁之前与平均收入水平挂钩，在68岁之后与物价指数挂钩。

另外，政府允许企业和员工选择退出国民年金，拥有超过1 000名员工的雇主，如果他们想自己支付员工的养老保险，可以将与收入相关联的养老保险外包出去。目前日本大约有15%的员工参加了外包计划。这种外包的合同要求雇主提供至少是公共养老金体系收益的150%的资金。外包的养老金金额是按照生命周期的平均收入来计算的。外包计划的缴费率由政府根据年龄结构、员工覆盖范围和保险计算假定来确定。自2005年以来，其费率一般占总工资的2.4%~5%。

另外，如果员工提前退休的话，待遇将有所调整，每提前一个月，减少0.5%的养老金金额，一年下降6%。此金额为终生支付。拥有厚生养老金被保险者期间的人，满足老龄基础养老金资格期间后，到65岁可以领取老龄厚生养老金。这种养老金在67岁之前与平均收入水平挂钩，在68岁之后与物价指数挂钩。

延迟退休每月可以增加0.7%的养老金收入，每年增加8.4%。从2004年起，65岁以后月总收入不超过460 000日元的老人的收入可能由工作和养老金两部分组成。超过这个极限，厚生年金额度将会降低一半，但基本年金将全额支付。超过70岁的老人不必再缴纳养老保险费用。

失业人员或者个体工作者收入低于某一标准则不需要缴纳厚生年金，但是需要缴纳国民基础年金。失业者可能会免除全部的或者四分之三、二分之一的费用，但这取决于家庭收入水平。个人上一年收入少于570 000日元，将免除缴纳费用；收入少于930 000日元，缴纳四分之一；收入低于1 410 000日元，缴纳二分之一；少于1 890 000日元，缴纳四分之三。

四、法国养老金制度

（一）法国的养老保险覆盖范围与规模

法国的养老保险体系由三个层次组成，即第一层次的法定基本养老保险、第二层次的补充养老保险和第三层次的商业性养老保险。法国养老保险体系的规模十分庞大。1995 年，全法国的养老保险费总收入已高达 9 770 亿法国法郎。其中，第一层次的法定基本养老保险，包括私营部门工资劳动者的社会保险（养老保险部分）、农业劳动者的养老保险、公务员和公营部门工资劳动者的专门养老保险计划，以及手工业者、工商业者和自由职业者（后三者合称“非工资劳动者”）的养老保险计划在内的养老保险，保险费收入为 6 350亿法国法郎，占当年法国养老保险费总收入的 65%。如果再加细分的话，私营部门工资劳动者和农业劳动者的养老保险计划占其中的 32%；公务员和公营部门工资劳动者的养老保险计划占 25%；非工资劳动者占 8%。第二层次补充养老保险的保险费收入为 2 310 亿法国法郎，占法国养老保险费收入的 23. 5%。第三层次商业性养老保险的保险费收入为 1 130 亿法国法郎，占总收入的 11. 5%。其中，个人养老保险费收入为 1 000 亿法国法郎，占总收入 10. 2%；企业为员工集体投保商业性养老保险的缴费为 130 亿法国法郎，约占总收入的 1. 3%。法国各类养老保险的保费收入约相当于当年法国国内生产总值（GDP）的 12. 1%，在欧盟各成员国中名列第二位，仅次于意大利（13%）。

1995 年，法国发放的各类养老保险金占法国家庭收入的比重高达 15. 7%。也就是说，按平均计算，法国家庭每 100 法国法郎收入中，有 15. 7 法国法郎来自各类养老保险金。目前，法国私营企业非干部工资劳动者养老保险金净额与其工资净额的比例是 0. 88∶1，在欧盟各国中名列第五位，比名列十一位的英国（0. 44∶1）高出一倍。

（二）法国现行的养老保险制度

法国的养老保险制度十分复杂，各类养老保险计划名目繁多。即使在今天，法国仍没有全国统一的养老保险制度，一名法国国民也不可能只靠参加一种养老保险计划，就能在退休以后安度晚年。在法国，不同部门适用不同的养老保险计划，如私营部门工资劳动者适用一般的养老保险计划，而公务员和公营部门工资劳动者则采用专门养老保险计划。即使同在私营部门供职的工资劳动者，也因其职别不同而适用不同的补充养老保险计划，如私营部门全体工资劳动者的补充养老保险计划和企业干部（包括管理人员、工程师等）的补充养老保险计划。如前所述，法国的养老保险体系共有三个层次，具体如下。

1. 第一层次的法定基本养老保险

在法国现行的养老保险体系中，最早实施的基本养老保险计划是适用于私营部门全体工资劳动者的全国养老保险金库。该金库成立于 1945 年，现已被纳入社会保险系统。对公务员、公营部门工资劳动者则实行专门的养老保险计划，如公务员养老保险计划，铁路、电力、煤气等部门的养老保险计划等。手工业者、工商业者和自由职业者因当时不愿参加全国养老保险金库，遂于1948年分别建立了他们自己的养老保险机构——全国手工业者养老保险补偿独立金库（CANCAVA）、全国工商业者自治组织补偿金库（ORGANIC）和全国自由职业者养老保险金库（CNAVPL）。

第一层次各类法定养老保险计划的养老保险费收取标准和养老保险金发放标准由国家统一规定，国家还规定了由其担保的最低养老金额，以便不完全符合条件的会员也能领取最低养老金。适用于私营部门工资劳动者的法定基本养老保险，现属于社会保险范畴，其养老保险费的收取和养老保险金的发放实行全国集中管理。养老保险费由雇主和雇员共同分担。雇主承担相当于雇员月工资第一档次（13 330法国法郎）的8.2%，即每月为每个雇员支付最多不超过1 093.6法国法郎；而雇员则支付相当于第一档工资6.55%的养老保险费，即每月最多不超过873.12法国法郎。不管是雇主还是雇员负担的养老保险费都可以从应税所得中扣除。也就是说，雇主即公司可在缴纳公司所得税时从公司应税所得中扣除其为雇员支付的养老保险费，而雇员则在其缴纳个人所得税时从其应税所得中扣除。在法国领取养老保险金的条件是：①年满60岁；②在私营部门受雇工作并缴费37.5年。倘若未满60岁或未能在私营部工作并缴费37.5年而提前退休，那么领取的养老保险金就应酌情按规定打折扣。凡满足以上两个条件而退休者，则可领取约相当于其原工资50%的养老保险金。计算养老保险金的工资基数取本人10年最高工资的平均数。目前，法国第一层次法定基本养老保险计划的在职会员和退休会员（或养老保险费缴纳者和养老保险金领取者）的比例是1.75，即每1.75个在职会员要负担一名退休会员的养老金。

2. 第二层次的补充养老保险

顾名思义，这一层次的养老保险计划是为弥补第一层次的法定基本养老保险之不足而推出的，但其与后者一样，具有强制保险性质。补充养老保险计划协会（ARRCO）是普遍适用于私营部门工资劳动者的强制性补充养老保险机构。该机构建于1962年，目前是一个拥有54种工资劳动者养老保险计划和95个办事处的养老保险集团。ARRCO的各行业办事处可采用不同的养老保险费收取和养老保险金发放标准，但有上下限规定。目前，各行业办事处准备对养老保险费收取标准和养老保险金发放标准进行协调。1996年

ARRCO 的养老保险费平均标准是：非企业干部的养老保险费相当于本人工资金额的 4.5%；企业干部的养老保险费相当于本人第一档工资的 6%。ARRCO 的养老保险费亦由雇主和雇员分担，前者承担 60%，后者负担 40%，即非企业干部负担本人工资的 1.8%，企业干部负担本人第一档工资的 2.4%。ARRCO 实行记分制，按下列公式计算分数：分数＝全年缴费金额÷当年的参考工资额。养老保险金的计算公式是：养老保险金额＝分数×分值。ARRCO 规定，受益人开始享受养老保险金的年龄一般为 65 岁，如有特殊原因，可提前到 60 岁，但养老保险金要打一定折扣。一般地说，私营部门非企业干部的平均养老保险金（第一层次+第二层次）相当于其最后工资的 70%～90%。

私营部门企业干部还有一个专门适用于他们的补充养老保险计划——企业干部养老保险管理机构总协会（AGIRC）。该机构成立于 1947 年，对私营部门企业干部来说，现已成为 ARRCO 的补充。只有私营部门的企业干部才能参加 AGIRC。与 ARRCO 不同，AGIRC 实行全国统一的养老保险费收取和养老保险金发放标准，具体由工会和雇主联合会的代表协商决定。

1996 年，AGIRC 的缴费率为 14%，取企业干部第二档工资（从 13 331 法国法郎至第一档次最高额的 4 倍，即 53 320 法国法郎）计算养老保险费。AGIRC 的养老保险费亦由雇主和雇员分担，雇主承担 65%，雇员承担 35%。领取 AGIRC 养老保险金的年龄为 65 岁，如提前退休，也要按规定酌情打折扣。AGIRC 亦实行记分制。目前，AGIRC 在全法国拥有 52 个行业办事处，实行集中、统一的管理。1996 年，AGIRC 的在职会员与退休会员的比例是 2.6∶1，这个比例在 20 世纪 70 年代末是 3.9∶1。

3. 第三层次的商业性养老保险

主要是商业性养老保险基金和某些具有养老保险性质的寿险。由于法国具有收入再分配性质的强制性养老保险制度比较发达，国民参加第一、第二层次养老保险计划，退休后便可领取优厚的养老金安度晚年，因此法国的商业性养老保险事业一直发展较慢。然而，近年来法国政府加大了对第一、第二层次养老保险计划的改革力度，使商业性养老保险事业的发展速度大大加快。

（三）面临的问题与采取的措施

1. 社会福利超前发展

在第二次世界大战后经济快速增长的 30 年间，法国人过分强调社会福利，致使社会保险支出日益庞大，几乎发展到了失控的地步。养老保险金的增长速度快于工资的增长速度，最终导致社会养老保险体系入不敷出。

2. 经济长期不景气，失业严重

20世纪70年代发生石油危机以来，法国经济一蹶不振，长期在低谷中徘徊，从根本上动摇了其作为福利国家的财政基础。法国的失业现象非常严重，失业率已高达12%，有300多万人工作没有着落，按规定他们无须缴纳养老保险费，而失业时间则仍按工龄计算。

3. 人口老龄化

法国已经步入老龄化社会。目前，法国65岁以上的老年人已占总人口的14%，绝对人数高达900万，而法国现在的就业人数才2 200万。就业人数与退休的老年人口的比例仅为2.22∶1。

面对养老保险方面日益突出的问题，法国政界各方已基本达成共识：法国的养老保险制度与其他社会福利制度一样，到了非改革不可的地步；鉴于公平和效率的原则，养老保险必须从由在职人员负担改为由全社会纳税人负担。为此，法国采取的措施主要是削减开支，增加收入，包括开征新税种和提高税率。

早在社会党执政时期，法国就开征了一种被称为"一般社会保险税"的税种，几乎对所有形式的个人所得课征。该税种的纳税人是所有缴纳所得税的家庭。因此，约50%的法国家庭须缴纳此税。在左右翼共治时期，法国政府将一般社会保险税的税率翻了一番。法国现政府又开征了一种名为"社会债务偿还税"的新税种，以一般社会保险税的课征所得作为税基，税率为0.5%。新税种筹集的资金专门用来偿付社会福利债务，其中当然也包括社会养老保险赤字，并设立专门机构负责管理。

在削减社会保险开支方面，近年来由国家提供的养老津贴有所减少。在法定基本养老保险方面，法国政府虽然没有改动法定退休年龄，但规定享受养老保险金必须在私营部门工作并缴费37.5年的规定年限将延长至40年，并将原来按本人10年最高工资收入的平均数计算养老保险金的规定改为按本人25年最高工资收入的平均数计算。在第二层次补充养老保险方面，AGIRC和ARRCO准备提高养老保险费率。此外，各补充养老保险计划将减少因家庭原因（如配偶无收入等）发放的养老金补助，以提高其自给能力，减少对国家补贴的依赖。

与此同时，法国政府还采取了一些旨在鼓励商业性养老保险事业发展的措施，以从根本上减轻社会性养老保险事业的压力，如允许参加商业性养老保险而支付的保险费从应税所得中扣除，某些种类的寿险收益可享受免缴个人所得税的优惠，等等。对此法国各大保险公司也积极响应，已开始抢占社会性养老保险体系留下的市场空隙，纷纷推出各种养老保险基金和新的寿险险种。可见，法国社会性养老保险事业的改革给商业性养老保险提供了新的发展机遇（沈国华，1997；胡乃军，2016）。

五、西班牙养老金制度

西班牙的职工平均收入（AW）为 26 162 欧元，而 OECD 国家为 33 036 欧元，因此在 OECD 国家中西班牙属于中低收入水平；西班牙公共养老金支出占 GDP 比重为 10. 5%，OECD 国家为 7. 9%；西班牙人口出生时的预期寿命是 82 岁，OECD 国家是 80 岁；西班牙 65 岁人口占总人口的比重是 18. 3%，OECD 国家是 16. 2%。这些都表明，西班牙的老龄化和养老金制度面临着更大的挑战。

西班牙有关养老保障的首次立法是在 1919 年，现行法律则于 1985 年出台。2011 年 1 月 28 日，西班牙政府通过了一份关于社会保障改革的草案，该草案包含一整套加强西班牙养老金体系未来可持续性的措施，这对其现行的养老保障制度产生了重大影响。

（一）西班牙的养老保险制度

1. 资格条件

享有养老金的最低缴费年限为 15 年。在经过 2011 年的养老保障制度改革之后，2014 年西班牙规定，如果个人已经缴了 35. 5 年的养老保险金，则领取全额养老金的年龄由 65 岁增加到 65 岁零两个月。到 2027 年，这一法定退休年龄将提高到 67 岁，男女相同。同时，如果个人已经上缴了 38. 5 年的养老保险金，则其可在 65 岁享受到全额养老金。

2. 与收入挂钩的养老金

在西班牙 2011 年改革前，缴费满 15 年的劳动者，可领取调整基数 50% 的养老金。从第 16 年到第 25 年，每多缴一年，养老金额提高 3 个百分点；第 26 年以后，每多缴一年，养老金额提高 2 个百分点；直至缴满 35 年，可享受全额养老金。在改革之后，享受养老金的资格条件不变，即仍然为缴费满 15 年的劳动者领取调整基数 50%的养老金。其变化之处在于，从第 16 年的第 1 个月到第 2、4、8 个月，每多缴一个月，养老金额提高 0. 19 个百分点；在此之后，每多缴一个月，养老金额提高 0. 18 个百分点；直至缴满 37 年，可享受全额养老金。

该养老金体系改革的变化包括：其一，计算全额养老金数额时应考虑的收入记录将逐渐从 15 年延长到 25 年；其二，获得全额养老金的缴费年限将逐渐从 35 年增长到 37 年；其三，计算将以月度为基础，而不是改革前的整年度。劳动者所获得的养老金将与缴费年数成比例，以工作 15 年获得 50%为起点，直到工作 37 年获得 100%（海鸿雁，2014）。可见，改革前的养老金体系有利于相对较短的工作年限。2014 年，个人缴费和福利标准的上限是 43 164 欧元。同年，一个新的养老金调整指数（IRP）开始应用，2019 年又把可持续性发展要素（FS）引入新的养老保障体系构建之中，它将新加入的养老保险缴费者预期寿命提高这一因素纳入了考虑范围。

3. 基于家庭生计调查的抚恤金

在西班牙，65 岁及以上的老人有最低金额的抚恤金，每人每月 632. 9 欧元；带有受抚养配偶的 65 岁老人每月有 780. 9 欧元；带孩子的寡妇每月有 731. 9 欧元的抚恤金，此外还有针对孤儿的抚恤金。抚恤金的最高发放额度是每月 2 554. 49 欧元，每年发放 14 个月。

4. 无业抚恤金

65 岁以上未缴过养老保险的，每年有不低于 5 136. 6 欧元的抚恤金，具体金额数量依据其家庭构成和家庭收入确定。

（二）西班牙养老保险相关制度

1. 提前退休

提前退休分为非自愿性失业和自愿性退休。非自愿性失业，是指在退休年龄的 4 年前已有 33 年缴费的情况下，可以在 61 岁退休；自愿性退休，是指在法定退休年龄的前 2 年已有 35 年缴费的，可以自愿退休。

在 2011 年改革之后，可以提前退休的年龄从 61 岁推迟到 63 岁。提前退休有严格限制，只有向养老金体系缴费 33 年后才可以（改革前是 30 年）。如果提前退休，则每提前一个季度扣除养老金的 1. 5%到 2%，幅度根据缴纳养老保险的年限不同而定。63 岁提前退休的规则只有一个例外——经济危机期间的提前退休。在这种情况下，劳动者可以在 61 岁时提前退休（如果他们的缴费年限已满 33 年）。此次改革取消了一种可以在 64 岁退休的特殊模式。

提前退休的待遇，在无抚养配偶的情况下是每月 592 欧元，在有抚养配偶的情况下是每月 731. 9 欧元，年满 65 岁以后此待遇会有所提高。

2. 延迟退休

西班牙通过增加养老金数额来鼓励人们自愿延长工作年限，对于缴费年限低于25年、25年到37年、37年以上的三种情况，每推迟退休一年可以分别增加养老金的2%、2.75%和4%（海鸿雁，2014）。

3. 儿童保护和失业

父母双方都享有育儿期，包括产假和陪产假。失业津贴由雇主和雇员各自支付其应承担部分。失业的基础薪资是失业前六个月的平均工资。失业救济则根据失业前六年养老保障的缴费数额而定，发放时间为两个月到两年不等。

六、意大利养老金制度

（一）职业养老金制度

从1898年建立《工人伤残年老保险国家基金》到第二次世界大战爆发为止，是意大利养老金制度的第一发展阶段。1898年之前，意大利的养老金模式基本走在一条储蓄积累的职业养老金道路上；1898年政府正式出台了《工人伤残年老保险国家基金》，有了确切的事件记录。这时候的养老金制度特点是自愿参与的、互助模式的、以基金式发展为主的。养老金没有立法保障和公共财政的支出，实际上就不是真正意义上的公共养老保险，而只是公共部门雇员建立起来的职业养老金。

（二）现收现付养老金制度

第二次世界大战结束后到20世纪九十年代养老金制度改革之前，是意大利养老金制度的第二发展阶段，主要以现收现付的养老金制度为主。1945年第二次世界大战结束，战争导致了极高的通货膨胀率、金融市场的混乱以及基金式职业养老金项目对于地产项目和政府债券之极低的投资收益率。为了避免大规模的突然性养老金耗损，意大利政府决定以立法的方式将过去积累的职业养老金制度逐渐调整、转变为现收现付的公共养老金制度。1947年，意大利宪法第三十八条规定了一揽子社会保险条款，明确了国家在劳动者年老、残疾、患病和工伤事故等情况下的保障责任，将公共养老金的管理和运行的责任赋予政府的相关部门和非政府的行业协会。至此，意大利的公共养老金制度正式创立。经过40多年的发展，到20世纪90年代初，意大利已经建成了全民覆盖的、多层次的、分割的公共养老金制度。它可以被概括为两个层次四大体系（邓大松、杨东，2013）。

第一个层次属于较低层次的具有社会救助功能的、普惠形式的转移支付养老金，接受国家一般税收的资助，无须缴费，其管理机构是国家社会保险局（INPS）。该层次的养老金制度被称作国家分类方案，建立于1960年。由于意大利没有正式的国家救助制度，因此政府在制定公共养老金政策时以远低于普通养老保险的水平设计了一个分类救助的项目。该项目以社会特殊群体的分类来确定养老金的受益对象和受益资格，这些特殊群体可以是低收入农业劳动者、贫穷地区的职业群体、残疾人群体、退伍老兵、缴费年限严重不足者。国家分类方案具体又可以分为社会养老金、残疾养老金、退伍老兵养老金等。

第二个层次具有职业分割状态，根据职业的不同，所属的养老金体系也不一样，但都是以缴费为基础，具有收入替代功能的较高保障水平的体系。其中主要的两个体系来自第二次世界大战以前企业和公共部门基金式的职业养老金的现收现付方式改造，被统称为年资养老金，是意大利公共养老金的主体组成部分。其中较早的一个体系是1956年建立的针对政府公共部门雇员的养老金，其覆盖对象主要是国家公务员、警察、教师、医生等。该体系以政府和雇员的共同缴费为主要收入来源，其中政府缴费是雇员缴费的近3倍，合计缴费为个人收入的32.95%。对于该体系，国家建立了专门的管理机构——国家雇员保险局（INPDAP）。时间上比较靠后的是1969年建立的针对企业雇员的养老金，这一体系覆盖了除公共部门雇员外绝大多数的雇用劳动者，是覆盖人数最多的公共养老金体系，人数超过2 000多万。该体系以企业雇主和雇员的共同缴费为主要收入来源，基本上也是雇主缴费为雇员缴费的近3倍，合计为32.7%，其管理机构是国家社会保险局（INPS）。

成立时间在公共部门年资养老金和企业年资养老金之间的是针对非雇用劳动关系或者自我雇用劳动者的公共养老金体系，被称作特殊强制保险。该体系由成立于不同时间的各类小型养老保险计划组成，它们分别为农民（1957年）、手工业者（1959年）、个体小商人（1966年）等建立，后来又添加了针对各种特殊职业人群（律师、会计师、工程师、公证员、演员、运动员等）的小型养老保险计划。特殊强制保险，是各自独立之行业协会组织管理下分割的统筹子体系的正式统称。尽管这一体系没有采取政府直接参与组织管理的形式，然而立法的强制性和政府的财政担保仍旧赋予它以公共养老金的属性。

（三）养老金参数调整改革

1. 改革原因

进入20世纪70年代末，意大利生育率下降，人口老龄化，经济增长放缓。养老保险待遇和缴费的权利义务不对等矛盾在养老金制度的发展中显得更为突出。以公共养老金为主导的意大利养老保险支出占国内生产总值的比例由1960年的5.0%上升到1992年的14.9%，并预计于2030年达到25%，在OECD国家中高居榜首。

可见，以公共养老金为主的意大利养老金改革迫在眉睫。加之1992年的《马斯特里赫特条约》的签署以及意大利向欧洲货币联盟的靠拢，使得意大利对其公共财政预算进行严格的控制。同时，意大利经历了由“第一共和国”向“第二共和国”的转变。转变时期造成了意大利政坛上一些有着40余年历史传统的倡导高福利政策的左翼政党消失，消除了一些关键的“否定点”，这在组织上促成了意大利能够彻底改革其传统系统。于是，多种形式的养老金保险改革走上了台前。根据不同阶段的主要改革举措，意大利的改革可以被分为两个阶段：以“参数”调整为主的改革阶段、以养老金筹资模式调整为主的改革和完善阶段。

2. 养老金参数调整

养老金参数调整改革是对影响养老金的各个因子进行调整。此项改革主要集中在1992—1995年的阿马托改革中：①基于不断提高的预期寿命，提高了退休年龄。在未来十年的时间内，逐步将女性由55岁提高到60岁，男性由60岁提高到65岁。②将个人获取最低保障的缴费年限从15年延伸到20年。同时公共部门资历退休金从20年提高到35年，也就是说不管其实际年龄，只要工作满35年就可以领到全额的退休金。③养老金待遇计发参考年限由最后10年转变为完全的工作年限，同时考虑通货膨胀对于收入的影响。④养老金待遇计发指数与物价指数而不是与真实的工资增长挂钩，预留将来立法调整的可能性，以确保可预计的生产增长导致实际收入和通货膨胀率之间存在的巨大差别。⑤企业年资养老金的缴费率设定为收入的26.5%，雇主与雇员的缴纳比例为2∶1；特殊强制保险缴费率设定为收入的15%，全部由缴纳人个人承担；预留15%的工薪税作为基金式的个人储蓄养老金的储备。⑥为两种补充性职业养老金（行业封闭性的契约型职业养老金和开放式的职业养老金）创立司法框架。⑦针对不同养老金项目的产出系数平衡地设定为2%。最终的养老金待遇水平=2%×缴费年限×参照工资。尽管养老金参数调整提高了领取养老金的年龄，增加了领取养老金的条件，减少了养老金在公共财政支出中的比例，但是并没有改变现收现付的养老金体系，需要进一步改革。

3. 名义账户筹资模式调整

1995 年开始的迪尼改革以及随后一系列对迪尼改革的完善与调整，对意大利养老金进行了彻底的改革，不仅使用旧有的现收现付养老金制度，而且引进了名义账户制度，并且以名义账户制度为主。随后的一系列改革可以说是对迪尼改革的完善与调整，其主要内容始终离不开迪尼改革。

名义账户制度模式可以被看作现收现付之“以退休前工资或收入为基础”（DB）模式和“以缴费为基础”（DC）模式的混合物。名义账户模式的资金源于当期缴费，用于当前退休人员的养老金支付，实质上仍属于现收现付制。但不同之处在于，名义账户模式建立了名义个人账户，并将其缴费的一部分（私营部门为缴费额的33%，公共部门为缴费额的20%）积累计入名义个人账户，但实际上并没有真实的资产对应，未来退休后以缴费年金形式计付待遇。相对于现收现付模式而言，名义账户强化了缴费与待遇之间的关联，激励职工保持更长的工作时间，即工作时间越长，退休后的待遇就越高。

名义账户改变了养老金的计付方法，将养老金的计算从以往的 DB 转向 DC，即将养老金待遇与劳动者的职业生涯的社保缴费贡献相挂钩，以 5 年移动的 GDP 增长率作为指数进行资本化。职工退休时，其养老金待遇由职业生涯缴费积累额乘以一个“转换系数”来决定（养老金待遇水平 = 一生缴费额×参考系数），“转换系数”由人均预期寿命与经济增长率两个变量决定，转换系数须每十年修订一次。

名义账户制度推行弹性退休制。劳动者可以选择 57~65 岁退休（但 57 岁退休需满足缴费满 35 年的条件），但待遇上有差别。如果选择 57 岁退休金，则拿到的退休金比 65 岁退休的少，不同的退休年龄对应不同的计算参数；对提前退休实施惩罚措施。1995 年迪尼改革后，由于确立了养老金给付水平与退休年龄直接的内在精算关系，许多劳动者为此推迟了退休年龄。在新制度中，对那些原本想 62 岁退休而改变至 65 岁退休的人来说，他们的养老金给付水平每年将增加 6%。这毫无疑问增强了制度的激励性，由此使得原打算在 57 岁退休的人数下降了 15%。

名义账户制度改革的重大意义在于抑制了养老金成本的持续快速上升，并建立了部分基金制，扭转了以往制度存在的不良激励，减少了过早退休现象。当然，由于改革并没有适用于大规模的养老保险者，并且设置了较长的过渡期，因此其短期效应也是有限的（王朝才、刘军民，2012）。

七、德国养老金制度

德国养老金主要由法定养老保险构成，企业养老保险与个人养老保险在养老金的构成中所占的比例过低。鉴于这种客观实际情况，德国也在不断调整养老保险模式，逐步扩大企业养老保险与个人养老保险在养老金中所占的比重。

（一）德国养老金的构成

经过100多年的演变和发展，德国养老保险逐渐形成了一个多支柱综合体系，包括法定养老保险、企业养老保险及私人养老保险三大支柱保险在内。法定公共养老保险是德国养老保险的主体，涵盖了超过90%的从业人员，企业养老保险和私人养老保险是德国养老保险的补充。

法定养老保险涵盖的对象主要包括：①所有工人和校外受训人员；②长期残疾者；③宗教协会成员；④部分自由职业者，其经济状态具有典型的雇主特性，即自我承担雇主风险；⑤从事医疗护理、婴儿护理和儿童护理，且其雇主按法律规定可以不承担法定保险义务的人群；⑥在育儿初期的母亲和父亲。

（二）德国养老金制度发展的四个阶段

1. 从基金积累制向现收现付制转变

德国早期养老金制度属于完全积累模式，但两次世界大战的经历使其积累基金被强制购买了政府债券，养老金实则已不复存在。鉴于此，1957年，德国政府将养老金制度从基金积累制（funded defined contribution）转向现收现付制（pay as you go），并采用了原积累制度下的基金结余部分在随后的10年间用以偿付使用的改革方案。由于百废待兴，加之战争造成劳动力年龄段人口的大量死亡，这一主张在当时迅速得到了选民尤其是得到了老年选民的支持。

2. 慷慨的养老金计划

随着德国经济的迅速发展，人们对扩大福利的呼声不断提高。1972年勃兰特领导的社会民主党开始了养老金制度改革，通过改革，德国成为世界上养老金发放最为慷慨的国家之一。其改革的主要方式包括：提高养老金替代率；变“强制退休年龄”为“退休窗口”。

3. 削减福利的“节流”试验

由于受到劳动者人口基数扩大及欧盟国家人口流动带来的双重挑战，迫使德国政府开始转变养老金制度。1989年，德国新的养老金计算标准得到确认，将养老金标准从此前与毛工资挂钩转变为与净工资挂钩（1992年开始实行)，旨在维持在替代率不变的基础上，降低实际养老金的给付标准，以期通过这样的积累效应实现养老保险供给率从彼时的26.9%提高到2030年的36.4%，并且养老金的实际给付标准将从70%下降到64%。同时，联邦财政拨款奖励多子女家庭以鼓励生育和扩大未来的缴费群体。从2001年开始，除残障人士63岁退休之外，其他人口均为65岁退休。

4. 强化个人责任的“开源”实验

2001年里斯特计划正式通过，该计划规定德国公民只要选择指定的银行或保险公司签订“里斯特”合同，便可获得联邦政府的财政补助和税收优惠，并且联邦补助将随着投保年限的增加而提高。德国政府希望通过这一改革计划使养老金替代率在2030年达到67%~68%，供款率在2020年以前维持在20%以内，以及到2030年不超过22%。截至2007年，参保人只要每月投入毛工资收入的3%（2008年起提高至4%)，便可获得114欧元的直接补助。对于有孩子的家庭，每个孩子可获得138欧元的津贴，到2008年孩子的津贴标准可提高到185欧元。该计划在运行的头5年内便筹集近700亿欧元的资金(李勇、王一峰，2013)。

另一项养老金改革计划“吕普鲁养老”计划也开始实行，以建立可持续发展的社会保险系统。与“里斯特”计划相比，“吕普鲁养老”计划也享有联邦的税收优惠政策，并且具有更高的收益预期，只是无法获得联邦财政的补助。“里斯特”计划和“吕普鲁养老”计划的实施，奠定了德国多层次、多支柱养老金保险体制的形成，强化了个人在养老金制度中的作用（李勇、王一峰，2013)。

（三）德国养老金的三大支柱

1. 第一支柱：法定养老金

法定养老保险的资金来源主要有两个渠道。第一个是主要渠道，即由雇主和雇员缴纳养老保险费；第二个是辅助渠道，即国家的财政补贴，其数额一般为养老保险费的20%。养老金的数额一般根据退休者退休时的工资和工龄进行计算，但最高额度不会超过退休前最后一个月工资的75%。法定养老保险实行的是现收现付制度，即现在征收的养老保险费用于发放现在已经开始领取的养老金，因此其没有基金积累，而是要求正在工作的一代负担退休一代的养老金负担，随着出生率的下降和平均寿命的延长，这会造成个人缴费比例增加，从而使这一支柱目前面临巨大的压力。

2. 第二支柱：企业养老金

德国企业养老保险制度是法定养老保险制度的补充，是一些规模大、经济效益好的企业为激励员工、留住人才而设立的。企业将雇员工资的一定比例投入养老基金中，员工退休后就可从中获益，现在企业养老保险已经成为德国养老保险体系中一个重要的支柱。与法定养老保险不同，企业补充养老保险是一种企业行为。随着德国人口老龄化的日趋严重以及考虑到国家养老负担的压力等问题，作为法定养老保险补充形式之一的企业养老保险越来越受到政府的关注，并得到法律的支持和保护。

3. 第三支柱：私人养老保险

德国的私人保险计划是通过个人净收入支付保险费而在退休时领取养老金的一种方式，是一种私人养老手段。其针对的对象主要是医生、牙医、药剂师、律师等高工资和高收入群体。21 世纪初期，德国法定养老保险、企业养老保险和私人养老保险所支付养老金的比例大约分别为 70%、20%和 10%，企业养老保险和私人养老保险在整个养老保险体系中所占的比例还相对较低，因此德国政府希望私人养老保险支付的养老金近期可以提高到整个养老金的 15%，中远期则达到 25%~30%的水平，并逐渐将企业养老金和私人养老保险从现在的补充地位提升到与法定养老保险相近的支柱地位（胡乃军，2016）。

（四）德国养老金制度的优势及挑战

1. 德国养老金制度的优势

一是将民众的“老有所养”作为首要目标。德国的养老金经历了诸多调整与变化，养老保险也经历了从政府大包大揽到增加个人自主选择的过程。总体上看，德国养老保险始终维持在较高水准，有效地保障了老年人的生活水平。二是长远规划性和政策衔接性。德国养老保险的规划都是立足长期的，政府进行政策的调整时也都考虑到了较长的时间效力。同时，德国政治中“政党事先协商”的传统使得各党派在福利制度改革方面具有高度一致性，也保证了养老保险政策的连贯性。三是通货膨胀控制机制完善。养老金具有积累时间长的特点，决定了养老金需要在一个稳定的经济环境下运行，以此来保证养老金的按时足额发放。德国的宏观经济始终维持在一个稳定的运行区间，没有太大波动，以此保证了养老金的稳定性。

2. 德国养老金面临的挑战

一是人口老龄化的挑战。包括德国在内的许多工业化国家面临的一个共同问题就是人口老龄化，低生育率与老龄人口的增加给各国带来了诸多新的挑战，其中养老金的发放便是其中的关键问题之一。此外，政府规模的不断扩大必然造成政府开支的增长，这也直接导致了养老金可能面临无法及时、足额发放的风险。为解决养老金这笔庞大的政府支出，默克尔政府于2007年通过了延迟退休的法案，将退休年龄从65岁延迟到67岁。二是外部经济环境的变化。受到经济危机及欧元危机双重影响，德国养老金的支出也成为一个风险较大的不确定项目。首先，2008年的经济危机给包括德国在内的众多国家带来了较大的冲击，资本市场的风险和萎缩给德国养老金的保值增值带来了更多的风险性和不可预测性。其次，欧债危机也使德国面临更多困难与挑战，作为欧盟经济增长的火车头，德国不可避免地被赋予更多的责任。这些都对德国养老金制度产生了重大影响，也对德国政府提出了更多新的要求来保证德国老年人的合法养老权益。

(五) 德国公务员养老金制度的改革

德国的国家雇员指的是在公共部门任职的人员，主要包括三种类型：公务员（终身制）（civil servants）、公共事业工作者（public servants）、军人（soldiers）。在上述大约450万人中，只有160万人为终身制公务员，其余290万人均为公共事业工作者（包含军人）。德国公务员的构成主要包括：公共机构、研究机构中层以上行政人员；警察；老师，包括公立学校和机构中的初级教育、中等教育和高等教育教师；政府办公室的负责人，如市长、部长（非国会议员）。具体到政府机构的公务员，又分为低层公务员（秘书和办公室职员）、中层公务员（承担有限责任的中层管理者）、上层公务员（有投资和领导职能的经理）、高级公务员（公共行政的高层经理，上至有领导职能的部长）。

在德国，对公务员有着格外慷慨的福利待遇。其动机是为酬赏以保证充分的忠诚与服从，显然这也是蓄意地凭借其社会政策的创制权来塑造阶级结构。公务员的丰厚养老金在社会环境发生变化的前提下，必然也会随之而变。德国政府近年来也开始采取措施改革公务员的养老金制度。

按预期收入增长的幅度，以每年增长1.5%来计算，德国公务员养老金支出在2030年将达到峰值，占GDP的1.46%，占税收的7.2%；若以增长2.5%来计算，在2050年会超过GDP的2%，接近税收的10%。高额的公务员养老金支出使德国政府必须采取措施进行改革，德国公务员养老金改革的具体办法包括以下三方面：第一，养老金替代率（指劳动者退休时的养老金领取水平与退休前工资收入水平之间的比率）的封顶线有所降低，服务年限的需求有所增加。1992年以前，服务35年可达到75%的替代率，2001年以后，至少服务40年才能达到71.75%的替代率。第二，养老金的领取年龄从65岁提高到67岁。从2009年开始，联邦公务员只有完成45年服务才能领取全额养老金，提前退休的最大扣减率从10.5%提高到14.4%，提前退休的养老金领取年龄也从62岁延伸至63岁。第三，改革金融业务和财务管理。引进公务员养老保障金和公务员养老基金委员会两种金融工具，这也是德国在解决公务员养老金如何兼顾公平和财政的可持续性问题上所采取的主要措施。

八、冰岛养老金制度

冰岛面积仅10.3万平方千米，2013年总人口仅有32万人，但却是仅次于英国大不列颠岛的欧洲第二大岛，也是享有高生活水准的发达国家。2012年，冰岛人口平均寿命为81.8岁，居世界第六位。长期以来，冰岛实行“从摇篮到坟墓”的社会福利制度，人类发展指数曾经排名世界第一位（2007年）。

冰岛等北欧国家的福利制度对资本主义制度进行了某种程度的修正，充分发挥了政府和社会在保障民众基本生活和建设公民福利方面的积极作用，其福利制度自19世纪后期开始建设，经过第二次世界大战以后的发展，基本上构筑起了医疗、卫生、生育、教育、就业、养老、残疾人保护、住房、家庭等比较全面的社会福利制度体系，完善的社会福利制度成为冰岛等北欧国家的重要制度基础。

冰岛具有完备的福利法治建设，政府提供福利是一种公共责任，而民众享受福利则是一种社会权利，通过立法使民众福利权利化。其福利体制注重对弱势群体提供特惠型福利，也坚持普惠原则，实施国民待遇一体化。这类国家的福利制度更加合理化、现代化，既成为保障国家经济顺利运行的制度基础，又充分保障了每一个人特别是贫困者享有最低标准的生活水平。

（一）冰岛的养老金制度

冰岛人的年平均工资为53 779美元，公共养老金支出占GDP比重为2.1%。冰岛的养老金制度具有广泛的覆盖性、普遍性和强制性。冰岛的养老金制度是一个清晰的三支柱体系，包括基本养老金、强制企业年金和个人养老储蓄账户。

1. 基本养老金

67 岁以上的老人可以领取基本养老金。于 16 岁至 67 岁之间定居冰岛 3 年以上的老人，能够按定居年限领取相应比例的基本养老金，即定居时间越长，能够领取的养老金越多。定居满 40 年的老人可以领取总额达 423 348 克朗的全额养老金，这相当于冰岛人年平均工资的 6%。但是基本养老金的发放对象不包括个人收入（劳动收益或资本收益）超过年平均收入 38%的老人。基本养老金的资金主要来源于一般税收。发放的基本养老金不含社会保障福利、企业年金和社会救助。

对于提前退休和延迟退休的老人，也有灵活的养老金领取制度。在私营部门，可以提前至 65 岁开始领取养老金，每提前一年，则养老金减少 7%。也可延迟退休至 72 岁，每延迟一个月，可领取的养老金将增加 0.5%，最多增至 30%。

2. 强制企业年金

强制企业年金与基本养老金相比，受众更小。政府法律规定，所有 16 岁至 70 岁之间的劳动者都必须加入一个养老金基金，向养老保险账户缴纳 12%的工资。其中，雇员缴纳 4%，雇主缴纳 8%。在公共部门和某些特殊部门，需要雇主缴纳更高的比例。

与基本养老金的资格要求一致，67 岁以上的老人可以领取企业年金。但是，考虑到海员工作的特殊性，工作满 25 年的海员可从 60 岁开始领取企业年金。每人能领取的最大金额为每年 134 万克朗，相当于年平均工资的 20%。若个人收入超过 132 万克朗，则不予发放。对于养老收入则没有上限规定。冰岛法律的规定是劳动者缴纳 40 年的养老保险后，其企业年金能够达到 56%的替代率和 1.4%的增长率。对于企业年金，劳动者可延迟至 70 岁领取，且每延迟一年，养老金将增加约 8%。

3. 其他特殊福利和救助

根据冰岛《社会救助法》，当受益人处于特殊的困境中，失去救助就无法生存时，在养老金之外还有很多种救助性福利制度作为补充。比如，对于鳏寡之人设有日常补贴、维持生计的特殊补贴和其他补贴。

此外，还有一项政府社会救助计划是针对儿童抚育的，以三种方式支持需要照顾长期患病或残疾儿童的父母：一是对处于劳动力市场中的儿童父母进行工资支付；二是对处于学业期间的儿童父母发放基本的生活补助；三是对既非劳动者也非学生的儿童父母发放补助（广东省社会科学院广东社会建设发展战略研究课题组，2013）。

（二）冰岛推进老人就业的政策

延迟退休是大势所趋，能够避免劳动者陷入老年贫困，同时也将减小养老金空缺的压力。放眼全球，很多国家都在进行延迟退休的政策尝试，冰岛推动老年就业的政策设计中，有一些值得借鉴。

冰岛社会事务部在 2005 年至 2009 年之间组织开展了“50 岁积极行动”计划，该计划明确老年人在劳动力市场的重要地位。冰岛劳动法对老年就业者的解除合同也做出了特殊规定：对于为同一家公司服务 10 年以上的员工，雇主终止合同一般须提前三个月给予通知；对于 55 岁以上的员工，须提前四个月；60 岁以上的员工，须提前五个月；63 岁以上的员工，须提前六个月。

冰岛政府重视成人教育，大力开展终身教育。在正规教育（小学教育、中等教育和高等教育体系）发展的基础上，政府机构和企业着力推行非正规教育（面向政府职员和企业员工开展的针对性培训项目）和非正式教育（利用影印资料、电脑、网络和图书馆进行学习）。冰岛政府要求企业和工会为老年就业者设立终身学习的目标和提供专项金带薪学习。2010 年 3 月冰岛通过《成人教育法》，其目标包括提升老年人职业技能和改善老年就业者的不公平地位（杨志超，2013）。

九、加拿大养老金制度

（一）“老年保障计划”（Old Age Security，OAS）

“老年保障计划”构成加拿大养老保障制度的第一层次即公共养老金计划的主体。加拿大的老年保障计划是一项全民的养老保险计划，主要是提供基本的退休生活保障，由政府财政负担，企业与个人无须缴纳，包括三部分：老年保障金、低保补助、补助金和遗属补助。

1. 老年保障金

老年保障金从 1952 年开始执行，是老年收入计划的主体，覆盖全体国民。享受这项福利的条件有两个：一是年龄达到 65 岁；二是 18 岁以后在加拿大居住满 10 年。其中，在加拿大居住满 40 年者，可领取全额老年保障金（2007 年 1 月—3 月的平均福利为每月 466.98 加元）。老年保障金实行按季指数化，其随生活费的变化而调整，不受通货膨胀影响，同时收入达到一定数额要缴税，所缴税额从老年金中扣除。2014 年，个人净收入（含老年保障金）达到6676.59加元及以上的领取者须缴税。

2. 低保补助

它是对居住在加拿大的低收入老年保障金领取者每月提供的一项免税福利。低保补助是以个人年收入或者个人与其配偶或同居者的年收入之和为基础的，超过既定标准就会被取消领取资格。低保补助实行生活费按季指数化，每三个月调整一次，但是当生活费降低时，低保补助不会减少。

3. 补助金和遗属补助

补助金为60~64岁的老年人提供补助，且其配偶或同居者（同性或异性）必须获得或者有权获得老年保障金和低保补助。如果领取者的配偶或同居者已去世，则可以申请遗属补助。

（二）"加拿大/魁北克养老金计划"（Canadian Pension Plan/Quebec Pension Plan）

这项计划是政府强制执行的一种保险计划，而非由企业内部决策执行，即加拿大所有类型的企业都必须为职工购买加拿大养老金计划，这项计划包括四部分：养老金、遗属抚恤金、儿童福利和残疾福利。

1. 养老金

加拿大养老金的基金来源于雇主和雇员的缴费。魁北克省有自己单独的计划，其规定和福利与加拿大养老金计划基本一致。养老金计划是一项"缴费型"计划，规定所有年满18岁的公民，只要收入超过基本的免除额（每年3 500加元）就必须向加拿大养老金计划（或魁北克养老金计划）缴费。个人和雇主分别缴费50%；如果是个体经营者，则由自己缴纳全部金额。

领取养老金的多少取决于领取者向加拿大养老金计划的缴费数额和缴费时间，此外退休年龄的选择也会影响领取养老金的数额。加拿大养老金计划提供的养老金是建立在老年保障基础之上的，它通常采用缴纳基数工薪的25%作为替代率。养老金每年会根据消费者指数（CPI）调整。

养老金通常是在65岁时开始支付。如果在65岁之前领取，那么所得数额很少，领取得越晚所得数额就越多。这一弹性养老金可以在60~70岁的任何年龄开始领取。从领取养老金当月开始，加拿大养老金计划会每月调整0.5%。

2. 遗属抚恤金

遗属抚恤金是加拿大养老金计划的一种福利，给予曾经向加拿大养老金计划缴费的死者配偶或同居者及其供养的子女，它包括三个方面的福利：死亡抚恤金、遗属养老金和子女补助。

死亡抚恤金是为已故缴费者的遗产继承人发放的一次性补助。如果无遗产继承人，则由负责葬礼费用的人、配偶或同居者、近亲领取抚恤金，以此类推。福利的多少取决于缴费者向加拿大养老金计划缴费的数额和缴费时间的长短。其金额相 当于死者在65岁时可领取的每月退休金的6倍，最高可有2 500加元。

遗属养老金是给予死者的合法配偶或同居者的补助，同性同居者具有相同的资格。如果遗属为分居的合法配偶且没有同居者，其也有资格获得此项福利。

子女补助给予死者所供养的子女，包括亲生、领养和监护的子女，子女必须未满18岁或18~25岁全部时间在加拿大认可的学校就读。每月的子女补助按照一个统一的比率，这个标准是每年调整的。18岁以下的子女，其补助发放给和他们一起生活的人；18岁及以上并且有资格获得此福利的子女须自行申请，这项补助将直接发放给他们本人。

3. 儿童福利

这里的儿童福利与上述的子女补助不同的是：它除了包括子女补助，还包括为残疾缴费者所抚养的子女提供福利。

4. 残疾福利

残疾福利是为那些向加拿大养老金计划足额缴费并且不能从事任何工作的残疾人提供的福利，其最主要的目的是代替一部分雇用收入。领取此项福利的条件是：65岁以下；由于身体状况而不能工作；在工作的最后6年中向加拿大养老金计划至少缴费4年。

在个人获得残疾福利的同时，其子女也许可以获得儿童福利。另外，一项称 为自动复职的新规定为康复后重新就业的员工提供了财政安全网。如果此类员工在两年内再次发生残疾并且不继续工作，其残疾福利会重新开始。

（三）"注册养老金计划"（Registered Pension Plans，RPPs）和"注册退休储蓄计划"（Registered Retirement Savings Plans，RRSPs）

个人养老金计划和储蓄是加拿大养老保障体系的第三层次，它是雇主自发建立的一项老年收入计划，主要包括注册养老金计划（RPPs）和注册退休储蓄计划（RRSPs）。

1. 注册养老金计划（RPPs）

注册养老金计划是自愿性质的，它覆盖了加拿大40%的工人，雇主一旦建立了这项计划，就必须遵守税收和退休金标准规则，此计划的收入需要缴税。注册养老金计划有两种主要类型——福利确定型计划和缴费确定型计划，个人所属的计划类型很重要，它会影响退休时的养老金收入。

福利确定型计划每月发放的退休金收入是由公式计算确定的。个人的总收入、工作级别及工作时间都会影响退休金收入。通常，雇主的责任是保证在个人退休时向其支付足够的退休金，雇主承担所有缴费的投资风险以保证雇员退休金的未来价值。福利确定型养老金有时会考虑雇员从加拿大养老金计划或魁北克养老金计划中获得的收入，被称为“混合”计划，与加拿大养老金计划或魁北克养老金计划一同提供。

缴费确定型计划是个人及其雇主向计划缴纳一定金额，通常由收入的百分比决定，预先并不知道日后可获得的养老金数额。根据税收规定，缴纳金额为收入的18%。

2. 注册退休储蓄计划（RRSPs）

注册退休储蓄计划是个人退休储蓄最流行的方法，尤其是如果个人没有参加雇主养老金计划。注册退休储蓄计划是私人管理养老金的计划，此收入必须缴税。注册退休储蓄计划中的储蓄有税收优惠，即税前扣除缴费，并且再投资所获取的收益是免税的。

注册退休储蓄计划的资金可以被用于投资一系列的金融产品和投资工具。包括储蓄账户、加拿大储蓄公债、定期存款、担保投资工具和共同基金。个人可以通过大部分财政机构（如银行、信用合作社、信托公司、共同基金公司、保险公司以及投资商或经纪公司）建立注册退休储蓄计划。个人也可以自己设立一个正规或自我管理的注册退休储蓄计划。自我管理的注册退休储蓄计划可以持有一系列的投资工具。如个人股票，且允许个人直接管理其公司。

由三层次构成的加拿大养老保障体系，共同为老年人的生活提供基本保障，但是老年人从这三层次中获得的养老金比例是不同的。在这三层次中，第一层次接受者比例最高，高达98.1%，占老年人收入来源的1/3，因此被称为“普惠式养老金”，它覆盖范围广，收入保障多。第二层次接受者比例也相对高，其他收入虽然也有一些接受者，但是在老年人收入来源中占有比较小的比例。无论接受者比例多大，占其收入比重多高，总之，这“三条腿”相互配合，共同为老年人打造了一个养老的“安全网”（张珂，2008；张珂、董登新，2008）。

十、英国养老金制度

英国的国家基本养老金计划是英国从20世纪初开始探索的，形式由国家承担养老保障责任的现收现付的养老金制度，它经历了从免费养老金向缴费养老金的改革，经过一个世纪的发展与完善沿用至今。英国政府为了鼓励职业养老金的发展，通过“协议退出”将多支柱养老金计划紧密结合在一起。

（一）国家基本养老金计划

英国的国家基本养老金是为了保证每一个达到规定年龄并具备法定资格的老年人的基本生活而实施的养老金制度，因此该项制度具有同一性和普遍性的特点。同一性是指国家基本养老金的缴费标准和养老金发放标准采取单一标准，不因收入、身份等因素而有所差别；普遍性则是指所有满足了缴费标准、年龄标准等基本标准的老年人都可以领取该养老金。国家基本养老金计划是根据1975年颁布的《社会保障法》（1975 Social Security Act）建立起来的，并于1978年4月6日开始实施。此后，英国通过1992年的相关立法对国家基本养老金进行了进一步的完善。英国政府根据1992年颁布的《社会保障缴费和补贴法》（1992 Social Security Contribution and Benefits Act）设立了缴费署，并根据同年颁布的《社会保障管理法》（1992 Social Security Administration Act）设立了福利署。设立这两个部门的目的是加强对国家养老金计划的管理。1992年的社会保障立法之所以对养老金管理做了进一步的规范，是因为无论是领取人数还是支出总额，养老金都在英国国家社会保障体系中占最大比重。在2013年，国家养老金向1 000多万领取者的支付额度占社会保障总预算的31.4%。

国家基本养老金包括A类、B类、C类、D类四种。

1. A类基本养老金

A类基本养老金是雇员依靠自己缴纳的国民保险费（National Insurance Contributions）而获得的全额国家基本养老金。

英国对国家基本养老金进行指数化调增。1980年以前，基本养老金的指数化调增按全国平均工资增长率与通货膨胀率之间的较高者进行。但根据1980年《社会保障法》（1980 Social Security Act），英国政府从1980年开始将基本养老金与零售物价指数挂钩，即仅根据通货膨胀率进行指数化调增。指数化调增在每年4月纳税年开始的时候进行，并于前一年10月根据到当年9月为止前12个月的英国零售物价指数变动水平发布调增公告。

全额缴纳国民保险费的雇员在退休后方可领取全额的 A 类基本养老金。未足额缴纳国民保险费的雇员，其退休后可领取的 A 类基本养老金会被按照一定比例调低。如果雇员的缴费不足法定标准的 1/4，他将失去领取 A 类国家基本养老金的资格。向退休雇员发放的 A 类基本养老金包括向其本人支付的数额、扶养成年人附加额和抚养儿童附加额共同组成。年满 80 岁的高龄老人除 A 类基本养老金外，还可以领取每周 25 便士的高龄附加金。

达到退休年龄的雇员（男性 65 岁，女性 60 岁），才可以申请领取养老金，但可以申请推迟最多 5 年领取养老金。英国政府鼓励推迟领取养老金，因此给予政策支持。雇员每推迟 7 周领取，A 类基本养老金可以提高 1%，每推迟一年可以提高约 7.5%，推迟满 5 年则可以提高约 38.3%。

2. B 类基本养老金

B 类基本养老金是向申请人发放的，根据申请人的配偶、已离异配偶、已去世配偶的缴费而发放的基本养老金。B 类基本养老金的领取者可以是女性，也可以是男性。男性根据配偶的缴费申请领取 B 类基本养老金是从 1979 年开始实施的。领取 B 类基本养老金的妻子一方则必须是 1950 年 4 月 6 日以后出生的。

领取 B 类基本养老金的第一类人是已婚者。配偶已退休并已开始领取基本养老金的已退休已婚男子或女子可以领取。已婚者根据配偶的缴费所领取的 B 类基本养老金与 A 类养老金中扶养成年人附加额相等。因此，如果夫妇二人都领取国家基本养老金，则 A 类养老金领取者不再领取其中的扶养成年人附加额。

领取 B 类基本养老金的第二类人是离异者。离异者在达到退休年龄后可以根据其最后一任配偶的缴费申请领取 B 类基本养老金。但此类领取人能够领取的金额仅以到离婚为止其最后一任配偶已积累的缴费为基础。如果离异者在其达到退休年龄前再婚，则失去根据前任配偶缴费领取 B 类基本养老金的权利。

领取 B 类基本养老金的第三类人是丧偶者，即寡妇或鳏夫。对于寡妇来说，如果女子在 40 岁以前丧偶，则领取寡妇补助，不纳入 B 类基本养老金的范畴；如果女子在 40 岁以后丧偶，则根据她去世的丈夫所积累的缴费领取相应的 B 类基本养老金。但如果丧偶女子在她退休前，即 60 岁前再婚，则失去领取寡妇养老金的资格。对鳏夫来说，领取 B 类基本养老金的规定相对更严格，即男子必须在其退休后丧偶，且其妻子去世时也已经退休，该男子才有资格领取鳏夫养老金。

一个人可以同时享有 A 类和 B 类基本养老金，只要两类基本养老金总额不超过全额 A 类基本养老金的数额。此外，年满 80 岁的 B 类基本养老金领取者还可以享受每周 25 便士的高龄附加金。

3. C 类和 D 类基本养老金

C 类基本养老金是 1970 年开始实施的、对 1948 年 7 月已经达到退休年龄的人发放的基本养老金，属于非缴费养老金或免费养老金。但随着有资格领取者相继去世，C 类基本养老金即将失效。

D 类基本养老金在 1971 年《国民保险法》颁布后开始实施，是针对 80 岁以上不能足额领取缴费养老金的老年人发放的免费基本养老金。1992 年《社会保障缴费和补贴法》还要求领取 D 类基本养老金的人在 60 岁到 80 岁的 20 年间必须有 10 年居住在英国，且 80 岁以后会继续住在英国。C 类、D 类基本养老金都是免费养老金，而且领取者也可以同时领取每周 25 便士的高龄附加金。

（二）基本养老金的领取资格

领取国家基本养老金的人必须具备两个资格：一是年龄资格，二是缴费资格。

年龄资格。达到国家法定退休年龄的英国人可以领取国家基本养老金。目前，英国的退休年龄男女有别，男子为 65 岁，女子为 60 岁。但是，根据欧盟劳工法院在 20 世纪 90 年代通过的一项法令，不允许欧盟各国各种机构在工作中存在性别歧视，女性雇员应有权与男性雇员有相同的退休年龄，在领取养老金问题上雇员不受性别歧视。据此，英国政府计划于 2020—2040 年间逐步实行 65 岁的统一退休年龄，而最早适用该统一退休年龄的人是 1955 年出生的人。

缴费资格。除达到退休年龄外，雇员必须在工作期间向英国社会保障部的缴费署缴纳国民保险费，才具有领取基本养老金的完整资格。雇员一旦达到退休年龄则停止缴纳国民保险费，并有资格申请领取国家基本养老金。

根据 1992 年《社会保障和补贴法》的规定，雇员在工作期（Working Life）中缴纳国民保险费的年数必须达到“合格年份”（Qualifying Year）的要求。工作期是指一个人从年满 16 岁时的那个纳税年开始到他死亡或退休那年为止的这个期间，但退休或死亡的那年不计入工作期。“合格年份”是指雇员要想领取全额国家基本养老金，其在工作期内必须缴纳国民保险费的年份。

"合格年份"的规定给予了雇员在工作期中缴纳国民保险费的年份扣减，即雇员不是在工作期中每年都要缴费，而是工作期越长，扣减的缴费年数越多。因此，在扣除退休当年的年份以后，男性的最长工作期为 49 年，为享受全额国家基本养老金而须缴费的最长"合格年份"为 44 年；女性的最长工作期为 44 年，最长"合格年份"为 39 年。工作期内每少工作一年，则当年无缴费资格，国家基本养老金也将会按比例扣减。例如，一个工作期为 44 年的男性雇员，在工作期内有 1 年未工作，那么他只能领取 43/44 的基本养老金；而一个工作期为 39 年的女性雇员在工作期内有 1 年未工作，那么她只能领取 38/39 的基本养老金。当实际缴费年数低于应缴费"合格年份"的 1/4 时，即领取国家基本养老金的比率被降低到 25%或以下时，该雇员将丧失领取国家基本养老金的资格。雇员的年收入总额必须高于周收入下限的 52 倍才有资格缴纳国民保险费，并以周收入下限的 52 倍为基数进行同一标准缴费。1998 年周收入下限为 64 英镑，年收入最低为 3 328 英镑；1999 年周收入下限为 66 英镑，年收入最低为 3 432 英镑。

（三）基本养老金的发放

满足了缴费标准、年龄标准等法定资格要求的退休雇员可以申请领取国家基本养老金。国家基本养老金按照同一标准发放。由于英国社会保障部对养老金的缴费和津贴发放进行每年的指数化调增，因此每年的额度都有所不同。2012 年的额度为每周 96 英镑左右。

英国对国家基本养老金进行指数化调增。1980 年以前，基本养老金的指数化调增按全国平均工资增长率与通货膨胀率之间的较高者进行。但英国政府从 1980 年开始将基本养老金与零售物价指数挂钩，即仅根据通货膨胀率进行指数化调增。指数化调增在每年 4 月纳税年开始的时候进行，并于前一年 10 月根据到当年 9 月为止前 12 个月的英国零售物价指数变动水平公布调增公告。

通常有资格领取基本养老金的雇员应当在退休时开始领取国家基本养老金，但英国社会保障署允许申请推迟最多 5 年领取养老金。英国政府鼓励推迟领取养老金，并给予政策支持。雇员每推迟 7 周领取，基本养老金可以提高 1%，每推迟一年可提高 7.5%，推迟满 5 年则可以提高 38.3%。

国家基本养老金收入属于应税收入。退休雇员的基本养老金、存款利息、其他收入的总和扣除免税额后的部分，须按照 25%的标准税率纳税。但英国给老年人一定的税收宽免。1991 年，标准免税额为 4 725 英镑，65 岁以上老年人的免税额为 5 815 英镑，75 岁以上老年人的免税额为 6 005 英镑。

此外，1989 年《社会保障法》（1989 Social Security Act）还给退休后继续工作的老年人以更大的政策支持。该法颁布以前，传统上英国不支持老年人退休后继续工作。因此，仍依靠工作取得收入的 65~70 岁的男性和 60~65 岁的女性，会受到惩罚性的养老金扣减。老年人工作收入越高，养老金被扣减的越多，直至扣完为止。但 1989 年颁布的《社会保障法》取消了此项惩罚性规定，因为人们认为老年人达到退休年龄并不意味着他们必须退出社会。随着人口平均寿命的延长，老年人在达到退休年龄后积极融入社会并从事工作是符合社会发展需要的。人具有通过自己的劳动获得收入的权利，老人同样拥有这项权利并且不受到国家的干涉。

第三章
“信用约束”视角下的失信惩戒制度

个人信用随着社会分工的不断深化和市场的不断扩大，在经济交往活动中逐步演变成为社会信用。社会信用是市场经济条件下为减少交易费用、扩大交易规模而采用的一项制度安排，它针对所有交易主体，是经济主体参与社会分工与合作所应遵循的普适性规则。

社会信用体系是市场经济体制中的重要制度安排，是一项系统工程。建立中国居民征信制度，要以法律法规为依据，以全体居民为主体，以信用记录为基础，发挥信用记录的揭露、传播、预警等功能，规范信用数据的收集和使用，解决社会经济活动中的信息不对称问题，构建失信惩戒机制，加大失信成本。可见，信用需要“记录”“约束”“评估”“补偿”，这是本章的核心词。社会信用由个人信用、企业信用、社会组织信用、政府信用乃至国家信用构成。本章主要研究居民个人信用，包括中国居民和外国居民的信用，对中国居民征信制度研究从三个层面展开，即“是什么”“为什么”“怎么办”。

第一节 信用约束（失信惩戒）理论和机制

信用约束，本质就是失信惩戒。对失信者的惩处，既要有政府强有力的监管，也要发挥市场自我调节的作用。失信惩戒的目的就是要对失信者产生约束力和震慑力，这要依靠全社会的共同努力，对失信者进行道德谴责和行为约束，让失信者承担信任危机的后果，让失信者付出高昂的失信成本。

一、失信惩戒理论

（一）市场信息不对称

信息不对称是指交易的一方拥有、但另外一方不拥有的信息。此种情况下，就会出现两种风险：一是逆向选择风险，二是道德风险。所谓逆向选择风险，也叫“签约前机会主义”，即在交易中，信息优势一方利用自身信息优势签订对自己有利的契约，造成对信息劣势一方的失信，也可以简单理解为“撒谎”。所谓道德风险，也叫“事后机会主义”，即在交易中，交易一方通过隐藏行动或隐藏信息侵占交易对方的利益或转嫁风险，也可以简单理解为“欺诈”。出现上述问题的根本原因就是信息不对称。如果交易双方的信息是对称的，则交易双方完全可以通过签订完善的契约来防范失信行为的出现。在信贷市场、保险市场和劳动力市场中，上述两种风险广泛存在。比如在旧车市场中，有的车主会为了更多的利润而失信（如明知旧车有质量问题而不告知），再比如在保险市场中，有的投保人为了获得保险利益而失信（如明知被保险人有健康问题而隐瞒）。

信息不对称导致的逆向选择和道德风险的失信问题，有没有可能通过某种机制得以减轻或消除呢？经济学给出的机制就是让交易方都说真话。路径一是信息传递（signalling）机制，即想办法让信息优势一方将信息传递给信息劣势一方。路径二是信息甄别（screening）机制，即让无信息一方想办法使有信息一方披露信息，从而达到甄别信息的目的。以旧车市场为例，卖方知道旧车的真实质量，买方不知道真实质量。买方只知道旧车的平均质量，因而只愿根据旧车的平均质量支付价格。如此一来，质量高于平均水平的旧车就会退出市场，留在或进入市场的只有质量低的旧车。最后，在市场均衡的情况下，质量低的旧车往往反而得以成交，这就是典型的劣币驱逐良币现象。对于这种由于失信造成的“市场失灵”，如果旧车的卖方能想办法把旧车的质量信息传递给买方，就会改变这种情况。比如，卖方拥有市场上公认的第三方机构出具的权威旧车质量检测报告，让旧车的质量信息在交易双方之间信息共享，通过信息传递、甄别、约束机制，就可以减少或消除信息不对称，形成“激励相容”，从而改进市场的帕累托效率。

需要强调的是，信息不对称的解决之道，不仅要对守信者加以奖励，而且要对失信者加以惩戒，因为对失信者的惩戒就是对守信者最好的激励。让失信者承受较高的惩戒成本，使失信带来的期望效用至少不大于守信带来的期望效用，促使交易双方追求自身利益最大化，从而选择守信行为。

（二）制度交易成本

经济学家科斯的交易成本理论认为：社会交易是有成本的，如果在资源配置过程中没有规则可循，任凭市场这只看不见的手对资源进行配置，则资源的利用肯定不会达到帕累托最优。因此，只要存在交易费用，就需要建立相应的制度来减少交易成本。同时经济学家对制度也有不同的解释。霍奇逊（1993）认为，制度就是“通过传统、习惯和法律约束的作用力图形成固定的、规范的行为模式的一种社会组织”。传统制度经济学家康芒斯（1962）则认为，制度就是“集体行动控制个体行动”。通俗地理解，制度是社会中所有人必须遵循的行为规范，制度决定了个体如何行动。制度所起的决定作用，可以是利益诱导，也可以是法规强制。也就是说，个体的行为主要取决于其所处的相应制度所能提供的利益激励，或相应制度所能施加的法规成本。

制度可以抑制社会人际交往活动中可能出现的恣意行为和机会主义行为，帮助人们形成对别人行动的预期。如果不建立对失信者的惩戒制度，那么有限理性人由于机会主义行为动机，再加上市场具有的不确定性和信息不对称，极有可能出现失信行为，从而导致交易成本的增加，不利于市场交易的达成。

诺斯则将制度分为正式和非正式两种。正式制度是人们有意识创造的一系列行为法则，按照一定程序设定的各种规则，包括各种法律、法规、规章及规则。正式制度往往是自上而下强制执行的，并且由相应权威机构以有组织的方式来执行惩罚，比如法庭审判活动。当然，组织内部强制实施的规则，也起到相同的作用，比如商贸活动中的行业仲裁委员会，就是依靠行业规则解决贸易纠纷的。非正式制度是指人们在长期社会生活中无意识形成的规则，这种规则具有持久生命力，并能代代相传，构成文化的一部分，包括各种伦理道德、公序良俗和意识形态。非正式制度的惩戒，通常来源于共同体中其他成员的谴责，比如随地吐痰、候车插队等不文明行为，都会受到舆论的谴责。

无论正式制度，还是非正式制度，其目标都是要对失信者进行惩戒和威慑，使之无法在社会立足，从而引导市场经济主体自觉守信，形成良好的社会信用氛围。

（三）契约理论

契约作为一项协议，是经济分析不可或缺的要素。经济学家很早便从契约角度来思考问题。现代经济学意义上的契约，是指双方或多方共同协议订立的有关买卖、抵押、租赁等关系的文书。也就是交易主体间达成的合意，其不仅包括具有法律效力的明示契约，而且包括一些默认契约。契约最简单的解释，就是守信用。

社会契约思想是西方社会的文化传统。英国哲学家霍布斯认为，商品交换行为本质上就是对契约的履行，契约就是权利的互相让渡，就是彼此承认平等权利并表现其让渡的意志。在自然状态下，没有契约，就无所谓正义与不正义。有了契约以后，自然状态结束了，遵守约定、履行信用就是正义，违约和不履行信用就是不正义。因此，讲信用的一个起码的条件是公平；反之，没有公平，信用是无从谈起的。同时，只有公平才能在市场交易中达到互利的目的，这是市场竞争的基本游戏规则。公平竞争是契约得以正常运行的外部保障，离开了公平竞争，契约就不可能正常运行，就无法保证契约双方的信用。

现代市场经济其实就是信用经济，契约为信用提供了基本保障。第一，契约规定了当事人之间必须履行的责任和义务，是彼此实现设定利益目标的行为基础。第二，契约的履行以当事人的相互信赖为基础，包括对预期结果的信赖和对对方愿意而且能够承担义务的信赖，对契约价值性的坚定信念构成了契约各方须遵守诺言的观念和道德基础。第三，契约的实现以当事人如约地、守信地履行义务为结果。履行义务是契约实现的关键，契约为市场经济中的信用活动提供了制度保障。

需要注意的是，现实中由于有限理性和机会主义倾向、交易成本的存在、外部性和信息不对称，理想中所谓完全契约是不存在的。也就是说，通过契约穷尽所有可能的状况是不现实的。由于契约不完全性的客观存在，因此失信惩戒是保证契约实施的一种节约交易成本的很好选择。失信惩戒机制可以排除契约的不确定性及非理性，使守信守约成为普遍的基础和客观标准。

二、失信惩戒机制

所谓失信惩戒机制，就是设计一种游戏规则，运用包括法律、规章、制度、道德等手段，在自由选择、自愿交换的分散化决策条件下，使得市场主体的个人利益和社会既定的目标保持一致，也就是帕累托最优，即当每个人主观上追求个人利益时，客观上也同时达成了社会既定的目标。从机制的角度，失信惩戒就是通过信息甄别、传递和激励约束机制，在相对较低的信息成本下，使市场主体的个人利益与社会目标一致，从而形成良性激励约束。

（一）市场性惩戒机制

失信惩戒机制分市场主体自发约束机制与外部环境条件约束机制。与前文中的失信惩戒理论部分对应，市场性惩戒机制主要通过信息传递、甄别机制和激励约束机制来实现。其中，信息的传递和甄别机制是市场中各主体间为解决信息不对称下的逆向选择问题而采取的办法，目的就是让信息在市场上得以披露、共享，解决失信问题。现实中，通过第三方的“信用评级”报告，一方面可以在签约前了解交易对方的信用状况，达到预防失信的目的；另一方面，信用报告的销售和使用可形成市场性惩戒机制，通过信息的披露扩散，会使一方对另一方或多方的失信演变成一方对全社会的失信，并以此产生的震慑力来引导市场主体自觉守信。激励约束机制强调不仅要对守信行为进行奖励，而且要对失信行为进行惩戒，且惩戒优先于奖励，其原因就在于失信惩戒会产生较高的失信成本，激发市场主体自发地守信。从理性经济人的角度讲，市场主体要获得自身利益最大化，就要衡量守信与失信行为给其带来的期望效用哪个更大。如果失信行为带来的期待收益小于守信行为带来的期望收益，那么其一定会自动选择守信行为。

现实中，通过市场性惩戒机制的运用，可以引导征信机构加强对市场主体正面信息的采集，并纳入信用记录和信用报告。在诚信问题反映较为集中的行业领域，对守信者加大激励性评分比重。引导金融、商业销售等市场服务机构参考使用市场主体的信用信息、信用积分和信用评价结果。在有关公共资源交易活动中，提倡依法依约对诚信市场主体进行信用加分，并给予其优惠和便利。支持有关部门和单位开发“税易贷”“信易贷”“信易债”等守信激励产品，使守信者获得更多机会和实惠。

（二）规制性惩戒机制

规制性惩戒机制是指在法律法规约束下做出的行政处罚、经济赔偿、行业禁令、司法判决等制度性规范的惩戒方式，目的是增加市场主体的失信成本，促进全社会形成良性信用体系。规制性惩戒对失信行为者的抑制和矫正作用非常明显，因为它赋予了司法机构、行政机关和行业协会等第三方对市场交易事后出现的失信行为进行裁决和处罚的权力。但这种机制的起效对第三方的能力提出了两点要求：一是保证，即在信息不对称的情况下，向市场中处于信息劣势的一方提供保证，一旦信息优势的一方失信，将遭到严厉的惩罚；二是威权，以形成约束力，即对市场中处于信息优势的一方，在其失信后确实能够对之进行惩罚的威权，否则之前的保证无法令人信服。健全的法律法规是现代社会信用体系建立和完善的保障。加强制度约束机制建设，提高失信者成本的惩戒机制，必然会提高市场主体的信用度，规范市场行为。

现实中，通过规制行政性激励的运用，可对诚信典型和连续三年无不良信用记录的行政相对人，根据实际情况实施“绿色通道”和“容缺受理”等便利服务措施。对符合条件的行政相对人，除法律法规要求提供的材料外，部分申报材料不齐备的，如其书面承诺在规定期限内提供，则应先行受理。在实施财政性资金项目安排、招商引资配套等各类政府优惠政策中，优先考虑诚信市场主体，加大扶持力度。在教育、就业、创业、社会保障等领域，对诚信个人给予重点支持和优先便利。对符合一定条件的诚信企业，在日常检查、专项检查中，优化检查方式或减少检查频次。

（三）非正式制度惩戒机制

非正式制度惩戒机制是指人们在长期社会生活中逐步形成的风俗习惯、伦理道德、文化传统、价值观念、意识形态等对人们行为产生非正式约束的规则。这些规则虽然不具有强制性，但其对人们失信等违反社会行为规范和文化观念的行为也会起到一定的约束作用。一般来讲，市场经济层面的失信行为受正式失信制度的约束，而道德层面的失信主要受非正式制度惩戒机制的约束。但需要明确的是，非正式制度惩戒机制具有局限性，非刚性约束仅在特定群体范围内起作用，非威权约束只能在思想行为方面起到引领教化的作用，一旦环境不支持，非正式制度惩戒机制则难以发挥作用。

现实中，非制度性惩戒机制通过社会性激励手段，鼓励行业协会、商会等社会组织加大对纳入诚信典型“红名单”的企业和从业人员的扶持力度，为其市场宣传、业务拓展、职业发展等提供支持；引导企业主动发布综合信用承诺或产品服务质量等专项承诺，开展产品服务标准等自我声明公开，接受社会监督，形成企业争做诚信模范的良好氛围。充分发挥舆论宣传引导作用，大力发掘诚信人物、诚信企业、诚信群体，宣传推广各类诚信典型，褒扬诚信行为。

第二节　信用约束（失信惩戒）起效要素

信用约束（失信惩戒）是一项系统工程，若要发挥作用，取决于四个关键要素。

一、充分的信用信息公开

信用信息公开透明可及，是失信惩戒机制起效的前提。信息披露的本身就是对失信者的致命惩戒，并且这种惩戒可以不由政府来做，完全可以借助市场机制，将不守信用者的不良信息合法地公示给信息使用者，并通过交易人中止或拒绝与其交易的行为来实施。因此，政府信息（不涉密）公开，为全社会提供信用信息资源，为信用服务企业提供信用加工的原材料，是发挥失信惩戒机制的着力点。政府信息公开，首先应是行政机关“内部监管信息”的互联互通，交换共享，形成合力；其次应以无偿或准公共品定价的方式提供给“第三方信用企业可挖掘的信息”，使其有可能生产出满足市场需求的信用产品；最后应是“向社会公开的信息”，使社会公众可以免费获得便利的信用信息基本公共服务。

二、客观公正的信用服务市场主体

市场性惩戒机制作为失信惩戒机制的主体，必然要求加快信用服务主体的培育和壮大，使其能够生产和制作信用产品，满足市场上对信用产品的需求，通过披露和传递有价值的信用信息，真正实现有效的市场性惩戒。因此，该机制对信用服务主体自身的信用要求也是极高的，其必须做到客观公正，否则难以维系。

三、惩戒责任落实到人

无论企业、政府和社会团体等组织都是由人构成的，他们的失信行为终究也是在人的行为作用下产生的，所以失信惩戒的板子必须打到具体的责任人身上。也就是说失信惩戒的客体是人或人格化的组织，也只有人和具有人格化的组织才具有为自己的失信行为承担责任的能力，才能接受惩戒。如果失信惩戒不落实到责任人，则惩戒的约束力会大打折扣。

四、完备的法律法规体系

失信惩戒机制起效的基础就是法律法规。事实上，对失信行为和失信人的惩戒必须坚持依法惩戒原则，以法律法规为依据，以事实为准绳。目前，我国还没有一部特别针对信用体系建设的专门法律，立法工作滞后。特别是针对失信惩戒的强制性法规还不完善，政府部门联合惩戒齐抓共管的工作格局亦有待加强。

失信被执行人联合惩戒制度源于2012年《中华人民共和国民事诉讼法》的修订，并随着《对失信被执行人实施联合惩戒的合作备忘录》的签署而趋于完善。失信联合惩戒背后的逻辑是“一处违法，处处受限”。由于其具有直接招致权利普遍限制的法律后果，因而具有强大威慑力。以失信被执行人联合惩戒为例，截至2019年5月底，“全国法院累计限制购买飞机票2 504万人次，限制购买动车高铁票587万次，422万名失信被执行人慑于失信惩戒而主动履行法律义务”。同时，失信联合惩戒的强大威慑力引发了学术界的一些不同声音，这种不同声音又转化为对失信联合惩戒合法性的质疑甚至否定。严格说来，社会失信惩戒概念都来源于相关信用政策并为实务操作所采用，属于相对抽象的实践用语，而并非严谨的法律概念。因此，在失信惩戒规则体系构建过程中，始终应当强调运用类型化思维，进行类型化研究和法律规制，从而架构起从抽象用语到具体事实之间的桥梁，避免信用领域相关概念的空洞泛化（王文婷，2021）。

专栏 3-1

信用约束（失信惩戒）合法性

一、失信惩戒措施清单的现实基础

（一）失信惩戒措施清单的制定背景

从历史上看，信用制度的发展和完善为西方国家的经济发展打下了坚实基础，而失信惩戒机制是其信用制度得以有效发挥作用的基石。构建有效的失信惩戒机制也是我国信用建设和信用法治的重要内容。通过多年的社会信用建设实践，我国逐渐形成了体系化的失信惩戒机制。在党的十八届三中全会上，中央已提出“惩戒失信”的重要方针。“十三五”规划也明确提出“健全守信激励与失信惩戒机制”。党的十九大报告提出的“健全环保信用评价、信息强制性披露、严惩重罚等制度”，也重在强调构建失信惩戒体系。我国还制定了诸多关于信用建设的政策性文件以及有关部门签署的联合惩戒备忘录，其中都细化了失信惩戒规则，这些规则在实施中也取得了较为显著的成效。近年来，我国制定或修订的《中华人民共和国反不正当竞争法》《中华人民共和国电子商务法》等法律都对失信惩戒做了规定。

但是失信惩戒措施散见于各相关法律、法规中，既不利于推动各地区各部门执行，也不利于加强社会监督。此外，《关于建立完善守信联合激励和失信联合惩戒制度加快推进社会诚信建设的指导意见》（国发〔2016〕33 号）强调，要构建守信联合激励和失信联合惩戒协同机制。包括建立触发反馈机制，实施部省协同和跨区域联动，建立健全信用信息公示和归集共享机制，规范信用红黑名单制度，建立激励和惩戒措施清单制度，建立健全信用修复机制、信用主体权益保护机制、跟踪问效机制等。因而，通过清单形式整合发布失信惩戒措施，全面统计公法与私法规范中存在的失信惩戒措施，并将列表清单公之于众，可进一步规范惩戒实施行为，加强社会监督。

（二）失信惩戒措施清单的法律依据

近年来，在失信惩戒方面出现的过罚不相当、连带惩罚等问题，使社会各方对信用惩戒措施（尤其是“黑名单”）的滥用产生了较大的担忧。尽快将失信联合惩戒机制纳入严格的法治轨道，构建法治化的社会信用联合惩戒机制，已经成为中国社会信用体系建设具有更多正当性、合法性的重要前提。

根据《中华人民共和国立法法》第8条和第28条规定，编制失信惩戒措施清单必须直接援引法律、法规或者国务院决定和命令的既有条款为依据，这样可确保所有惩戒措施都于法有据。《优化营商环境条例》第64条规定，没有法律、法规或者国务院决定和命令依据的，行政规范性文件不得减损市场主体合法权益或者增加其义务，不得设置市场准入和退出条件，不得干预市场主体正常生产经营活动。失信代价低、惩罚轻是失信问题频发、复发的重要原因，应让失信者付出相应代价，依法依规建立联合惩戒措施清单，包括依法依规限制失信联合惩戒对象股票发行、招标投标、申请财政性资金项目、享受税收优惠等行政性惩戒措施，限制获得授信、乘飞机、乘坐高等级列车和席次等市场性惩戒措施，以及通报批评、公开谴责等行业性惩戒措施。

此外，惩戒措施涉及对权利的限制，例如，《关于加快推进失信被执行人信用监督、警示和惩戒机制建设的意见》（中办发〔2016〕64号）和《最高人民法院关于限制被执行人高消费及有关消费的若干规定》规定，司法机关可以限制失信被执行人乘坐软卧、飞机头等舱、高铁全部座位、动车一等座等方式督促“老赖”还款。因此，惩戒措施的内容及适用场合等应遵循严格的法定主义：党中央和国务院的政策文件可以作为地方创设新惩戒措施的指引；应严格依法律、行政法规的规定梳理地方有关部门可以采取的失信约束和惩戒措施；地方行政机构可以在其裁量权范围内，依据国务院部门间的失信惩戒联合备忘录施行惩戒措施。

二、失信惩戒措施的类型

失信惩戒措施是失信惩戒制度的最后一个环节。失信惩戒制度包括失信或严重失信行为界定、失信或严重失信名单（黑名单）、以联合备忘录为依据推送名单、使用失信惩戒措施四个阶段。失信惩戒措施处于失信惩戒制度的第四个环节，失信惩戒措施大体分为依靠公权力实施的信用惩戒和平等民商事主体之间的信用惩戒两大类。其中，公权力机关实施的信用惩戒可能涉及减损失信相关人权利、增加失信相关人义务等惩戒措施，这是法律规制的重点，需要纳入严格的法治轨道。例如，政府依法披露失信者的诚信记录或对失信者施以警告、罚没财产、剥夺资格、限制权利等行政处罚。平等民商事主体之间的信用惩戒，可以由民商法、社会组织法、征信法等予以调整，例如，产权交易双方依法自愿协商达成赔偿、补偿的协议，对违约行为适用责任自负、过失相抵、自助免责、意定免责等民事归责方法。

（一）市场性惩戒

在市场交易中，交易伙伴主要依据交易对手信用状况进行决策，从而实现交易的正向选择和逆向淘汰。通过对失信主体实施拒绝交易、提高交易条件等跨主体的失信惩戒，可以实现对失信主体有效的信用惩戒。例如，各商业银行通过交换借款人信用信息、各保险公司通过共享保单持有人的信用信息，从而采取方向相对一致的交易决策，实现对失信主体的市场信用惩戒。

（二）行业性惩戒

行业协会、商会等社会组织可以基于行业自律规则，对其失信会员实施相应的信用惩戒。《中华人民共和国资产评估法》第 36 条规定，行业协会应建立会员信用档案，将会员遵守法律、行政法规以及评估准则的情况记录在案并向社会公开。据此，行业协会可对其失信会员实施信用惩戒。一方面，行业协会、商会等行业组织可以基于行业自律规则，在行业内部对其会员失信行为实施相应的信用惩戒，促进行业诚信规范经营；另一方面，行业组织通过在会员之间开展客户和供应商信用信息交换共享，可以有效防范行业整体信用风险，防止会员企业重复上当受骗。

（三）社会性惩戒

社会组织、社会公众可以通过失信举报、媒体监督、公益诉讼等机制实现有效的社会参与和监督，对失信行为进行惩戒。《中华人民共和国环境保护法》中的信息公开和公众参与制度、《中华人民共和国民事诉讼法》中的公益诉讼制度等，都是实施社会性惩戒的重要法律根据。

（四）行政性惩戒

我国已构建了中央和地方之间、横向部门之间的行政性惩戒机制，在公共服务、市场监管等环节实施信用惩戒。例如，原国家工商行政管理总局、国家发展和改革委员会、最高人民法院等38个部门签署的《失信企业协同监管和联合惩戒合作备忘录》对失信主体在享受部分高消费服务、出任相关行业企业高级职务的资格等方面做出限制，实行联合惩戒。地方层面也在积极探索失信惩戒制度创新，如江苏省出台的《自然人失信惩戒办法（试行）》对失信行为及惩戒措施进行了规定；南京市出台的《招标投标不良行为认定及处理办法》要求对招标投标领域的失信行为进行公示。

（五）司法性惩戒

在我国失信惩戒机制中，还包括来自司法机关的惩戒。司法机关通过开展专业的司法活动，对失信行为进行打击。有关司法性惩戒的现行法律和政策主要是：《中华人民共和国民事诉讼法》以及中共中央办公厅、国务院办公厅发布的《关于加快推进失信被执行人信用监督、警示和惩戒机制建设的意见》和《关于对失信被执行人实施联合惩戒的合作备忘录》、最高人民法院发布的《关于公布失信被执行人名单信息的若干规定》。最高人民法院还通过裁判文书公开、失信被执行人信息公开等措施，构建了对失信行为的司法惩戒机制。

三、失信惩戒措施与严重失信名单的逻辑关联

（一）严重失信名单的法理性质

行政机关列严重失信名单，不仅以相对人存在违法行为为前提，而且具有非常强的惩戒性。行政处罚所包括的精神罚、财产罚、资格罚和人身罚等处罚功能，列严重失信名单均兼而有之，并且列严重失信名单的处罚程度远超警告和罚款。因此，从处罚的手段、形式和结果看，行政机关列严重失信名单，属于《中华人民共和国行政处罚法》第8条第（七）项之“法律、法规规定的其他行政处罚”。如在《食品安全法实施条例》中明确规定建立严重违法生产经营者黑名单制度。实践中，严重失信主体名单确实是行政机关开展社会管理当中行之有效的管理手段之一。除了行政机关，最高人民法院也发布了《关于公布失信被执行人名单信息的若干规定》，将失信被执行人名单信息提供给相关部门共享，并依法对其进行惩戒。2018年全国法院执行到位金额4.4万亿元，与三年前相比增长了71.2%，2018年为农民工追偿工资160.4亿元，累计清缴税款近100亿元。据第三方机构评估，相关重点领域失信问题发生率下降60%。严重失信主体名单制度有

其存在的合理性，同时严重失信主体名单要不要建取决于各领域实际工作需求。

(二) 列入严重失信名单的要件

1. 标准

中央国家机关应当根据履行市场监管、社会治理和公共服务等职责的需要，按照职责分工制定相关领域全国统一的严重失信行为认定标准。严重失信行为认定标准应当以行政法规、部门规章或司法解释的形式制定，并向社会公开。严重失信行为认定标准制定过程中应当征求国务院社会信用管理部门、司法部等相关部门意见，并征求社会公众意见。

列严重失信名单对信用主体权益影响重大，需要提高认定标准的严肃性、权威性，防止个别地区和部门仅凭规范性文件甚至一纸通知就随意认定严重失信名单，而这也是实现严重失信名单认定标准全国统一的重要前提。换言之，地方国家机关不得自行制定严重失信行为认定标准。

2. 程序

列入严重失信名单需要经过制作决定书、事前告知、公布程序，具体内容如下：第一，制作具有法律效力的决定书。社会信用法草案文本第30条规定，国家机关决定将信用主体列入严重失信主体名单的，应当制作决定书。国家机关将信用主体列入严重失信主体名单时，应当列明理由、依据、移出条件和救济途径。此外，列严重失信名单是比一般的行政处罚影响更大、对信用主体权益贬损更为严重的惩戒措施，《中华人民共和国行政处罚法》规定，行政机关在做出行政处罚之前，应当告知当事人做出行政处罚决定的事实、理由及依据，并告知当事人依法享有的权利，将信用主体列入严重失信主体名单时，应当参照《中华人民共和国行政处罚法》的要求，出具具有法律效力的决定文书。第二，事前告知。《中华人民共和国行政处罚法》规定，所有行政处罚决定都必须事前告知。如前所述，列严重失信名单是比一般的行政处罚影响更大、对信用主体权益贬损更为严重的惩戒措施，仅靠行政复议、行政诉讼等事后救济措施，无法有效保护信用主体合法权益，应当参照《中华人民共和国行政处罚法》的要求，严格履行事前告知程序。第三，公布。严重失信名单向社会公布时，应当公开列入理由、依据、移出条件和救济途径。

（三）失信惩戒措施与严重失信名单的关系

从实践操作上看，记入信用记录，不一定列入严重失信名单；列严重失信名单，不一定实施惩戒，但列严重失信名单应当严格执行全国统一的严重失信行为认定标准，具有严重失信行为的信用主体才会被列入严重失信主体名单。按照比例原则和关联原则，是什么样的失信行为就应该依法依规受到什么样的惩处，而不能仅因为纳入严重失信名单就采取相关惩戒措施，即失信惩戒措施不能直接与严重失信名单挂钩。

所有惩戒措施都是依法依规的，遵循我国现行的法律法规，在充分保障市场主体和自然人合法权益基础上，有效防止了失信惩戒的扩大和泛化。失信惩戒是分级分类、区别对待的，不同危害程度的违法失信行为应匹配不同的惩戒措施，一般失信行为不应适用严重惩戒措施或联合惩戒措施，特定严重失信行为才应适用特别惩戒措施，即惩戒措施与失信行为的危害程度相适应。因此，失信联合惩戒机制设计没有违反“过罚相当”的立法原则。

四、失信惩戒措施的合法性评析

（一）重复评价问题

公民个人或企业的违法失约或不履行义务等行为，往往会受到法律的惩罚；在信用体制下行为主体也会有相应的失信记录，进而在随后的市场和社会活动中受到资格限制、时限延长、程序加重等方面的约束和惩戒。因此，失信惩戒的导向是对之前“知错不改”或违规失约行为事后做出的负面评价，属于重复评价。

或许有人会质疑，为什么一个在先的过错行为要在已经做出违法、违约认定后再次进行评价，并据此认为信用惩戒会带来公民和法人法律关系的不稳定，因当事人不确定自己的行为是否会被法律再次评价，进而他们认为信用惩戒有违反法的安定性原则之嫌。

实际上，我国法律中存在着大量的事后评价或再评价的规范，尤其在商事领域，商主体对交易对方的信用和品德状况有较高的要求。如《中华人民共和国证券投资基金法》第15条和《中华人民共和国公司法》第146条规定，有过金融犯罪行为、个人行为导致企业经营不善、对公司被吊销证照负个人责任的以及个人专业资质证书有问题的公民，不得任“公开募集基金的基金管理人的董事、监事、高级管理人员和其他从业人员”，不得任“公司的董事、监事、高级管理人员”。《融资性担保公司董事、监事、高级管理人员任职资格管理暂行办法》第6条更是对融资性担保公司的董事、监事和高管的犯罪记录、职业操守、履职状况、债务情况以及其他违反诚信原则的行为等有负面评价。《北京市食品安全条例》第72条规定“食品生产经营者生产经营不符合安全标准或者有毒、有害食品，对人体健康造成严重后果、构成犯罪的，终身不得从事食品生产经营活动”。因此，法律法规明确了企业和个人要为自己的失信行为负责的价值导向，政府或市场经营主体在分配资源、办理手续或经营交易过程中，可以将诚信或失信信息纳入考量因素。

法的安定性要求公权力对某一行为的评价或奖惩应该具有最终的确定性，而非使人惴惴于未来随时可能受到的处罚，这种不确定性会损害人的尊严和法的权威。然而，信用本质上是一种社会评价而非处罚，《老子》曰“信不足焉，有不信焉”。市场经济是信用经济、法治经济，交易方有权利通过尽职调查或信用记录等方式了解交易对象的资产状况和信用情况，行为主体要为自己“历史上”的违法失约行为负责，失信人将会受到信用方面的负面评价，且要面临更少的交易机会和财产利益，这应该成为失信行为的当然后果，同时并不违背法的安定性原则。

（二）责任联结问题

禁止不当联结原则是对行政权形式中的不当联结行为进行规范和调整的法律原则。不当联结，是指行政机关以是否做出某项行政行为来要求相对人履行一个与此无正当关联的义务。有学者认为，行政性惩戒中有部分惩戒措施违反了禁止不当联结原则。笔者认为，当前行政性惩戒措施中确有一些违反了禁止不当联结原则，即部分行政性惩戒措施产生了不当联结问题，如限制失信被执行人的子女受教育权利等。这些行为看似目的是正当的，即惩戒失信行为人使其纠正其失信行为并产生良好的社会效益，其所采取的惩戒措施手段也在其职权范围之内，但这明显是一种不符合法治原理的不当联结行为，类似于古代法律制度中的“连坐”。失信惩戒措施的不当联结不仅会出现在行政性措施中，也会出现在其他类的措施中。

如何判断不当联结？其认定的基本逻辑如下：首先，明确行政性惩戒行为的目的。其次，分析要求失信主体所为之负担的性质。最后，根据惩戒目的判断对于失信主体之负担能否促进惩戒目的指实现，进而得出结论。

以上述限制失信被执行人子女的受教育权为例，此种措施的目的是纠正失信主体的失信行为，对其损害的法益进行补救通过这些做法进一步建设良好的社会信用环境，然而此种惩戒措施给失信主体之外的人带来了负担，因而并不能促进上述惩戒目的实现，所以构成了不当联结。

因此，对于失信联合惩戒中的行政性惩戒措施的设定应当注意，避免行政性惩戒措施与失信主体给付间的不当联结，因为行政性惩戒往往对于失信主体的利益损害较大，做出行政性惩戒措施要坚持审慎原则，避免因不当联结行为对失信主体的合法权益造成重大损害，同时避免不当联结也为行政性惩戒提供了正当性。

(三)"一事不再罚"问题

目前关于某些行政性措施是否违反了"一事不再罚"原则的争议颇大，有学者认为其违反了"一事不再罚"原则，有的则认为其不违反"一事不再罚"原则。有学者认为应当将"一事不再罚"限定在罚款范围内，因此持行政性惩戒不构成"一事不再罚"原则的观点。有学者则认为，在对失信主体进行性质处罚之后再使用行政性惩戒措施构成了"一事不再罚"，即对失信主体的双重惩罚违反了"一事不再罚"原则。

对此先应明确"一事不再罚"原则的内涵，应当借鉴刑法中关于禁止重复评价原则的适用。禁止重复评价原则是指：一个行为只能定一个罪名，或者说一个行为只能在构成要件中使用一次，不得在定罪中重复评价。有学者认为，应当将矫正正义作为禁止重复评价原则的价值根源。但是，对于失信主体违反行政处罚法的行为和失信行为，应当先对这同一行为做出定性，即其应在为违反行政处罚法而被处以行政处罚的同时应为构成失信而被处以行政性惩戒。在刑法中对同一行为造成了两种结果的应当择一重罪进行处罚，此即禁止重复评价原则的适用。对于上述失信行为则应当同时进行处罚而不构成重复处罚，理由如下：

第一，对于刑法中一种行为构成的两种以上犯罪后果的择一重罪论处，是以保护行为人的权益为重要考虑的。但是在对失信主体进行构成行政处罚的行政性惩戒时，此时应当以惩戒失信主体、矫正其行为、维护社会公共利益为目的，以矫正正义为其价值根源，从而对其失信行为以及违反行政处罚法的行为均进行惩戒，因为行政性惩戒虽给主体带来了一定的权益减损，但并不会像刑法中那样严重。因此同时对失信行为和违法行为进行惩戒是符合惩戒和立法目的的，不应当构成“一事不再罚”。

第二，从信用法的角度看，信用惩戒本质上是一种事后的社会评价，失信是一种状态，失信是多种行为、事项的累积结果，因此从此种角度来看，失信惩戒也不违反“一事不再罚”的原则。

第三，其他法律中存在大量的事后评价或再评价规范，均不违反“一事不再罚”原则。例如，《中华人民共和国公司法》第 146 条规定，因贪污、贿赂、侵占财产、挪用财产或者破坏社会主义市场经济秩序而被判处刑罚，执行期满未逾 5 年的，不得担任公司的董事、监事、高级管理人员。《中华人民共和国证券投资基金法》第 15 条规定，因违法行为被吊销执业证书或者被取消资格的律师、注册会计师和资产评估机构、验证机构的从业人员、投资咨询从业人员等，不得担任公开募集基金之基金管理人的董事、监事、高级管理人员或其他从业人员。

（资料来源：王文婷：《失信惩戒措施合法性研究》，《中国信用》2021 年第 8 期。笔者略做删减和改动。）

第三节　信用约束（失信惩戒）联合惩戒机制建议

失信惩戒机制应由政府部门、各类征信机构、企事业单位等共同参与，是以企业和个人征信数据库的记录为依据，以信用记录和信用信息的合法披露为手段，降低市场交易中的信息不对称程度，从而约束社会各经济主体信用行为的一种高效联动机制。通过对失信行为人进行市场性、行政监管性、行业性、司法性和社会性等多种惩戒，依托信息甄别、传递、约束激励等机制将失信行为人对一方或者多方的失信扩大为对全社会的失信，从而遏制失信行为的出现。因此，针对经过司法、行政、行会程序认定的失信行为人，对其进行综合监督、警示和惩戒，有利于构建全社会信用体系。

一、实施信用约束（失信惩戒）的基本原则

（一）坚持合法性

对失信人的信用监督、警示和惩戒要严格遵照法律法规实施。

（二）坚持信息共享

应破除各地区、各部门之间以及国家机关与人民团体、社会组织、企事业单位之间的信用信息壁垒，依法推进信用信息互联互通和交换共享。

（三）坚持联合惩戒

各地区各部门要各司其职，相互配合，形成合力，构建一处失信、处处受限的信用监督、警示和惩戒体系。

（四）坚持政府主导和社会联动

各级政府要发挥主导作用，同时发挥各方面力量，促进全社会共同参与、共同治理，实现政府主导与社会联动的有效融合。

二、信用约束（失信惩戒）的主要内容

（一）从事特定行业或项目限制

包括：①设立金融类公司限制。将失信人相关信息作为设立银行业金融机构及其分支机构，以及参股、收购银行业金融机构审批的审慎性参考，作为设立证券公司、基金管理公司、期货公司审批，私募投资基金管理人登记的审慎性参考。限制失信人设立融资性担保公司、保险公司。②发行债券限制。对失信人在银行间市场发行债券从严审核，限制失信人公开发行公司债券。③合格投资者额度限制。在合格境外机构投资者、合格境内机构投资者额度审批和管理中，将失信状况作为审慎性参考依据。④股权激励限制。失信人为境内国有控股上市公司的，协助中止其股权激励计划；失信人为境内国有控股上市公司股权激励对象的，协助终止其行权资格。⑤股票发行或挂牌转让限制。将失信人信息作为股票发行和在全国中小企业股份转让系统挂牌公开转让股票审核的参考。⑥设立社会组织限制。将失信人信息作为发起设立社会组织审批登记的参考，限制失信人发起设立社会组织。⑦参与政府投资项目或主要使用财政性资金项目限制。协助人民法院查询政府采购项目信息；依法限制失信人作为供应商参加政府采购活动；依法限制失信人参与政府投资项目或主要使用财政性资金项目。

（二）政府支持或补贴限制

包括：①获取政府补贴限制。限制失信人申请政府补贴资金和社会保障资金支持。②获得政策支持限制。在审批投资、进出口、科技等政策支持的申请时，查询相关机构及其法定代表人、实际控制人、董事、监事、高级管理人员是否为失信人，作为其享受该政策的审慎性参考。

（三）任职资格限制

包括：①担任国企高管限制。失信人为个人的，限制其担任国有独资公司、国有资本控股公司董事、监事、高级管理人员，以及国有资本参股公司国有股权方派出或推荐的董事、监事、高级管理人员；已担任相关职务的，按照有关程序依法免去其职务。②担任事业单位法定代表人限制。失信人为个人的，限制其登记为事业单位法定代表人。③担任金融机构高管限制。限制失信人担任银行业金融机构、证券公司、基金管理公司、期货公司、保险公司、融资性担保公司的董事、监事、高级管理人员。④担任社会组织负责人限制。失信人为个人的，限制其登记或备案为社会组织负责人。⑤招录（聘）为公务人员限制。限制招录（聘）失信人为公务员或事业单位工作人员，在职公务员或事业单位工作人员被确定为失信人的，失信情况应作为是否允其评先、评优、晋职晋级的参考。⑥入党或党员的特别限制。将严格遵守法律、履行生效法律文书确定的义务情况，作为申请加入中国共产党、预备党员转为正式党员以及党员评先、评优、晋职晋级的重要参考。⑦担任党代表、人大代表和政协委员限制。失信人为个人的，不作为组织推荐的各级党代会代表、各级人大代表和政协委员候选人。⑧入伍服役限制。失信人为个人的，将其失信情况作为是否允其入伍服役和现役、预备役军官评先、评优、晋职晋级的重要参考。

（四）准入资格限制

包括：①海关认证限制。限制失信人成为海关认证企业；在失信被执行人办理通关业务时，实施严密监管，加强单证审核或布控查验。②从事药品、食品等行业限制。对失信人从事药品、食品安全行业的应从严审批；限制失信人从事危险化学品生产经营储存、烟花爆竹生产经营、矿山生产和安全评价、认证、检测、检验等行业；限制失信人担任上述行业单位主要负责人及董事、监事、高级管理人员，已担任相关职务的，按规定程序要求予以变更。③房地产、建筑企业资质限制。将房地产、建筑企业不依法履行生效法律文书确定的义务情况记入房地产和建筑市场信用档案，向社会披露有关信息，对其企业资质做出限制。

（五）荣誉和授信限制

包括：①授予文明城市、文明村镇、文明单位、文明家庭、道德模范、慈善类奖项限制。将信用情况作为评选文明村镇、文明单位、文明家庭的前置条件，作为文明城市测评的指标内容。有关机构及其法定代表人、实际控制人、董事、监事、高级管理人员为失信责任人的，不得参加文明单位、慈善类奖项评选，列入失信人名单后取得的文明单位荣誉称号、慈善类奖项予以撤销。失信者为个人的，不得参加道德模范、慈善类奖项评选，列入失信人名单后获得的道德模范荣誉称号、慈善类奖项予以撤销。②律师和律师事务所荣誉限制。协助人民法院查询失信人的律师身份信息、律师事务所登记信息；失信人为律师、律师事务所的，在一定期限内限制其参与评先、评优。③授信限制。银行业金融机构在融资授信时要查询拟授信对象及其法定代表人、主要负责人、实际控制人、董事、监事、高级管理人员是否为失信人，对拟授信对象为失信人的，要从严审核。

（六）特殊市场交易限制

包括：①从事不动产交易、国有资产交易限制。协助人民法院查询不动产登记情况，限制失信人及其法定代表人、主要负责人、实际控制人、影响债务履行的直接责任人员购买或取得房产、土地使用权等不动产；限制失信人从事土地、矿产等不动产资源开发利用，以及参与国有企业资产、国家资产等国有产权交易。②使用国有林地限制。限制失信人申报使用国有林地项目；限制其申报重点林业建设项目。③使用草原限制。限制失信人申报草原征占用项目；限制其申报承担国家草原保护建设项目。④其他国有自然资源利用限制。限制失信人申报水流、海域、无居民海岛、山岭、荒地、滩涂等国有自然资源利用项目以及重点自然资源保护建设项目。

（七）限制高消费及有关消费

包括：①乘坐火车、飞机限制。限制失信人及其法定代表人、主要负责人、实际控制人、影响债务履行的直接责任人员乘坐列车软卧、G 字头动车组列车全部座位、其他动车组列车一等以上座位、民航飞机等非生活和工作必需的消费行为。②住宿宾馆饭店限制。限制失信人及其法定代表人、主要负责人、实际控制人、影响债务履行的直接责任人员住宿星级以上宾馆饭店、国家一级以上酒店及其他高消费住宿场所；限制其在夜总会、高尔夫球场等高消费场所消费。③高消费旅游限制。限制失信人及其法定代表人、主要负责人、实际控制人、影响债务履行的直接责任人员参加旅行社组织的团队出境旅游，以及享受旅行社提供的与出境旅游相关的其他服务；对失信人在获得旅游等级评定的度假区内或旅游企业内消费实行限额控制。④子女就读高收费学校限制。限制失信人及其法定代表人、主要负责人、实际控制人、影响债务履行的直接责任人员以其财产支付子女入学就读高收费私立学校。

⑤购买具有现金价值保险产品限制。限制失信人及其法定代表人、主要负责人、实际控制人、影响债务履行的直接责任人员支付高额保费购买具有现金价值的保险产品。⑥新建、扩建、高档装修房屋等限制。限制失信人及其法定代表人、主要负责人、实际控制人、影响债务履行的直接责任人员新建、扩建、高档装修房屋，购买非经营必需车辆等非生活和工作必需的消费行为。

（八）协助查询、控制及出境限制

协助人民法院依法查询失信人身份、出入境证件信息及车辆信息，协助查封、扣押失信人名下的车辆，协助查找、控制下落不明的失信人，限制失信人出境。

（九）加强日常监管检查

将失信人和以失信人为法定代表人、主要负责人、实际控制人、董事、监事、高级管理人员的单位作为重点监管对象，加大日常监管力度，提高随机抽查的比例和频次，并可依据相关法律法规对其采取行政监管措施。

（十）加大刑事惩戒力度

公安、检察机关和人民法院对拒不执行生效判决、裁定以及其他妨碍执行构成犯罪的行为，要及时依法侦查、提起公诉和审判。

（十一）鼓励其他方面限制

鼓励各级党政机关、人民团体、社会组织、企事业单位使用失信人名单信息，结合各自主管领域、业务范围、经营活动，实施对失信人的信用监督、警示和惩戒。

专栏 3-2

福州市企业劳动保障守信联合激励和失信联合惩戒工作暂行办法

一、工作目标

以社会信用体系建设为载体，以褒扬激励诚信、惩戒失信为手段，通过企业劳动保障守法等级评价的有效开展，建立企业守信“红名单”和失信“黑名单”制度，促进企业遵守劳动保障法律法规，使企业在劳动用工领域信用水平不断提升。

二、全面开展企业劳动保障守法诚信等级评价

各级人力资源社会保障行政部门要严格按照人力资源和社会保障部《企

业劳动保障守法诚信等级评价办法》（人力资源社会保障部规〔2016〕1号）的要求，全面开展对所辖企业的劳动保障守法诚信等级评价工作。

（一）守法等级评价的内容

人力资源和社会保障行政部门应根据下列情况对企业开展诚信等级评价：①制定内部劳动保障规章制度的情况；②与劳动者订立劳动合同的情况；③遵守劳务派遣规定的情况；④遵守禁止使用童工规定的情况；⑤遵守女职工和未成年工特殊劳动保护规定的情况；⑥遵守工作时间和休息休假规定的情况；⑦支付劳动者工资和执行最低工资标准的情况；⑧参加各项社会保险和缴纳社会保险费的情况；⑨其他遵守劳动保障法律、法规和规章的情况。

（二）企业诚信等级的划分

企业遵守劳动保障法律、法规和规章，未因劳动保障违法行为被查处的，依法成立工会组织并开展工资集体协商的评为A级。企业因劳动保障违法行为被查处或未依法成立工会组织，未开展工资集体协商，但不属于C级所列情形的，评为B级。企业存在下列情形之一的，评为C级：①因劳动保障违法行为被查处三次以上（含三次）的；②因劳动保障违法行为引发群体性事件、极端事件或造成严重不良社会影响的；③因使用童工、强迫劳动等严重劳动保障违法行为被查处的；④拒不履行劳动保障监察限期整改指令、行政处理决定或者行政处罚决定的；⑤无理抗拒、阻挠人力资源和社会保障行政部门实施劳动保障监察的；⑥因劳动保障违法行为被追究刑事责任的。

三、建立守信联合激励机制

企业守信行为即企业遵守法律法规、规章及各部门认定的良好信息，包括但不限于以下内容：被市级以上职能部门、行业组织和区级以上人民政府评定为守信的；获得国家、省、市相关主管部门优秀称号或奖励的；人力资源和社会保障部门认定企业劳动保障守法诚信等级为A级的，获得“劳动关系和谐单位”“诚信用工”企业称号的。其中，由人力资源和社会保障部门认定的守信企业名单应按规定在人力资源和社会保障部门官网上公示并同时推送至同级公共信用信息平台。

（一）树立诚信典型

各级人力资源和社会保障部门要积极树立一批本地区的劳动保障守法企

业、劳动关系和谐企业以及诚信用工企业典型，积极配合相关职能部门共同营造诚实守信的氛围。

（二）对守信企业开展联合激励

联合市场监管、金融、住房保障、城乡建设、税务部门及工会组织，建立守信企业信息共享机制，将在人力资源和社会保障系统获得守信企业的名单及时告知各相关部门，按规定享受各部门研究制定的守信联合激励政策。

1. 探索实行行政审批便利措施

在办理行政许可过程中，对守信企业（A级）和连续3年无不良信用记录的企业实施“绿色通道”和“容缺受理”等便利措施。

2. 优化对守信企业的行政监管

一是对于被人力资源和社会保障部门认定为守信的企业（A级），推送至信用信息平台进行信息共享，参与联合激励的各相关职能部门在日常巡查、专项检查中减少或优化检查频次。

二是研究制定在政府采购、政府购买服务、工程建设招标、产权和土地矿产交易等公共资源交易及财政资金补助中优先考虑守信企业（A级）。

四、建立失信联合惩戒机制

对于企业劳动保障守法诚信等级被评定为C级的企业，将其列入人力资源和社会保障失信“黑名单”并及时在人力资源和社会保障部门官网予以公示，同时推送至同级政府的公共信用信息平台。

（一）明确失信具体行为

企业劳动保障守法诚信被评为C级的应列为失信企业。

（二）联合惩戒措施

1. 联合市场监管部门

与市场监管部门共享监管信息和数据，并在此基础上实现协同监管，依照各自职能对当事人实施如下监管和处罚。

（1）将许可、处罚信息和案件线索通报市场监管部门，市场监管部门根据职责责令当事人限期办理变更、注销登记，情节严重的吊销营业执照。

（2）市场监管部门通过国家企业信用信息公示系统公示企业登记、抽查、行政处罚信息，为行业审批和监管提供参考依据。

2. 联合金融监管部门

（1）支持金融监管部门及金融机构从严控制失信企业信贷、担保、融资、保险、购汇等金融业务，禁止其开设新账户，并依法限制其银行账户的结算和取现。(2) 支持银行机构停止失信企业及其关联企业办理新的贷款和授信，停止办理融资性业务，限制直至停止存量授信。

(3) 支持金融机构取消失信企业及法定代表人、主要负责人为其他企业、个人融资的担保资格，停办失信企业法定代表人或主要负责人个人贷款和信用卡，已有个人贷款、信用卡的将逐步调低授信额度或冻结。

3. 其他部门联合惩戒措施

(1) 行政性约束和惩戒。对失信企业依法实施从严审核行政许可事项，从严发放生产许可证，从严审批、核准新增项目，并依法限制下列行为：限制从事互联网信息服务，严格限制申请财政性资金项目，限制参与政府采购、政府购买服务、工程建设招标、产权和土地矿产交易等公共资源交易活动以及公共基础设施、公用事业特许经营等。对于严重失信企业的法人代表、主要负责人依法实施市场和行业进入措施，及时撤销失信企业及其法定代表人、负责人等相关高级管理人员和对失信行为负有直接责任的董事、股东等人员的荣誉称号，取消其参加评先评优资格。

(2) 市场性约束和惩戒。将企业失信行为记入企事业单位信用记录的同时，记入并完善其法定代表人、主要负责人和其他负有直接责任的人员的个人信用记录，归集并推送至信用信息平台。在对失信企业进行联合惩戒的同时，依法对相关责任人（法人代表）采取相应的联合惩戒措施。

五、构建信用联合奖惩协同机制

信用联合奖惩协同机制具体内容：①依托信用信息共享平台，及时将企业劳动保障守法等级评价情况在人力资源社会保障部门官网、信用福州、国家企业信用信息公示系统等信用平台予以公示，并通过信息平台定期向参与守信联合激励和失信联合惩戒的部门通报各等级企业名单。②建立激励和惩戒效果定期通报机制，相关部门定期将联合激励和联合惩戒实施情况推送至公共信用信息平台。③各级人力资源和社会保障部门对守信企业和失信企业名单实施动态管理，及时更新相关信息并推送至公共信用信息平台以及参与守信激励和失信惩戒的相关部门。

（资料来源：信用中国，https://www.creditchina.gov.cn/home/zhngcefagui/201901/t20190118_144505.html。笔者略做删减和改动。）

三、劳动保障领域失信惩戒措施

（一）企业劳动保障守法诚信等级评价

企业劳动保障守法诚信等级评价是人力资源和社会保障行政部门根据依法掌握的企业劳动保障守法诚信信息，按照国家规定的劳动保障基本标准和相关要求，将企业评定为不同的劳动保障守法诚信等级，并将评定等级作为监管的重要参考，实施分类监管。

1. 评价依据

一是制定内部劳动保障规章制度的情况；二是与劳动者订立劳动合同的情况；三是遵守劳务派遣规定的情况；四是遵守禁止使用童工规定的情况；五是遵守女职工和未成年工特殊劳动保护规定的情况；六是遵守工作时间和休息休假规定的情况；七是支付劳动者工资和执行最低工资标准的情况；八是参加各项社会保险和缴纳社会保险费的情况；九是其他遵守劳动保障法律、法规和规章的情况。

2. 评价等级

如前所述，企业劳动保障守法诚信等级划分为 A、B、C 三个等级。具体划分标准为：企业遵守劳动保障法律、法规和规章，未因劳动保障违法行为被查处的，评为 A 级。企业因劳动保障违法行为被查处，但不属于 C 级所列情形的，评为 B 级。企业存在下列情形之一的，评为 C 级：因劳动保障违法行为被查处三次以上（含三次）的；因劳动保障违法行为引发群体性事件、极端事件或造成严重不良社会影响的；因使用童工、强迫劳动等严重劳动保障违法行为被查处的；拒不履行劳动保障监察限期整改指令、行政处理决定或者行政处罚决定的；无理抗拒、阻挠人力资源社会保障行政部门实施劳动保障监察的；因劳动保障违法行为被追究刑事责任的。

3. 奖惩措施

对于被评为 A 级的企业，人力资源和社会保障行政部门将适当减少劳动保障监察日常巡视检查频次。对于被评为 B 级的企业，适当增加劳动保障监察日常巡视检查频次，督促其尽快改正违法行为。对于被评为 C 级的企业，将列入劳动保障监察重点对象，强化劳动保障监察日常巡视检查。同时，对于 C 级企业，人力资源和社会保障行政部门也将对其主要负责人、直接责任人进行约谈，敦促其遵守劳动保障法律、法规和规章。

（二）拖欠工资“黑名单”制度

1. 设立目的

建立拖欠工资“黑名单”管理制度，就是要通过多部门联合惩戒和社会信用体系评价，使得用人单位“一处违法、处处受限”，震慑和警示用人单位规范用工行为，令其形成“不敢违法、不愿违法”的自觉守法意识。

2. “拉黑”条件

一是克扣、无故拖欠农民工工资，数额达到认定拒不支付劳动报酬罪数额标准的；二是因拖欠农民工工资违法行为引发群体性事件、极端事件造成严重不良社会影响的。同时，针对因违法分包、层层转包导致拖欠农民工工资主体难以确定的问题，该条还单列一款“将劳务违法分包、转包给不具备用工主体资格的组织和个人造成拖欠农民工工资且符合前款规定情形的，应将违法分包、转包单位及不具备用工主体资格的组织和个人一并列入拖欠工资‘黑名单’”。

3. 惩戒措施

用人单位被列入“黑名单”，意味着其不仅要受到人力资源和社会保障行政部门对其违法行为的行政处理或行政处罚，还要面临列入“黑名单”期间的联合惩戒措施和社会信用评价降低，具体在政府资金支持、政府采购、招投标、生产许可、资质审核、融资贷款、市场准入、税收优惠、评优评先等方面予以限制。此外，用人单位在列“黑名单”期间，其社会信誉将会受到贬损评价，直接影响其生产经营及其他社会活动。

4. 惩戒期限

用人单位首次被列入拖欠工资“黑名单”的期限为 1 年。被列入拖欠工资“黑名单”的用人单位，若改正违法行为且自列入之日起 1 年内未再发生拖欠的，于期满后 20 个工作日内决定将其移出拖欠工资“黑名单”。

5. 动态监管

一是对纳入“黑名单”期间未改正违法行为或者期间再次发生拖欠工资行为的，做出期满不予移出并自动续期 2 年的规定。二是对于已移出拖欠工资“黑名单”的用人单位再次发生规定情形的，将其再次列入拖欠工资“黑名单”，期限为 2 年。

（三）联合惩戒严重拖欠农民工工资用人单位及其有关人员

国家发展改革委会同中国人民银行、人力资源和社会保障部等 30 个部门联合签署印发了《关于对严重拖欠农民工工资用人单位及其有关人员开展联合惩戒的合作备忘录》，从限制政府资金支持、政府采购、招投标、生产许可、资质审核、融资贷款、市场准入、税收优惠、评优评先等方面，进一步明确了30项联合惩戒措施，使列入“黑名单”的用人单位及其有关人员在全国范围内“一处违法、处处受限”。①通过“信用中国”网站、国家企业信用信息公示系统以及主要新闻网站等向社会公布。②将其作为重点监管对象，加大劳动保障监察检查频次。③依法暂停审批其新的重大项目申报，核减、停止拨付或收回政府补贴资金。④依法限制其参与工程建设项目招投标活动。⑤依法限制取得或终止其基础设施和公用事业特许经营。⑥依法限制、暂停或取消对其政策性资金、政府补贴性资金和社会保障资金支持。⑦在一定期限内依法禁止其作为供应商参与政府采购活动。⑧依法限制其取得政府供应土地。⑨将违法失信信息作为审核其公司信用类债券的重要参考。⑩将违法失信信息作为其股票发行审核及在全国中小企业股份转让系统公开转让审核的重要参考。⑪将违法失信信息作为证券公司、保险公司、基金管理公司及期货公司的设立及股权或实际控制人变更审批或备案，及其私募投资基金管理人登记、重大事项变更以及基金备案时的重要参考。⑫将违法失信信息作为证券公司、基金管理公司、期货公司的董事、监事和高级管理人员及分支机构负责人任职审批或备案的参考。⑬将违法失信信息作为独立基金销售机构审批时的参考。⑭将违法失信信息作为境内上市公司实行股权激励计划或相关人员成为股权激励对象事中事后监管的重要参考。⑮将违法失信信息纳入金融信用信息基础数据库，作为评级授信、信贷融资、管理和退出的重要参考。⑯被列为严重拖欠农民工工资用人单位的上市企业，应当依据法律法规有关规定，履行信息披露义务。⑰在上市公司或非上市公众公司收购的事中事后监管中，对有严重违法失信行为的单位予以重点关注。⑱将违法失信信息作为外汇管理行政审批参考。⑲限制成为海关认证企业的，申请海关认证企业管理时不予通过认证；对已经成为认证企业的，按照规定下调其企业信用等级。⑳办理海关相关业务时，对其进出口货物实施严密监管，加强单证审核、布控查验、加工贸易担保征收或后续稽查。㉑限制其取得认证机构资质；限制其获得认证证书。㉒将违法失信信息纳入检验检疫进出口企业信用管理系统，依法对其进行信用评级和监督。㉓对因未履行支付工资生效法律文书确定的义务被人民法院按照有关规定依法采取限制消费措施或依法纳入失信被执行人名单的，限制其乘坐飞机、列车软卧、G字头动车组列车、其他动车组列车一等以上座位等高消费及其他非生活和工作必需的消费行为。㉔对因未履行支付工资生效法律文书确定的义务被人民法院按照有关规定依法采取限制消费措施或依法纳入失信被执行人名单的，限制新建、扩建、高档装修房屋，购买非经营必需车辆等非生活和工作必需的消费行为。㉕限制享受投资等领域优惠政策。㉖按程序及时撤销相关荣誉，取消惩戒对象参加评先评优资格，不得向惩戒对象授予“文明单位”“道德模范”“劳动模范”“五一劳动奖章”等荣誉。㉗限制招录（聘）失信人员为公务员或事业单位工作人员。㉘相关监管部门加强对失信单位的日常监督管理，提高检查频次。㉙对广播电台、电视台、报刊音像出版单位等媒体发布违法失信用人单位广告的依法加强管理。㉚其他惩戒措施。

专栏 3–3

北京市建立完善信用联合奖惩制度加快推进诚信建设的实施意见

一、建设目标

所有公共信用信息依目录归集至市公共信用信息服务平台，依法可公开的归集信息全部向社会公开，重点行业领域监管平台与市公共信用信息服务平台实现互联互通，信用联合奖惩机制全面覆盖重点行业领域，守信联合激励和失信联合惩戒制度基本健全，实现信用信息跨地区、跨部门、跨领域归集、共享、公开和应用，形成政府部门协同联动、行业组织自律管理、信用服务机构积极参与、社会舆论广泛监督的共同治理格局。

二、重点任务

（一）夯实诚信建设基础

1. 完善信用信息归集机制

加强信用信息系统建设，全面落实统一社会信用代码制度，完善重点领域个人实名登记，依法依规、及时准确、完整规范地记录和保存信用主体的信用信息。将各级人民政府和公务员在履职过程中，因违法违规、失信违约被司法判决、行政处罚、纪律处分、问责处理等信息纳入政务失信记录。依据《北京市公共信用信息目录》，将各行业领域的公共信用信息归集至市公共信用信息服务平台。

2. 完善信用信息共享应用机制

完善市公共信用信息服务平台功能，实现与全国信用信息共享平台的互联互通。促进公共信用信息和社会信用信息互动融合，探索建立个人公共信用信息与金融信用信息基础数据库的共享关系。将市公共信用信息服务平台信用信息查询使用嵌入行政审批和日常监管流程，做到应查、能查、必查。依据市场主体的信用信息和信用状况，探索构建分类管理和诚信积分管理机制，健全行业领域信用评价和分类监管制度。

3. 完善信用信息公开机制

全面落实行政许可和行政处罚等信息7个工作日内通过政府网站公开的制度。建立健全公共信用信息查询应用机制，完善“信用北京”网站服务功能，向社会提供“一站式”查询服务，为信用服务机构、金融机构、行业协会商会等查询和使用公共信用信息提供便利。鼓励社会机构开展大数据舆情监测，发布各行业领域信用分析报告及诚信评价结果。

4. 完善跟踪问效责任机制

依托市公共信用信息服务平台，建立健全信用信息应用跟踪、监测、统计、评估机制，并建立相应的督查、考核、问责制度。对信用信息归集、共享、公开和信用联合奖惩措施落实不力的部门和单位进行通报，并督促整改到位。

（二）强化诚信行为激励

1. 行政性激励

对诚信典型和连续三年无不良信用记录的行政相对人，可根据实际情况实施“绿色通道”和“容缺受理”等便利服务措施。对符合条件的行政相对人，除法律法规要求提供的材料外，部分申报材料不齐备的，如其书面承诺在规定期限内提供，应先行受理。在实施财政性资金项目安排、招商引资配套优惠政策等各类政府优惠政策中，优先考虑诚信市场主体，加大扶持力度。在教育、就业、创业、社会保障等领域，对诚信个人给予重点支持和优先便利。对符合一定条件的诚信企业，在日常检查、专项检查中，优化检查方式或减少检查频次。

2. 市场性激励

引导征信机构加强对市场主体正面信息的采集，并纳入信用记录和信用报告。在诚信问题反映较为集中的行业领域，对守信者加大激励性评分比重。引导金融、商业销售等市场服务机构参考使用市场主体的信用信息、信用积分和信用评价结果。在有关公共资源交易活动中，提倡依法依约对诚信市场主体进行信用加分，并给予其优惠和便利。支持有关部门和单位开发“税易贷”“信易贷”“信易债”等守信激励产品，使守信者获得更多机会和实惠。

3. 社会性激励

鼓励行业协会、商会等社会组织加大对纳入诚信典型“红名单”的企业和从业人员的扶持力度，为其市场宣传、业务拓展、职业发展等提供支持；引导企业主动发布综合信用承诺或产品服务质量等专项承诺，开展产品服务标准等自我声明公开，接受社会监督，形成企业争做诚信模范的良好氛围。充分发挥舆论宣传引导作用，大力发掘诚信人物、诚信企业、诚信群体，宣传推广各类诚信典型，褒扬诚信行为。

（三）加大失信行为惩戒力度

1. 行政性惩戒

将严重失信主体列为重点监管对象，依法依规采取行政性约束和惩戒措施，并在日常监管中提高随机抽查比例和频次，从严审核行政许可审批项目，从严控制生产许可证发放。对严重失信主体，依法依规限制享受财政资金补助等政策扶持和申请财政性资金项目，限制参加政府采购活动，限制参与政府投资项目招标以及土地出（转）让和流转等公共资源交易活动，限制新增项目审批核准，限制发起设立或参股金融机构以及小额贷款公司、融资担保公司、创业投资公司、互联网金融机构等，限制从事互联网信息服务，限制参与基础设施和公用事业特许经营。对严重失信企业及其法定代表人、主要负责人和对失信行为负有直接责任的注册执业人员等实施市场和行业禁入措施，及时撤销严重失信企业及其法定代表人、负责人、高级管理人员和对失信行为负有直接责任的董事、股东等人员的荣誉称号，取消其参加评先评优资格。

2. 市场性惩戒

督促有关企业和个人履行法定义务，对有履行能力但拒不履行的严重失信主体，实施限制出境、购买不动产、乘坐飞机、乘坐高等级列车和席次、旅游度假、入住星级以上宾馆及其他高消费行为等措施。支持征信机构采集严重失信行为信息，纳入信用记录和信用报告。鼓励市场主体对严重失信个人采取差别化服务，引导商业银行、证券期货经营机构、保险公司等金融机构对严重失信主体提高贷款利率和财产保险费率，或限制向其提供贷款、保荐、承销、保险等服务。

3. 社会性惩戒

引导行业协会商会完善行业内部信用信息采集和共享机制，将严重失信行为记入会员企业信用档案。支持行业协会商会按照行业标准、行规、行约等，视情节轻重对失信会员实行警告、行业内通报批评、公开谴责、不予接纳、劝退等惩戒措施。充分发挥新闻媒体等社会舆论作用，加大对社会影响恶劣、情节严重失信行为的曝光力度。建立健全失信行为举报制度，鼓励公众举报严重失信行为，并对举报人信息严格保密。

（四）建立信用联合奖惩制度

1. 建立奖惩措施清单制度

将信用联合奖惩措施分为强制性措施和推荐性措施。强制性措施是依法必须联合执行的激励和惩戒措施；推荐性措施是由参与各方推荐，符合褒扬诚信、惩戒失信政策导向，可根据实际情况实施的措施。市社会信用体系建设联席会议要及时梳理法律法规和政策明确规定的联合激励和惩戒事项，动态更新《北京市信用联合奖惩措施清单》，并会同重点行业管理部门和社会机构认真总结实践经验，不断完善信用联合奖惩措施清单，推动相关法规制度建设。

2. 规范信用红黑名单制度

健全诚信典型"红名单"和严重失信主体"黑名单"制度，明确认定标准，动态维护红黑名单信息，并依法依规规范信用红黑名单发布行为。将信用状况良好的公务员、行政相对人、诚信道德模范、优秀青年志愿者、行业协会商会及其推荐的诚信会员企业、新闻媒体挖掘的诚信主体等树立为诚信典型；将严重危害人民群众身体健康和生命安全、严重破坏市场公平竞争秩序和社会正常秩序、严重影响司法机关和行政机关公信力、危害国防利益和拒不履行国防义务等行为列为严重失信行为，纳入《北京市诚信典型和严重失信主体行为清单》。鼓励有关群众团体、金融机构、征信机构、评级机构、行业协会商会等将产生的信用红黑名单信息提供给政府部门参考使用。

3. 构建联合奖惩协同机制

在市社会信用体系建设联席会议统筹协调下，建立信用联合奖惩发起和响应机制，依托市公共信用信息服务平台，建立全市统一的信用联合奖惩信息管理系统，实现发起响应、信息推送、执行反馈、信用修复、异议处理等动态协同功能。发起部门根据相关法律法规和政策规定，依据本行业和本领域的信用红黑名单确定信用联合奖惩对象。实施部门负责对有关信用主体采取相应的信用联合奖惩措施。在对严重失信企事业单位进行联合惩戒的同时，应依据相关法律法规和政策规定对相关责任人一并采取联合惩戒措施，确保联合惩戒措施落实到人。

4. 健全权益保护和信用修复机制

联合惩戒的发起部门和实施部门应依据相关法律法规和政策规定，明确各类失信行为的联合惩戒期限。有关部门和单位在执行失信联合惩戒措施时主动发现，或经信用主体异议申请、投诉发现信息不实的，应及时告知信息提供单位核实，经核实有误的信息应及时更正或撤销。加大对泄露、篡改、损毁、出售或非法向他人提供个人信息等行为的查处力度，严格保护个人信息安全。畅通信用修复渠道，丰富信用修复方式，探索通过事后主动履约等方式减少失信损失，支持失信主体通过按时履约、志愿服务、慈善捐助等方式修复信用。对在规定期限内纠正失信行为、消除不良影响的失信主体，发起部门应将其信用修复信息报送至市公共信用信息服务平台，并将其移出联合惩戒“黑名单”，不再作为联合惩戒对象。

（五）开展诚信建设创新示范

1. 政务诚信建设创新示范

坚持依法行政和阳光行政，建立健全守信践诺机制，探索构建以专项督导、横向监督、社会监督为主要内容的政务诚信监督体系，对政务诚信实施考核评价。加大街道（乡镇）政务、财务公开力度，将守信践诺情况纳入对街道（乡镇）的绩效考核体系。加强政府采购、政府与社会资本合作、招标投标、招商引资等领域的政务诚信建设。加大对各级政府和公务员失信行为的惩处和曝光力度，不断提升诚信履职意识和诚信行政水平，以政务诚信引领社会诚信。

2. 重点行业领域诚信建设创新示范

以食品药品、安全生产、消防安全、交通安全、环境保护、生物安全、产品质量、税收缴纳、医疗卫生、劳动保障、工程建设、金融服务、知识产权、司法诉讼、电子商务、互联网、创新创业、旅游文化、志愿服务等领域及职业人群为重点，建立健全信用联合奖惩制度，形成长效机制。支持各区和产业园区结合本区域公共服务、社会治理、产业结构调整等实际需要，开展区域性信用联合奖惩制度建设，鼓励信用产品创新应用，不断优化区域信用环境，积极争创全国社会信用体系建设示范城区。

3. 京津冀诚信建设区域合作创新示范

充分发挥京津冀社会信用体系合作共建机制作用，建立统一的信用制度标准和技术规范，大力推进京津冀公共信用信息共享应用，建立信用协同监管和服务机制，率先在食品药品、环境保护、质量管理、旅游文化等领域建立信用联合奖惩机制，逐步形成覆盖各行业领域的信用奖惩联动机制。共同推广信用服务机构的信用产品和服务，实现信用产品互认共用，加强信用专业人才培养和诚信宣传教育，为京津冀经济社会一体化发展创造良好的诚信环境。

（六）积极推进诚信文化建设

1. 大力弘扬诚信文化

以培育和践行社会主义核心价值观为根本，将诚信文化建设贯穿精神文明建设全过程。推动创作中华传统诚信文化与时代价值观相融合的文艺作品、公益广告，丰富宣传载体，增加宣传频次，提升宣传水平。组织各类网站开设网络诚信专题，推出一批高质量的网络诚信主题文化作品，开展网络失信案例警示教育。

2. 全面开展诚信教育

深入开展公务员诚信、守法和道德教育，将诚信建设纳入公务员培训和领导干部进修课程。全面深化校园诚信教育，将诚信教育作为中小学和高校学生思想品德教育的重要内容，鼓励高校开设信用领域相关课程或专业，建立健全成年学生诚信档案，引导广大学生加强道德修养。建立完善企业法定代表人及相关负责人、律师、教师、医师、执业药师、评估师、税务师、注册消防工程师、会计审计人员、房地产中介从业人员、认证人员、金融从业人员、导游等职业人群个人信用记录，加强信用管理与职业道德教育。鼓励各类社会组织和企业建立信用管理制度，组织签署入职信用承诺书，开展信用知识培训。

3. 深入开展诚信主题活动

在各行业领域组织开展特色诚信主题教育实践活动。持续开展质量月、安全生产月、诚信兴商宣传月、征信知识宣传周、“3・15”国际消费者权益日等主题活动，以及信用北京行、诚实做人守信做事、企业和社团组织诚信创建、诚信文化进家庭等活动。

（资料来源：北京市人民政府网站，http://www.beijing.gov.cn/zhengce/zhengcefagui/201905/t20190522_60130.html。笔者略做删减和改动。）

第四节 信用约束（失信惩戒）申诉和修复机制

失信惩戒机制涉及社会各个层面，其中，信息的准确性、及时性和完整性是这一机制能够有效运行的前提与基础，但即使在法律完善的条件下，仍会出现信息数据错漏或者部分信息数据更新不及时等问题。部门行业交叉监管、专职人员缺位、受理时限不明、收取费用等“信用修复难”问题仍然存在。失信惩戒机制一旦实施，就应同步实行异议申诉机制，开通信用修复救济通道。

建立异议申诉机制，对公共信用信息的争议进行复核和差错进行更正，应设置受理复核和更正时限，及时办结，避免无谓困扰。公开个人信用信息，必须有明确的法规或行政决定命令为依据，且应进行必要的脱敏处理，以避免由此造成的异议申诉。特别是认定设列严重失信主体名单决定前，应当告知当事人做出决定的事由、依据和当事人依法享有的权利；当事人提出异议的，应当予以核实并在规定时限内反馈结果。

此外还应建立有利于自我纠错、主动自新的信用修复机制。除有明确不可修复的失信信息外，失信主体按要求纠正失信行为、消除不良影响的，均可申请信用修复。要提高信用修复效率，加强信息共享，加快建立完善协同联动，一网通办，在规定时限内办结，并不收取费用。应合理设置失信信息保留年限和惩戒时效，统筹兼顾惩戒执行成本和改过从善机会。

专栏 3-4

上海市公共信用信息修复工作若干意见（试行）

一、明确修复范围

鼓励信用信息主体通过主动改正失信行为、消除不良社会影响等方式修复失信信息。信用信息主体可就自身被归集至市公共信用信息服务平台、各区信用平台的下列信息申请修复：欠缴依法应当缴纳的税款、社会保险费、行政事业性收费、政府性基金的信息；提供虚假材料、隐瞒真实情况，侵害社会管理秩序和社会公共利益的信息；拒不执行生效法律文书的信息；适用一般程序作出的行政处罚信息；法律、法规和国家规定的其他信息。

经营异常名录和严重失信主体名单的修复，应依照相关行业主管部门规定的条件、程序等要求执行，符合修复条件的，相关部门和单位要按照规定将其及时移出名单。移出后，可按照本意见规定进行信用信息修复。

人民法院裁定批准破产重整计划、依法直接批准破产重整计划草案或裁定认定和解协议的案件，破产重整企业存在失信信息的，债务人的管理人可持人民法院出具的批准重整计划裁定书、批准重整计划草案裁定书或认可和解协议裁定书申请修复相关失信信息。人民法院归集的裁判文书和失信被执行人信息按照最高人民法院有关司法解释执行。

二、依法确定修复主体

信用信息修复工作实行信息“谁产生，谁修复”的原则，由原失信信息提供单位（即原行政行为作出单位）负责信用信息修复申请的受理、审查、决定、意见反馈和信用信息主体知情权保障等工作。

三、准确把握修复条件

按照失信行为造成后果的严重程度不同，失信信息修复分别适用以下情形，法律法规规章有规定的从其规定。

情节轻微、社会危害性较小的失信行为信息，修复应符合以下条件：已改正失信行为、消除社会不良影响；作出信用承诺。修复申请提起时，应距原行政行为作出之日满三个月。

情节较严重、有一定社会危害性的失信行为信息，其修复应符合以下条件：已改正失信行为、消除社会不良影响；作出信用承诺。修复申请提起时，应距原行政行为作出之日满六个月。申请修复行政处罚信息的，已按照国家要求参加信用修复培训并提交信用报告。

涉及以下特定严重失信行为的信息，在五年查询期限内不可修复：①在食品药品、生态环境、工程质量、安全生产、消防安全、强制性产品认证等领域被行政机关处以责令停产停业、吊销许可证、吊销执照或者行政拘留的行政处罚信息。②因贿赂、恶意逃废债务、恶意拖欠货款或者服务费、恶意欠薪、非法集资、合同欺诈、传销、无证照经营、制售假冒伪劣产品和故意侵犯知识产权、出借和借用资质投标、围标串标、虚假广告、侵害消费者或者证券期货投资者合法权益、严重破坏网络空间传播秩序、聚众扰乱社会秩序等行为，被行政机关处以责令停产停业、吊销许可证、吊销执照或者行政拘留的行政处罚信息。③法律、法规、规章规定不可修复的其他信息。

四、严格遵守修复流程

各部门、各单位要将失信信息修复工作纳入“一网通办”。为确保失信信息修复工作合法、审慎、有效、及时开展，要严格按照下列程序操作。

（一）提出申请

信用信息主体可通过“一网通办”网站，或者直接向原失信信息提供单位提出申请。申请时，应提交信用信息修复申请表、身份证明登记证件复印件（加盖公章，自然人应签名）、信用信息修复承诺书、改正失信行为和消除不良影响的证明材料以及行业主管部门规定的其他材料。

信用信息主体还可选择通过“信用中国（上海）”网站或者前往市公共信用信息服务中心提交修复申请。

信用信息主体通过“一网通办”“信用中国（上海）”网站，或者市公共信用信息服务中心提交申请的，市公共信用信息服务中心应在收到申请后1个工作日内，将申请材料转交原失信信息提供单位。

（二）申请受理

原失信信息提供单位在收到材料后，应在2个工作日内审查申请文件的完整性和规范性，并决定是否受理。申请材料不齐全或形式不符合要求的，原失信信息提供单位应一次性告知申请人补正相关材料，补正后符合要求的，予以受理。

（三）修复认定

原失信信息提供单位应对申请材料进行核查，自受理之日起5个工作日内作出是否予以修复的决定，并书面告知信用信息主体。情况复杂、不能在规定期限内办结的，可以适当延长，但是延长期限最多不超过3个工作日，延期情况应及时告知信用信息主体和市公共信用信息服务中心。

原失信信息提供单位在完成审查后，要及时将修复结论书面反馈市公共信用信息服务中心。

（四）信息处理

原失信信息提供单位同意修复的，应撤下各自相关网站上公示的信息，法律、法规以及规章另有规定的除外。市公共信用信息服务中心应在收到同意修复意见之日起的 2 个工作日内，在信用信息主体的信用报告中注明修复状态，并撤下该失信信息在“信用中国（上海）”网站上的公示。失信信息在区信用网站公示的，各区发展改革委在收到同意修复意见之日起 2 个工作日内，同步撤下公示。

失信信息属于“信用中国”网站公示的行政处罚信息的，市公共信用信息服务中心还应在收到修复意见之日起 2 个工作日内，按照国家要求，将修复材料推送至国家信用中心。

（资料来源：上海市人民政府网站，https://www.shanghai.gov.cn/nw12344/20210129/d17861b5d4a2415889ecd9aa62735612.html。笔者略做删减和改动。）

畅通申诉修复渠道建设要讲究时效性，避免给当事人造成困扰。据报道，河南省罗山县 2016 年被公安部列为打击民航盗窃专项行为重点区域，为此当地公安局通过县、乡、村三级摸排和信息研判，对长期失联、村组不掌握动态、群众反映有从事盗窃民航旅客财务犯罪嫌疑或出入境频繁的高危人员先行列管，随后这批重点人员被公安、民航、高铁系统标注为高危人员，长期工作生活在上海的河南罗山籍余先生便是其中之一。此后余先生每逢乘坐民航高铁出行时，就会遭遇警方盘查，前后不下百余次，令他不胜其扰。余先生从 2017 年就开始不停地向罗山县公安局申诉撤销，但直至 2020 年 10 月罗山县公安局才出具文书，认定将余先生列管信息错误，予以撤销。本以为错列事件已经更正，但 2021 年 3 月，余先生在上海机场又遭警方盘查，这说明四年多来其被错误列管的信息一直未修复。此个例反映出信用监管部门在申诉修复信息共享上，还没有实现无缝对接，处理记录删减上还没有打通壁垒，当然也有可能是具体工作人员的不作为、慢作为导致的。总之，无论出于什么原因，信用监管部门都应该积极作为，不要让当事人再徒增困扰。

专栏 3-5

美国个人信用修复机制

一、美国个人信用修复机制的基本构成

（一）全面的个人征信法律体系

以《公平信用报告法》为核心，美国搭建起全面的个人征信法律体系，对个人征信活动各方主体即征信机构、信息报送机构、信息使用者、个人信息主体之间的权利义务关系进行规范，将包括信息收集、传输、加工、销售、使用和修正等在内的征信活动各环节都纳入其中，实现了信用信息的有效共享和信息主体权益保护之间的平衡。

1. 1970 年《公平信用报告法》

该法规定，为充分保证信息的有效性与准确性，消费者报告机构（CRA）应及时撤回过时或虚假信息的发布；应建立并完善有关身份盗窃识别和欺诈预警工作机制，有效杜绝冒名开立新账户等情况，同时做好及时应对工作，一旦消费者身份遭到盗窃，CRA 应立即冻结该消费者的全部信息，最小化虚假信用滥用可能对消费者造成的损失。针对信息有误的情况，相关信息的提供者应立即加以更正并向 CRA 报备；如果信息还牵涉到身份盗窃问题，信息提供者必须采取有效应对措施，及时注销相关信息并保证不再使用该信息。

2. 1996 年《公平信用报告改革法》

该法针对《公平信用报告法》存在的不足进行了革新：一是对征信异议处理程序、时限等做出更为明确的规定，要求全国性征信机构建立信息更正通知系统，确保信息更正的及时有效与全面覆盖；二是规定信息报送机构具有确保信息准确性的义务，并规定当信息报送机构与消费者就信息数据发生分歧时，必须对该信息进行标识；三是细化信息使用人在证明信息使用目的、不得滥用消费者信息等方面的义务。

3. 1996 年《信用修复机构法》（CROA）

该法详细规定了信用修复机构在界定业务范围、细化工作流程、明确责任义务等方面的内容。专业信用修复机构的工作内容主要包括：为客户的信用报告异议处理提供专业化的指导与服务，及时修改错误信息；若客户信用报告确实出现了不良记录，应及时向其发出警示并提供对策，有序引导其信用记录的良性发展。《信用修复机构法》严厉打击违法违规行为，坚决杜绝信用修复机构对消费者信用记录做出的虚假或误导性陈述，严禁其参与任何欺骗性活动。

（二）完备的行政监管框架

在联邦层面，联邦贸易委员会（FTC）、消费者金融保护局（CFPB）和司法部是个人征信机构的主要执法部门。其中，个人征信机构的监管权主要由CFPB和FTC共同行使，司法部则负责对违法行为提起民事和刑事诉讼。

1. 联邦贸易委员会（FTC）

2012年《多德弗兰克法案》出台之前，FTC一直是征信业的主要监管机构，其监管重点是消费者权益保护。目前FTC围绕个人征信修复机制的监管职责包括：一是个人征信异议处理机制的建立与完善；二是开展征信执法，FTC并没有直接的行政罚款权，但有权调查涉及违法案件的机构，并通过警示、行政指控、行政和解、民事诉讼等方式处理涉案机构，有权要求涉案机构即刻停止违法行为、合理赔偿消费者损失等。

2. 消费者金融保护局（CFPB）

根据《多德弗兰克法案》，CFPB承接了FTC的金融消费者保护职能，拥有对个人征信机构（CRCs）、信息报送机构以及信息使用者三类主体的广泛监管权，其中又以对个人征信机构的监管为重中之重。从监管范围看，2012年7月，CFP发布《定义消费者报告更大市场参与者》（*Defining Larger Participants of the Consumer Reporting Market*），首次将年收入700万美元以上的个人征信机构纳入监管，涵盖了出售消费者信用报告的大型机构、信用报告转销商、专业性消费者信用报告机构。从监管目标看，CFPB以保护消费者合法权益为立足点，致力于促进个人征信机构采取措施提高数据准确性、完善异议处理程序及规范信息报送流程与行为，利用依法制定规则、发布命令和指引、开展定期检查、审查征信机构内控制度和业务活动、提起民事诉讼、进行民事罚款等监管手段，高效履行全面监管个人征信机构业务开展、处理消费者投诉以及加强消费者教育等监管职责。

3. 合作协议

为加强分工协作、避免联邦执法和监管工作的重复，2012年FTC和CFPB签署了一项合作协议，就执法活动协调、规则制定协商、消费者投诉信息共享等内容达成共识，并于2015年签署了一份延长合作的备忘录。

（三）有序的行业自律体系

美国的行业自律是立法规范、行政监管的有力补充，在美国个人征信业市场的发展进程中至关重要。例如，1896年成立的全国信用管理协会（NACM），主要从事商业信用拓展业务，其开发了信用管理指数（CMI）用于衡量美国经济的整体信用状况。1906年成立的消费者信用协会（CDIA），在确保原始数据的真实性与一致性、有效促进信息流动和共享、提高信用评价的科学性和可比性等方面发挥了重要作用。美国国际收账协会（ACCP）等则是商业债务催收行业的自律组织，在法律框架内进行行业自律管理、维护本行业的稳定与公允，此外也会受理消费者对会员的投诉。

二、美国个人信用修复的主要做法

（一）推动征信异议处理的制度化

个人征信异议处理流程包括提出、受理、核查、反馈四个环节，《公平信用报告法》及《公平信用报告改革法》等对每一环节的具体任务和时限等做出了明确规定。CFPB负责监督征信机构按照《公平信用报告法》开展消费者异议的调查、核实和处理，要求征信机构根据消费者提交的所有相关信息，而不是单单依赖于信息报送者进行消费者异议核实；同时，要求征信机构对被异议的信息进行标识，确认有误信息后应及时从消费者档案中删除，异议核实结束5个工作日内必须向消费者提供书面的处理结果通知。此外，Experian、Equifax、Trans Union三大征信业巨头牵头建立了统一的自动化异议处理平台e-OSCAR，消费者可在线提交异议申请，平台将异议申请批量转交给数据供给者后由其进行核查和反馈。因此，征信异议处理方面具有申请渠道多、处理流程透明、处理效率高等特点。

（二）提高征信投诉机制的完备性

FTC的主要监管职责之一就是建立并完善个人征信异议处理机制，其开发的“消费者哨兵网络”（Consumer Sentinel Network）提供在线接受消费者投诉的服务，且该数据库信息只与执法机构共享，投诉数据的保存期限一般为5年。CFPB的职责主要是及时受理并高效处理消费者有关信用报告的投诉，投诉渠道包括官方网站、电子邮件、传真和电话；主要流程包括投诉受理、向被投诉机构转办、被投诉机构处理并向消费者和CFPB回复处理结果、消费者反馈、CFPB视情况启动调查程序等。此外，针对消费者投诉情况，CFPB建立了系统、全面的数据库，定期进行多层次、多维度的专业化分析，并形成规范报告提交国会。

（三）强化信用修复机构的专业性

在《信用修复机构法》的指引与规范下，美国的专业信用修复机构运作良好，成为个人征信修复的有力补充，可为客户提供高度专业且系统的涵盖个人异议修复、信用记录改善、信用评分提升等内容的个人信用修复服务。以 Lexington Law（雷克兴顿法律公司）、Sky Blue Credit（天蓝信用公司）、Creditrepair. com（信用修复公司）等大型机构为代表的 1 000 多家专业信用修复机构，充分利用自身专业技能，严格依照法律要求，针对客户信用报告中的不真实、不准确或超过留档期限的负面信息开展异议处理流程，同时代表客户进行沟通，为其争取相应权益。

（四）加大金融消费者教育的普及度

1. 以消费者权益保护为重点，为其构建法律基础

《公平信用报告法》明确保护消费者知情权、同意权、隐私权、异议权、救济权，内容翔实具体。消费者信用报告内容方面，该法规定可以包含消费者信用记录、支付方式、身份信息、公共记录等正面和负面信息，但超过法定期限的负面信息，如超过 10 年的破产记录、超过 7 年的民事诉讼或判决应予撤销。信息使用目的方面，该法主要对负面信息使用进行了限制。《公平与准确信用交易法》为预防消费者遭受欺诈和身份盗用设置的机制有：一是规定消费者每年可以从全国性征信机构获得一份免费信用报告；二是消费者发现身份被盗时，有权要求征信机构在信用报告上标注预警提示，预警提示有效期内，信贷机构须采取"谨慎、合理的调查"以确认贷款申请来自消费者本人；三是建立消费者报告合理销毁程序，防止消费者信息未经授权而被访问或使用。

2. 强化金融消费者教育职能

《公平准确信用交易法案》的宗旨在于有效预防消费者遭受欺诈和身份盗用。其中，该法案第五项提出设立金融扫盲和教育促进委员会（FLEIC），通过金融教育国家战略的实施，确保金融信息的"无偏见、可靠"，进而提升国民的金融素养。2010 年，金融监管改革法案提出在 CFPB 内设立金融教育办公室，为消费者咨询和投诉开通免费热线电话，相应地，CFPB 承担了大量消费者教育职责，主要包括发布消费者咨询和指引，向消费者介绍信用报告的基本情况并解答常见问题。

（资料来源："信用中国"网站，http://www.creditchina.gov.cn/zhengcefa gui/tashanzhishi1/201712/t20171227_ 104846.html。笔者略做删减和改动。）

第五节 医药企业失信惩戒首案的寒蝉效应分析

一、引言

2020 年国家医保局拟定实施了《医药价格和招采信用评价制度》的指导意见，针对药企（含药品生产许可持有人、药品和医用耗材生产企业、与生产企业具有委托代理关系的经销企业以及配送企业）在定价、投标、履约、营销等过程中，通过目录清单所列失信事项牟取不正当利益的，纳入医药价格和招采信用评价范围，对达到规定程度的失信行为进行对应的惩戒处置。失信惩戒是指对存在上述严重失信行为的药企实施惩戒治理的行政手段，是监管惩戒的重要组成部分。在此背景下，自 2021 年起，各省开始对医药企业进行“信用评级”，对严重失信企业采取“逢报必查”“逢查必办”的零容忍治理态度，由各省集中采购机构按季定期公布失信惩戒结果。据浙江省药械采购中心通报，哈尔滨誉衡药业在浙江省的信用评价等级被调整为严重，其“鹿瓜多肽注射液”药品被浙江省暂停挂网集采。哈尔滨誉衡药业由此成为中国医药领域信用评价制度落地以来第一家被处罚的药企。

此案之后，失信惩戒对于引导医药企业合规营销作用如何？对医药行业大力反腐根治医药价格虚高有何影响？本节将从制度经济学视角，基于信用约束机制理论，以首例药企违法营销失信惩戒案例为样本，分析失信惩戒对药企违规营销的正向寒蝉效应即约束震慑警示作用，从个案层面实证阐释二者之间的关系。

二、失信惩戒与寒蝉效应

（一）信用约束理论基础

根据科斯（Coase，1960）交易成本理论：社会交易是有成本的，如果在资源配置过程中没有规则可循，任凭市场这只“看不见的手”对资源进行配置，则资源的利用肯定不会达到帕累托最优。因此，只要存在交易费用，就需要建立相应的制度来减少交易成本。制度就是通过传统、习惯和法律约束的作用，力图形成固定、规范行为模式的一种社会组织。制度是市场经济中全体社会成员必须遵循的行为规范，个体如何行动取决于其所处的相应制度所能提供的利益激励，或相应制度所能施加的法规成本。制度可以抑制社会人际交往活动中可能出现的恣意行为和机会主义行为，帮助人们形成对他人行动的预期。如果不建立对失信者的惩戒制度，有限理性人出于机会主义行为动机，再加上市场具有不确定性和信息不对称，便极有可能出现失信行为，从而就增加了交易成本，不利于市场交易的达成。企业要在市场环境中生存和进步，既要实现企业目标的要求，也要受到制度所带来的合法性约束。

失信惩戒作为管制制度下的具体惩戒手段，意味着其带来的“合法性”激励仍是组织获取发展所需资源的必要条件。在此背景下，企业一方面可向同类竞争者证明自身合法性，另一方面可以为企业获得外部利益相关者的认同。企业获得合法性资源的能力越强，在市场竞争中的优势越大。由此，失信惩戒必然会约束企业的违法营销。但现实决策还取决于企业对风险与成本的衡量。风险意味着竞争对手可能做出的负面回应，成本则意味着从最终获得的合法性竞争优势中获得的激励与其损失的利益是否匹配。从利益获取来看，药企如果放弃现存的价格回扣、垄断控销等行业潜规则，而选择公平合理、诚实信用地制定质价相符的价格，短期来说无异于“自断财路”。也就是说，在合法性激励无法弥补销售费用等支出的情况下，药企往往会选择继续违法营销。

（二）寒蝉效应约束震慑作用

寒蝉效应与噤若寒蝉，二词既为同义替换，又是有效衔接。成语“噤若寒蝉”词尽其妙，非常形象。其原义是用来形容受深秋气候变化的影响，随着气温的持续降低，秋蝉因遇冷而逐渐收声。英文 Chilling 意为寒冷发抖，“chilling effect”（寒蝉效应）一语中的，直指要义。其原义最早出现在美国司法判决中，特指在即使没有法律明确规定的情况下，特定事件仍会对新闻自由起到吓阻作用（王勇华，2019）。

本节的失信惩戒寒蝉效应，是指在失信惩戒机制原理下，运用包括法律、规章、制度等威权惩戒措施，通过行政处罚、行业禁令、司法判决等，对严重失信行为零容忍，让失信者始终犹如“寒蝉”，不敢轻易践踏失信红线。失信惩戒追求帕累托最优，即每个人主观上追求个人利益时，客观上也同时达成社会既定目标。从机制构建角度讲，寒蝉效应就是要通过规制性惩戒信息的甄别、传递，在相对较低的信息成本下，使得市场主体个人利益与社会目标一致，形成良性激励约束。

本文借用“寒蝉效应”诠释单个市场主体因失信惩戒而暂停甚至丧失市场准入资格，对整体行业所产生的约束震慑警示作用。特别是医药领域，单个医药企业对于市场营销违法罚金罚款往往不敏感，但如果行贿等失信行为会导致企业丧失进入医保和医疗机构集中采购市场的资格，则会产生强大的震慑效果，从而形成举一反三的系统治理效果。

三、中国首例药企违法营销失信惩戒案的寒蝉效应分析

2021年4月12日，浙江省药械采购中心发布《医药价格和招采失信等级评价结果的通报（2021年第一期)》，根据当地法院判决所披露的相关事实，哈尔滨誉衡制药的鹿瓜多肽注射液在浙江省存在商业贿赂行为。浙江省药械采购中心将其在浙江省医药价格和招采失信等级评价中评为"严重"，并按规定暂停该企业鹿瓜多肽注射液的在线交易。

（一）案例价值

浙江省通报哈尔滨誉衡制药鹿瓜多肽注射液信用评价结果并暂停在线交易，是全国首例失信评价达到"严重"等级的治理案例，标志着医药营销领域信用评价制度进入了发挥实质性作用的新阶段。此例打破了医疗腐败中涉案药企独善其身的局面，实质性地约束了行贿药企的违法营销行为，杀一儆百，寒蝉效应明显。

（二）案例背景

长期以来，中国医药营销领域收受回扣积习不绝，垄断控销行为频发，这些违规甚至违法行为导致药品和医用耗材价格虚高、医疗费用非正常快速增长、医保基金大量流失等问题，加重全民就医负担，侵害群众健康权益。2016—2019年全国百强药企中有超过50%被查实存在直接或间接输送回扣的行为，其中频率最高的企业三年涉案超20起，单起案件回扣金额超2 000万元（国家医疗保障局，2020）。为此，国家持续出台系列监管措施，治理医疗保障领域乱象。2020年初《关于深化医疗保障制度改革的意见》作为该领域的顶层制度出台，其目标取向为"完善医药服务价格形成机制，建立药品价格和招采信用评价制度，治理药品、高值医用耗材价格虚高"。2020年8月，国家医保局启动医药价格和信用评价制度建设，针对医药领域输送回扣等突出问题，发挥医药产品集中采购市场的引导和规范作用，促进医药产品价格合理回归。各省医疗保障部门和医药集中采购机构加快推进信用评价制度落地实施。

（三）案例缘起

浙江省温州市瓯海区人民法院刑事判决书〔(2020）浙0304刑初428号〕披露一则商业贿赂案。判决书称：2017年以来，被告人倪某敏从哈尔滨誉衡制

药等制药企业承揽浙江区域的药品推广业务，后分别以杭州费特公司和温州巨晖、天端2家公司及39家洞头是个人独资企业名义与药厂签订药品推广合同。此后，被告人倪某敏将业务分包给包括被告人陆某在内的众多医药代表或下家分包商，并从中赚取推广费5%~10%的利润，分包给个人时，再从中扣除发票金额5%的税款。最终，由各医药代表具体负责向医院等用药单位推广药品业务。2017年5月至2019年6月期间，被告人陆某从被告人倪某敏处获取哈尔滨誉衡制药的鹿瓜多肽针剂推广费后，为增加销量，承诺以每开具1支鹿瓜多肽针剂支付8元好处费的标准向开处方的温州医科大学附属第一医院的医生输送回扣，相关医生予以答应。其间，被告人陆某共支付给40名医生（另案处理）好处费共计88万余元，涉案医生直接或间接分得现金共计80余万元。最终，被告人倪某敏犯虚开发票罪，被判处有期徒刑1年11个月，并处罚金5万元；被告人陆某犯对非国家工作人员行贿罪，被判处有期徒刑1年7个月，并处罚金5万元。

此次案源信息能够及时准确完整地获得，得益于部门协同、信息共享、政策联动机制。2020年9月，最高人民法院与国家医保局联合签署了《关于开展医药领域商业贿赂案件信息交流共享的合作备忘录》，其主要内容就是建立医药领域商业贿赂案件定期通报制度，积极拓展医药领域商业贿赂案件司法成果在医药价格和招采领域的运用，共同推动全系统各层级开展信息交流共享，持续深化治理医药领域商业贿赂协同合作（如图3-1所示）。

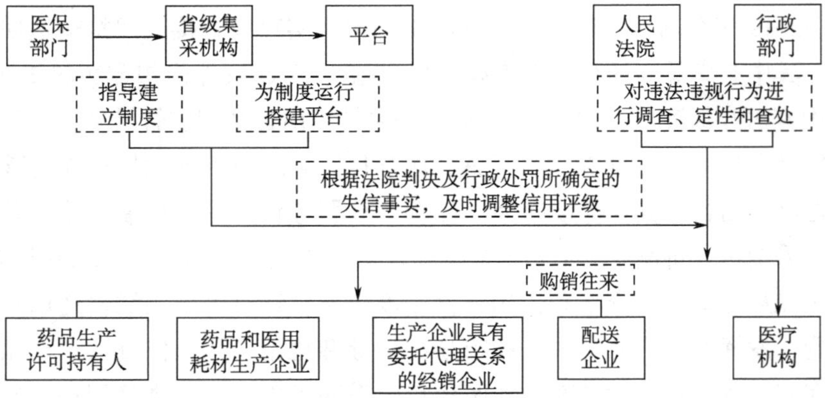

图3-1　医药价格和招采信用评价制度监管环境

（四）惩戒依据

国家医疗保障局发布的《关于建立医药价格和招采信用评价制度的指导

意见》（医保发〔2020〕34 号）（简称《指导意见》），以及同步下发的《医药价格和招采信用评价的操作规范》（医保价采中心函〔2020〕24 号）（简称《操作规范》）和《医药价格和招采信用评级的裁量基准》（医保价采中心函〔2020〕25 号）（简称《裁量基准》）。

《指导意见》明确，医药企业在商业贿赂、涉税违法、实施垄断等过程中，通过恶意违反合同约定等目录清单所列失信事项牟取不正当利益的，纳入医药价格和招采信用评价范围（如表 3-1 所示）。

表 3-1 医药价格和招采失信事项目录清单（2020 版）

序号	主要情节	事实来源
1	医药购销中，向各级各类医疗机构、集中采购机构及其工作人员输送回扣或其他不正当利益	以法院判决或相关执法部门行政处罚认定的案件事实为主
2	取得虚开的增值税发票（善意取得虚开的增值税专用发票除外）并经法院判决或税务部门查处认定的	以案件事实为主
3	因自身或相关企业实施垄断协议、滥用市场支配地位等被依法处罚，不主动纠正涉案产品的不公平高价	以法院判决或相关执法部门行政处罚认定的案件事实为主
4	捏造、散布涨价信息，哄抬价格，推动价格过高上涨等违反《中华人民共和国价格法》的行为	以法院判决或相关执法部门行政处罚认定的案件事实为主
5	医药企业因不正当价格行为被医药价格主管部门函询、调查、约谈、告诫、检查时，推诿、拒绝、不能充分说明原因或作出虚假承诺的	
6	以低于成本的报价竞标，以欺诈、串通投标、滥用市场支配地位等方式竞标，扰乱集中采购秩序	
7	无正当理由拒绝履行承诺事项、拒绝履行购销或配送合同	

医药企业被认定存在商业贿赂行为的，依据《裁量基准》规定的情形，

对应评定失信等级（如表 3-2 所示）。

表 3-2　医药价格和招采信用评级的裁量基准（2020 版）

		一般	中等	严重	特别严重
商业贿赂	近三年在本省范围内，同一案件	1 万元≤累计行贿<15 万元 1 万元≤单笔行贿<10 万元	15 万元≤累计行贿<50 万元 10 万元≤单笔行贿<30 万元	50 万元≤累计行贿<200 万元 30 万元≤单笔行贿<200 万元	200 万元≤累计或单笔行贿
涉税违法	虚开增值税发票（善意取得除外），累计	—	10 万元≤票面额<100 万元	100 万元≤票面额<1000 万元	1 000 万元≤票面额
价格垄断	垄断行为被依法处罚后不纠正的	—	超过 1 个月	超过 3 个月	超过 6 个月
价格违法	违反《中华人民共和国价格法》被处罚不纠正	—	超过 1 个月	超过 3 个月	超过 6 个月
抗拒监管		因价格或营销行为失当被函询、调查、约谈、告诫、检查时，推诿或拒绝配合的	药品或医用耗材价格异常，约谈后不纠正的	药品或医用耗材价格异常，经函询约谈后不纠正，且超过 1 年或销售额超过 1 000万元	—
违规招标		招标材料虚假，但无后果	扰乱集采秩序未遂	虚假材料或恶意中标，既遂	—
违反承诺		瞒报、漏报、不报信用材料；拒绝履行购销或配送合同	瞒报、漏报、不报信用材料≥3 项	不按合同供货或不配送，导致药品短缺	—
其他	近三年在本省范围内累计	—	一般失信行为 5 次≤	中等失信行为 3 次≤	严重失信行为 3 次≤

依据《操作规范》失信责任分级处置规定，对于失信等级为“严重”的医药企业，除提醒告诫、提示风险外，由省级集中采购机构予以限制或中止该企业涉案药品或医用耗材挂网、投标或配送资格（如表 3-3 所示）。

表 3-3 失信责任分级处置（2020 版）

	一般	中等	严重	特别严重
省级失信处置	书面提醒告诫	书面提醒告诫	书面提醒告诫	书面提醒告诫
	—	向采购方提示风险	向采购方提示风险	向采购方提示风险
	—	—	暂停涉案产品资格	暂停涉案产品资格
	—	—	—	暂停涉案企业资格
	—	—	公开披露评级结果	公开披露评级结果

注：全国联合处置措施：上一年度，被 5 个及以上省份评定为失信“特别严重”的，列入《全国医药价格和招采失信企业风险警示名单》，其他省份对其信用评级在“中等”及以下的，一律调为“严重”。

哈尔滨誉衡制药代理商在推广鹿瓜骨肽注射液时，被法院认定的行贿金额已经超过 80 万元，据此，浙江省将誉衡药业信用等级评定为“严重”，并暂停了鹿瓜骨肽在浙江省的挂网集采。

（五）效应分析

此次被罚药企——哈尔滨誉衡制药，为上市公司誉衡药业的全资子公司，是国家“火炬计划新医药产业基地首批骨干企业”“高新技术企业”，是骨骼肌肉领域优势药企。此次涉案被暂停挂网集采的药品——鹿瓜多肽注射液，为发明专利产品，2004 年入选《国家基本医疗保险和工伤保险药品目录》，拥有单独定价权。该药品作为治疗骨痛风湿的主力产品，上市初期毛利率较高，一度为药企带来极为可观的销售业绩。2016—2018 年，誉衡药业销售费用从 2. 61 亿元增加到 29. 38 亿元，两年猛增十余倍，因增长过快曾被深交所问询（誉衡药业，2021）。之后受国家严控辅助用药等政策影响，鹿瓜多肽注射液的临床销售量开始逐年下滑，如今年销售额仅在千万元左右。此次鹿瓜多肽注射液又因商业贿赂被医药价格和招采信用评价制度“拉黑”并暂停在线交易，成为全国首例信用评价达到“严重”等级的医药领域治理案例，对该药企的短期影响可谓雪上加霜。

建立实施医药价格和招采信用评价制度，其重点在于事前划定价格和营销红线、明示失信风险，引导医药企业主动加强合规建设，诚信守法经营，目的也是警示相关医药企业要加快转型，与输送回扣等不正当的价格和营销行为彻底切割，引导市场竞争重新回归以质量疗效和成本控制为中心的正常轨道。该案例公开披露之后，浙江省对其他存在回扣问题的医药企业也按程序开展了信用评价，部分医药企业已经采取主动降价等措施修复信用。伴随中国医药营销环境的净化和调整，整个医药行业反腐力度也在全面升级。2020年以来，中纪委、财政部、卫健委和医保局等多部门均在医药领域大力反腐，特别是长期存在销售费用畸高、费用列支不实、行贿医生等行为的医药企业，将是重点监管对象。失信惩戒的寒蝉效应警示医药企业要转变传统的"带金销售"模式，在产品营销推广过程中要守住合规的底线。同时失信惩戒的寒蝉效应也告诫医疗机构和医务人员，不要接受商业贿赂，一旦违规违法，风险极高。

四、治理医药领域企业失信行为的政策思路

（一）构建信用约束机制对治失信行为

中国医疗市场规模宏大，医疗机构和患者对药品及耗材的需求旺盛，且需求刚性特征明显。供给一侧的医药企业众多，市场营销竞争压力巨大，由此催生出医药领域长期存在的输送回扣、垄断涨价等"毒瘤"。信用约束机制就是通过信息传递和信息甄别，解决因信息不对称而导致的逆向选择和道德风险失信问题。建立医药领域信用评价制度，发挥医药产品集中采购市场的引导和规范作用，对输送回扣、垄断涨价等问题严重到一定程度的失信医药企业采取一定期限的市场禁入措施，可以有效对治医药企业失信行为的发生。

（二）启动部门联合惩戒约束失信行为

根治医药价格虚高问题，仅靠卫健委一个部门难以解决，应整合法院、纪委、财税、市场监管等多方主体力量，破除彼此间的失信信息壁垒，加快推进信用信息互联互通和交换共享，及时向社会公开披露失信信息。多部门联合实施失信惩戒措施必须以失信行为事实为依据，直接援引法律法规、部门规章、政策文件，必须在既定的清单范围内，防止小过重惩、过惩失当。

（三）深化医改综合施策减少失信行为

医药产品与医事服务关乎全民健康，医药领域反腐力度已全面升级。当然，医药行业因其产业链条长，形成了多利益方的闭环，整治难度极大。比如处方药，药企不能直接向患者销售，患者要去医院，医生要开处方，离不

开专业的物流，再经社保基金支付结算，才能完成看病-售药的流程。因此，治理医药领域的企业失信行为，不仅要进行失信惩戒，而且要综合施策，诸如推行带量集中采购，降低药品耗材医保价格；完善医保基金总额预算管理，推行多元医保支付方式，督促医疗机构强化成本意识，合理使用药品耗材；推进医疗服务价格改革，提高医务性收入占比，减少药品耗材采购和使用的灰色利益依赖，等等。

五、基本结论

医药行业建立并实施信用评价制度，制定失信事项目录清单，抓住了医药招采的关键环节，信用评级对应失信惩戒强度，运用对供给一侧即药企市场准入资格的限制手段，其约束震慑之寒蝉效应明显。此案例分析表明，失信惩戒之“寒蝉效应”不仅适用于诠释对单个市场主体失信惩戒的约束效果，而且对整个医药行业产生了约束震慑的警示作用，从而形成了举一反三系统治理的反面典型警示风向标。

第四章
“信用评价”视角下的社保信息管理制度

第一节 信用评价的概念

信用评价这一概念因评价目的及方法的差异，存在多种定义。通常来说，信用评价是指以一套相关指标体系为考量基础，标示个人或企业偿付其债务能力和意愿的过程。

具体而言，信用评价是指由依法成立的信用服务机构，根据独立、客观、公正的原则，依据科学指标体系，通过定性和定量分析，对影响经济主体（主权国家、金融机构、工商企业、个人等）或金融工具（贷款、债券、资产证券化、商业票据等）的风险因素进行综合考察，评价其按时偿付债务的能力和意愿，并用简单明了的符号或分数表示出来。

信用评价是为市场经济服务的一项公证事业，是促使资金优化配置的重要推手，是保障直接融资业务健康发展的最有效措施之一，是为金融资金市场提供信息服务的重要来源。借助信用评价工具，可以为企业筹资与融资渠道的开拓创造条件，为投资者投资途径的选择提供决策依据，为增强社会信用意识发挥重要的宣传作用，为政府加强金融市场调控做出重要贡献，督促并鼓励评价对象提高自身信用水平。

按评价对象的不同，主要可分为企业信用评价、证券信用评价、项目信用评价和国家主权信用评价等类型。

一是企业信用评价。包括工商业、外贸、交通运输、建筑安装、房地产、旅游等企业的信用评价以及银行保险、信托证券等各类金融组织的信用评价。

二是证券信用评价。包括长短期债券、优先股、基金、各种商业票据等的信用评价。我国规定，企业发行债券要向国家认可的债券评信机构申请信用评价。

三是国家主权信用评价。主要对一国 GDP 增长趋势、对外贸易、国际收支情况、外汇储备、外债总量及结构、财政收支、政策实施等影响国家偿还能力的因素进行分析，此外，还要对金融体制改革、国企改革、社会保障体制改革所造成的财政负担进行分析，并在此基础上进行评级。按国际惯例，国家主权信用等级列为该国境内单位发行外币债券的评级上限，任何组织单位或个人的信用评级不得超过国家主权信用评级。

综上，本书中的信用评价，是指信用评价机构（以下简称“评价机构”）依据有关法律法规和社会保障及劳动就业人事领域参与方信用信息，根据社会保障及劳动就业人事领域参与方信用评价标准，采用规范的程序和方法，对社会保障及劳动就业人事领域参与方的信用状况进行评价，确定其信用等级，并通过社会保障及劳动就业人事领域信用信息平台进行共享、向社会公开的活动。

专栏 4-1

个人征信业务第一家——百行征信有限公司

2018 年 2 月 22 日，央行官网发布的“设立经营个人征信业务的机构许可信息公示表”显示，已正式通过百行征信有限公司（以下简称“百行征信”）的个人征信业务申请，有效期至 2021 年 1 月 31 日。

百行征信由中国互联网金融协会（以下简称“互金协会”）牵头，与芝麻信用、腾讯征信、深圳前海征信、鹏元征信、中诚信征信、中智诚征信、考拉征信、北京华道征信等 8 家市场机构共同出资成立。其中，互金协会持股 36%，其余 8 家机构分别持股 8%。百行征信注册地为广东省深圳市，营业场所为北京市西城区金融大街通泰大厦，法定代表人为朱焕启，注册资本为 10 亿元人民币，业务范围为个人征信业务。

百行征信的服务对象主要有五大主体。其中，其最主要的服务对象为从事互联网金融个人借贷业务的机构，该类机构是信用信息的主要提供者，也是征信机构的重点服务对象。目前，网贷公司大多与芝麻信用等各类平台交换征信数据。

同时，百行征信的服务对象还包括银行等从事放贷业务的传统金融机构、公检法与金融监管等相关部门、个人信息主体、从事征信和反欺诈服务的第三方符合资质要求的机构等。

“个人信用征信”是指征信机构对个人信用信息进行采集和加工并提供个人信用信息查询和评估服务的活动。相关报告主要用于商业赊销、信贷往来和招聘求职等领域。百行征信获准运营，将破解个人信用记录领域存在的“信息孤岛”，扩大个人信用数据覆盖范围，有利于塑造良好的信贷交易氛围，遏制恶意欠贷、多头借贷、暴力催收等现象，从而在互联网金融迅速发展的背景下进一步扎牢我国金融体系风险防控的制度“篱笆”。

（资料来源：中国电子银行网，https://www.cebnet.com.cn/20180223/102467087.html。）

第二节 信用评价的特征

一、公正性

公正、客观、实事求是，是信用评价必须遵守的首要原则。

二、合法性

信用评价必须遵循国家法律法规。信用评价的依据，应符合与评价事项有关的法律、法规、制度和标准化规定。

三、独立性

信用评价由具有法人资格的中立评价机构独立进行。信用评价机构完全独立于客户，处于超脱地位，不受任何单位或个人的干涉。

四、市场性

信用评价重视市场经济规律的应用，把调查、审核、测定的评价内容与市场经济运行相联系，运用动态观点加以分析，判断评价客体的信用现状及未来，预测可能的危险。

五、系统性

信用评价活动中普遍应用系统观点，如整体性、综合性和最优性。信用评价业务立足整体，全面辩证地看问题，讲求优化，使信用评价结果最优。

六、可靠性

信用评价的结论或评定的信用等级，必须有理有据，符合客观实际，具有充分的可靠性和可信性，经得起检验。

七、公用性

信用评价是市场经济的需要。信用等级能被市场的参与各方共享，用于各种目的需要。传播和公布信用等级是信用评价信息社会共享的基本要求。

八、时效性

信用等级的评定结论，是在一定时期、地点，依据一定条件，经过综合评价而形成的，只能在一定时期内有效。时间、地点、条件发生变化，信用等级的评定结论就可能改变。否则，信用评价将失去可靠性。

第三节　个人信用评价指标

一、我国信用标准体系建设概况

2005 年 5 月，国家标准化管理委员会批准成立了“全国信用标准化技术工作组”，工作组由 30 多位专家组成，负责基础类、通用性和综合性信用类的国家标准制定和修订工作，并对口国际标准化组织的相应组织机构，参与信用相关的国际标准制定工作。2008 年 12 月，国家标准化管理委员会又批准成立了“全国社会信用标准化技术委员会商业信用分技术委员会”和“全国社会信用标准化技术委员会质量信用分技术委员会”。2016 年 7 月 15 日，全国社会信用标准化技术委员会在北京成立，负责社会信用领域国家标准制的修订工作。2017 年 3 月“国家标准全文公开系统”正式上线运行，所有公开信息全部免费在线阅读，不收取任何费用，方便社会公众快捷获取国家标准信息。

全国社会信用标准化技术委员会自成立以来，积极推进我国社会信用标准体系建设，在信用标准化领域已经开展了一系列富有成效的理论研究和实践应用工作，承担了一系列与社会信用体系建设相关的国家信用重点项目和课题研究，完成了一批国家基础、通用、急需的社会信用标准的制定，出版了系列信用理论和实践专著，取得了重要的阶段性成果，初步构建起社会信用国家标准体系框架，并积极推动社会信用标准化工作不断向纵深发展。

二、信用国家标准

根据《国家标准全文公开系统》显示，截至目前，已先后发布的社会信用国家标准共 53 项，即将实施的社会信用国家标准 7 项，已经立项并正在研究的社会信用国家标准 19 项，正在申报立项的社会信用国家标准 10 项。涵盖了基础通用标准、质量信用标准、企业信用标准、电子商务信用标准、信用信息共享标准等领域，所制定的信用标准在相关领域得到了广泛的应用，为社会信用体系建设提供了重要的标准化技术支撑。同时，对口国际标准化组织 ISO/TC290 在线信誉标准委员会，跟踪信用相关国际标准的研制进展，并已由我国主导提出一项在线信誉国际标准提案。

全国社会信用标准化技术委员会紧密围绕社会信用体系建设基础、通用、重要和急需的要求开展标准的研究和制定工作。截至 2021 年 10 月底，共发布现行信用国家标准 53 项。已经发布的信用国家标准如表 4-1 所示。

表 4-1 已发布的现行信用国家标准

序号	标准号	标准名称	发布日期	实施日期
1	GB/T 39450-2020	商贸流通企业信用评价指标	2020/11/19	2021/06/01
2	GB/T 39443-2020	公共信用信息交换方式及接口规范	2020/11/19	2020/11/19
3	GB/T 39442-2020	公共信用信息资源标识规则	2020/11/19	2021/06/01
4	GB/T 39441-2020	公共信用信息分类与编码规范	2020/11/19	2020/11/19
5	GB/T 39444-2020	公共信用信息标准总体架构	2020/11/19	2020/11/19
6	GB/T 39446-2020	公共信用信息代码集	2020/11/19	2021/06/01
7	GB/T 39449-2020	公共信用信息数据字典维护与管理	2020/11/19	2021/06/01
8	GB/T 39440-2020	公共信用信息资源目录编制指南	2020/11/19	2020/11/19
9	GB/T 39445-2020	公共信用信息数据元	2020/11/19	2021/06/01
10	GB/T 39053-2020	跨境电子商务平台商家信用评价规范	2020/07/21	2021/02/01
11	GB/T 37914-2019	信用信息分类与编码规范	2019/08/30	2020/03/01
12	GB/T 37927-2019	科研信用信息征集规范	2019/08/30	2020/03/01
13	GB/T 22117-2018	信用 基本术语	2018/06/07	2018/10/01
14	GB/T 36302-2018	电子商务信用 自营型网络零售平台信用管理体系要求	2018/06/07	2018/10/01
15	GB/T 36304-2018	电子商务信用 第三方网络零售平台信用管理体系要求	2018/06/07	2018/10/01
16	GB/T 36312-2018	电子商务第三方平台企业信用评价规范	2018/06/07	2018/10/01
17	GB/T 36314-2018	电子商务企业信用档案信息规范	2018/06/07	2018/10/01

续表

序号	标准号	标准名称	发布日期	实施日期
18	GB/T 35431-2017	信用标准体系总体架构	2017/12/29	2018/04/01
19	GB/T 35434-2017	商贸物流企业信用评价指标	2017/12/29	2018/04/01
20	GB/T 22119-2017	信用服务机构　诚信评价业务规范	2017/11/01	2018/02/01
21	GB/T 34827-2017	电子商务信用　第三方网络零售平台交易纠纷处理通则	2017/11/01	2018/02/01
22	GB/T 34830.1-2017	信用信息征集规范　第1部分：总则	2017/11/01	2018/02/01
23	GB/T 23793-2017	合格供应商信用评价规范	2017/07/31	2017/11/01
24	GB/T 34056-2017	电子商务信用　网络零售信用评价指标体系	2017/07/31	2017/11/01
25	GB/T 34057-2017	电子商务信用　网络零售信用基本要求　消费品零售	2017/07/31	2018/02/01
26	GB/T 34058-2017	电子商务信用　B2B网络交易卖方信用评价指标	2017/07/31	2018/02/01
27	GB/T 33717-2017	电子商务信用　B2B第三方交易平台信用规范	2017/05/12	2017/12/01
28	GB/T 33718-2017	企业合同信用指标指南	2017/05/12	2017/12/01
29	GB/T 31864-2016	职业经理人信用评价指标	2016/04/25	2016/08/01
30	GB/T 23794-2015	企业信用评价指标	2015/09/21	2016/01/01
31	GB/T 31867-2015	社会组织信用评价指标	2015/09/21	2016/01/01
32	GB/T 31951-2015	电子商务信用　网络交易信用主体分类	2015/09/21	2016/01/01
33	GB/T 31952-2015	企业信用档案信息规范	2015/09/21	2016/01/01
34	GB/T 31953-2015	企业信用评估报告编制指南	2015/09/21	2016/01/01
35	GB/T 31870-2015	企业质量信用报告编写指南	2015/09/21	2016/01/01
36	GB/T 31863-2015	企业质量信用评价指标	2015/09/21	2016/01/01
37	GB/T 30345-2013	国际物流企业信用管理规范	2013/12/31	2014/07/01

续表

序号	标准号	标准名称	发布日期	实施日期
38	GB/T 27202-2013	认证执业人员信用评价准则	2013/09/06	2013/12/01
39	GB/T 27201-2013	认证机构信用评价准则	2013/09/06	2013/12/01
40	GB/T 29622-2013	电子商务信用 卖方交易信用信息披露规范	2013/07/19	2013/11/30
41	GB/T 28836-2012	国际物流企业信用评价指标要素	2012/11/05	2012/12/01
42	GB/T 28041-2011	基于电子商务活动的交易主体 个人信用评价指标体系及表示规范	2011/10/31	2012/02/01
43	GB/T 28042-2011	基于电子商务活动的交易主体 个人信用档案规范	2011/10/31	2012/02/01
44	GB/T 26817-2011	企业信用调查报告格式规范 基本信息报告、普通调查报告、深度调查报告	2011/07/29	2011/12/01
45	GB/T 26818-2011	个人信用调查报告格式规范 基本信息报告	2011/07/29	2011/12/01
46	GB/T 26819-2011	信用主体标识规范	2011/07/29	2011/12/01
47	GB/T 26841-2011	基于电子商务活动的交易主体 企业信用档案规范	2011/07/29	2011/12/01
48	GB/T 26842-2011	基于电子商务活动的交易主体 企业信用评价指标与等级表示规范	2011/07/29	2011/12/01
49	GB/T 23791-2009	企业质量信用等级划分通则	2009/05/06	2009/11/01
50	GB/T 23792-2009	信用标准化工作指南	2009/05/06	2009/11/01
51	GB/T 22116-2008	企业信用等级表示方法	2008/06/30	2008/11/01
52	GB/T 22118-2008	企业信用信息采集、处理和提供规范	2008/06/30	2008/11/01
53	GB/T 22120-2008	企业信用数据项规范	2008/06/30	2008/11/01

社会信用标准体系建设是一项庞大、复杂的系统工程，需要凝聚社会各界力量，共同参与建设，才能实现既定目标。在信用标准制定过程中，要充分发挥各地区、各部门、信用信息中心、行业协会商会、高校院所和信用服

务机构的作用，广泛征求吸纳企事业单位和社会公众对信用标准的意见建议，最终形成广泛的社会共识。

专栏 4-2

个人信用评价标准

对个人信用水平进行评价，一般从三个方面展开，即履约能力、诚信意愿和周围信用环境。在社会管理方面，履约能力主要表现为被征信人所具有的职业资质或资格，及其所从事职业的收入水平和所拥有的个人资产，它是获取信用授权或委托、履行信用职责的基础。诚信意愿主要从被征信人过往的信用记录中表现出来，信用记录越好表明诚信意愿越强，反之则诚信意愿越弱。诚信意愿对个人信用行为起着主导作用，是评价个人信用的主要指标。周围信用环境是指通过影响个人诚信意愿来间接影响个人信用行为的环境因素，包括被征信人所属行业、所处职位以及行业政策、管理规范等，它是评价个人信用的参考指标。面向社保管理的个人信用评价指标可分为三大类：一是个人基本信息；二是履约能力信息；三是信用记录（如表 4-2 所示）。

表 4-2　个人信用评价的主要指标

信息类型		指标项	备注
个人基本信息		姓名	居民身份证上的姓名
		身份证号	居民身份证号
		性别	—
		出生年月	—
		婚否	—
		居住地	居住地邮政编码
履约能力信息	身体状况	身体残疾/缺陷	—
		显著疾病/职业病	—
		心理状态	—
		社会适应能力	—

续表

信息类型		指标项	备注
履约能力信息	职业状况	最高学历	—
		职业资质或资格	与从事职业相关的资质或资格
		行业	所属行业
		职业	从事职业
	财务状况	年收入	上一年个人税前总收入
		个人资产	个人及家庭拥有的房产、证券、车辆、负债等
信用记录	交易失信行为记录	贷款当前逾期总额	贷款当前应还未还的本金与利息之和
		贷款违约次数	客户未按合同约定还款计划还款的次数总合
		信用卡当前逾期总额	信用卡当前连续未还最低还款额总额
		信用卡违约次数	在过去 12 个月内未还最低还款额次数（只采集个人信用卡连续未还最低还款额 7 次及以上的)
		准贷记卡透支 180 天以上未付余额	客户逾期 180 天以上未支付的金额
		通信费用当前逾期月数及欠费总额	透支超过 3 个月，经催缴仍未还款
信用记录	社会失信或职务失信行为	处罚决定书	处罚决定书编号
		案由	违法或违规行为
		处罚决定	—
		严重程度	由处罚机关对失信行为的严重程度进行评定
		记录有效期	本记录披露或使用期限
	法院判决信息	判决书号	法院判决书编号
		案由	违法行为
		判决结果	—
		记录有效期	本记录披露或使用期限
	正面行为记录	先进事迹	见义勇为行为，参与社会公益活动或献爱心活动等行为
		评定或登记机构	—

注：表中只列出个人信用评价的主要指标，其他辅助指标未列出。

一、个人基本信息

个人基本信息主要是用以识别身份的个人自然信息，包括姓名、身份证号、性别、出生日期、是否已婚、居住地区等。其中，身份证号是识别个人的唯一代码；年龄（出生日期）和婚姻状况对信用评价有一定影响；居住地区主要用来方便人员定位和数据交换，不必是个人的详细居住地址，可以只是居住的区域，用居住区域的全国统一邮政编码来代替，以保护个人隐私。

个人基本信息相对稳定。个人在办理户口登记（迁移）、婚姻登记、社会保险等个人事务时，或与雇主签订劳动合同时，或与银行发生信贷关系时，都会被要求留下个人基本信息。因此，个人基本信息可从公安、民政和人社等部门或从雇主、商业银行等处获取。

二、履约能力信息

履约能力信息是指个人在履行职责时的身体状况、职业资质或资格能力以及承担相关职责的经济能力，包括身体健康状况、最高学历、职业资质或资格、职业、行业、收入水平、个人资产等。其中，身体状况、最高学历、职业资质或资格表明其从事某项职业的专业能力；职业和行业是评估个人信用的环境性指标；收入水平是指信息采集期上一年个人税前总收入；个人资产是指信息采集时个人和家庭拥有的房产、股份、证券、车辆、负债等财产。

身体状况、最高学历、职业资质或资格、职业、行业等信息主要可从雇主单位或行业协会获取；个人收入信息可从雇主单位或税务部门获取；个人资产信息是在个人办理信贷业务时或其他需要申报个人资产情况下由本人如实填报，该类信息可从金融机构或相关部门获取。根据国家最新颁布的《征信业管理条例》，个人收入和资产信息的采集、交换和使用必须征得信息主体本人的书面同意。

三、信用记录

信用记录是个人信用行为的历史记录，包括负面信息和正面信息，其中负面信息是信用评价的主要指标。

（一）交易违约行为记录

个人交易违约行为主要是指金融违约和通信欠费。其他违约行为，如公共事业欠费、合同违约等，由于没有严格的实名制登记或信息难以采集等原因，暂不考虑列入个人信用指标项中，不过恶意欠费、合同违约等被诉讼到法院的除外。

个人信用档案中记录的金融违约信息不需要像中国人民银行征信系统的指标项那样全面，不记录个人的开户银行、开户账号、贷还款金额等指标项，只记录银行信贷还款违约行为，即只记录贷款当前逾期总额和违约次数、信用卡当前逾期总额和违约次数（只采集个人信用卡连续未还最低还款额7次及以上的）、准贷记卡透支180天以上未付余额等。该类信息可从中国人民银行征信系统中交换获取或从各商业银行获取。

目前，电信、移动和联通三大通信公司均有部分对个人固话和手机费用透支业务。通信公司一般会将透支超过一定期限（如3个月）经催缴仍不还款的用户记入信用黑名单。个人信用档案可记录这些欠费行为，主要指标项有当前逾期欠费金额、逾期月数等。

（二）社会失信或职务失信行为记录

社会失信行为是指个人非职务活动中的违规或违法行为，如非职务诈骗、偷漏税、交通违法等。职务失信行为是指个人在履行职务过程中的违规或违法行为，如对于企业主来说，是生产或销售有毒食品、造假售假、严重污染环境等行为；对于建设单位负责人来说，是偷工减料、监理缺位等行为；对于保险、证券从业者来说，是保险或证券欺诈等行为。记入个人信用档案的社会失信行为或职务失信行为主要以行政处罚或行业处罚为记录依据。由于被征信人所处的行业不同，对失信行为的认定和处罚存在较大差异，因此，在记录失信行为时增加了“严重程度”这一辅助指标，以对失信行为做出客观公正的判断，其主要指标项有：处罚决定书号、案由（违法、违规行为）、处罚决定、严重程度、记录有效期等。

根据《中华人民共和国行政处罚法》和其他相关法律法规的规定，处罚决定主要有以下几种：警告，通报批评，罚款，没收违法所得和没收非法财物，责令停产停业，暂扣或吊销许可证、执照，拘留等。由处罚机关依据相关规定对个人失信行为的严重程度进行判定，可分为轻微、一般、严重三个等级。

处罚信息从各相关行政管理机关采集，采集的信息必须是依照相关法律法规可公开的个人违规或违法信息。目前，许多行业的相关规定是禁止这类信息公开使用的，对行业失信行为和严重程度的界定也没有相关法律依据。因此，这类信息要记入个人信用档案并为跨行业管理使用，还需制定和完善相关的配套法律法规。

（三）法院判决信息

法院判决信息是指各级法院对经济类违法案件被告个人的法院判决信息，主要指标项有判决书号、案由（违法行为）、判决结果、记录有效期等。法院判决基本为公开信息，可从各级法院获取。

（四）正面行为记录

个人信用档案不仅要记录行为人的负面行为信息，而且要记录正面行为信息。一个在社会上表现为品行高尚、富有爱心和责任心的人，通常也都是讲诚信的。所以，个人信用档案正面行为信息主要记录个人的见义勇为行为、参与社会公益活动或献爱心活动等行为，主要指标项包括先进事迹及其评定或登记机构等。个人的正面信息可以从相关主管部门、公共慈善机构、血站或媒体报道中获取。

（资料来源：贺德荣等：《面向社会管理的个人信用评价指标体系研究和设计》，《电子政务》2013 年第 125 期。笔者略做修改。）

第四节　社会保障信息管理

一、社会保障信息管理的定义

社会保障信息是基于国民社会保障权益记录和相关管理服务业务发生的信息。社会保障信息可按不同标准分类（《社会保障概论》编写组，2019）。①按层次分类：宏观信息包括国家社会、经济、法律、政策中社会保障信息，如社会保障支出占 GDP 的比例、占财政支出的比例，劳动人口、缴费人口和养老金领取人口的比例，等等；中观信息主要指统筹地区各项社会保障覆盖率、基金收支平衡状况等；微观信息管理包括参保企业及其缴费记录、参保个人和缴费受益的权益记录等。②按内容分类：养老、医疗卫生和健康、就业与服务、福利与救助、慈善事业等。③按应用范围分类：决策信息、管理信息和业务信息。④按时间序列分类：历史信息、即时信息和未来信息。

社会保障信息管理包括信息采集、管理和使用的活动。传统的社会保障信息管理以手工操作为主，社会保障信息管理服务流程具有手工特征，如企业参保和缴费基数的申报需要人工审核，社会保障工作绩效考评以人头比、人次比为主。进入21世纪信息化时代以后的社会保障信息管理主要依靠计算机和网络系统，即社会保障信息化。

社会保障信息管理系统是采用计算机、交换机、存储器等技术设备，通过网络科技与各种信息终端相连接，将有关社会保障信息进行分类处理、资源整合，沟通社会保障各相关主体之间，以及与之相关的税务、金融、公安等部门的联系，保证信息资源利用的及时、准确、畅通、共享。其包括宏观决策系统、业务办理系统、基层单位管理系统等，从而实现将社会保障管理打造成为一个有机整体。因此，社会保障信息管理必须以先进科学的管理系统为基础来实现其管理行为。社会保障信息化具有以下功能。

（一）社会保障信息采集

社会保障信息的采集对象是用人单位、职工和居民。国家应当有统一的、与国民互动的社会保障信息采集窗口（包括手机、网站、线下办事大厅等），从出生登记开始，记录一生、管理一生和服务一生。利用信息技术手段建立跨部门、跨地区的网络平台，对社会保障信息进行采集、录入、加工、处理、分析、输出、存贮等，形成多种有效可利用信息资源，以满足决策者、管理者、参保人和社会公众的需要。应当避免不同部门分别采集信息，形成九龙治水和信息孤岛的局面。

（二）社会保障信息管理

社会保障信息管理包括如下工作：统一标识，在规范社会保障业务流程的基础上，建立统一的编码体系、数据标准、信息交换机制；统一建库，按照统一的标准和规范为参保人建立档案、为统筹地区的统筹项目建立数据库；搭建平台，在同地区不同项目之间、在不同地区之间建立数据传输、信息共享的网格式工作平台。

（三）社会保障信息应用

包括参保人（缴费单位和缴费个人）信息查询、社会保险统筹单位测算和预算、政府宏观经济和社会发展统计、中央政府和地方政府决策。此外，在应用社会保障信息时还需要强化监督和隐私保护的功能，其中，强化监督方面主要是指决策监督、业务监督、服务监督和基金运行监督。决策监督是通过信息管理平台反映国家社会保障政策是否惠及国民，政策的公平性、效率性、持续性能否充分体现和实现，并分析民意反馈信息，及时进行政策调整；业务监督是检查地方政府执行国家社会保障法律政策、管理社会保险资金、支付社会保险待遇的情况，防止挪用社会保险基金和不能及时支付社会保障待遇等情况发生；服务监督是针对社会保障管理过程中的便捷性、及时性、准确性和服务态度等内容的反映，便于业务管理部门转变工作方式和作风；基金管理监督主要是利用信息平台对社会保障基金进行现场和非现场监督，通过数据管理、运行状况、分析评价、结果审核等发现问题，防范化解社会风险、市场风险和道德风险，确保基金安全。

（四）社会保障信息保护

首先，信息共享和信息保护是一个问题的两个方面，不能以信息保护为由拒绝信息共享，也不能在信息共享中泄露信息和侵犯个人隐私，社会保障档案信息中涉及个人私密的信息需要得到保护。其次，需要做好网络系统故障应急保护，包括社会保障信息系统的容错与纠错功能、硬件自动保护、非法用户侵入防护、信息备份等。

二、社会保障信息管理的主要特征

（一）及时性

这一点是基于社会保障信息管理系统能灵敏、快速地发现和处理所需信息并提供给有关部门和人员，便于决策和使用。

（二）准确性

原始信息资源和信息管理结果必须真实可靠，管理人员在加工整理时一定要坚持实事求是，剔除主观随意性。

（三）系统性

保持信息的统一性和完整性，真实反映管理环节的相关性和制约性。

（四）持久性

基于个人生命周期的社会保障信息是“从出生到死亡，从摇篮到坟墓”的，因此要“记录一生、管理一生、服务一生”。

（五）互动性

社会保障权益人需要了解相关法律政策，查询和知晓事关个人利益的各种信息，管理部门必须提供资源共享方式和渠道。

（六）安全性

社会保障信息是个人完整信息的体现，涉及个人隐私，受法律保护。除管理人员外，非经本人允许，其信息资源不得被他人侵占。

三、社会保障信息管理的基本原则

（一）标准化和规范性

社会保障是一项系统工程，参与部门较多，各项业务内容和流程复杂，要想真正形成合力，防止出现各自为政、分散建设、重复建设的问题和产生信息孤岛现象，必须坚持国家统筹规划：平台核心数据库及核心应用系统由中央统一组织开发，按照数据集中、分散处理的原则进行部署实施和推广应用；规范所有工作程序，使用统一的数据标准和技术标准，为最终建成全国统一的社会保障信息管理网络平台奠定坚实基础，以确保社会保障信息资源从源头到应用始终符合信息共享的要求。目前，我国设立了全国社会保险标准化技术委员会，根据《人力资源和社会保障标准化规划（2011—2015）》的计划安排，完成《社会保险费申报缴纳》《养老保险待遇支付服务规范》《基本养老保险待遇稽核业务规范》《社会保险关系转移接续》等一系列国家标准和征求意见稿。

（二）流动性和动态性

流动性即指公民社会保障权益在异地迁徙时可以随身携带，动态性即指社会保障信息时时更新和准确无误，以适应人员流动。伴随人员流动会出现档案断档和人户分离现象，社会保障权益记录成为公民档案的核心部分。在统一的信息系统基础上要适应和便于人员在空间上的流动；社会保障信息是动态的、与时俱进的，如社会保险参保人的缴费基数等，与每一个劳动者和用人单位都有信息交换，而劳动者个人和用人单位经济状况及组织形式是经常变动的，由此产生不断的信息变动，动态地反映出国家经济状况、劳动生产力情况、卫生保健服务水平、福利救助状况等。因此，社会保障信息管理系统必须满足动态调整的需求。

（三）系统性和综合性

社会保障资源配置和有效管理成本较高，通过系统性管理可以将各类信息有机地组织在一起，资源共享，实现成本控制，协调各方利益，发挥整体效益；社会保障是对国民收入进行的分配和再分配，属于劳动力的生产费用和再生产费用，社会保障信息是劳动生产力状况、社会事业和国民经济发展以及社会稳定的综合信息，因而能综合体现国家的发展水平、社会事业和国民经济的运行情况和发展趋势。

四、社会保障信息管理方法

社会保障信息管理方法包括业务管理方法和技术管理方法，其主要目标是整合资源，为公众提供有效、便利的服务，为宏观决策提供准确、全面的数据。

（一）信息平台建设

规划和建设全国统一的社会保障管理信息平台，覆盖所有社会保障事务经办机构和管理部门，满足不断发展的社会保障管理事业的需要。广域网、局域网、主干网、域域网等计算机网络技术提供了理想的办公和业务管理环境，数据的分类、组织、编码、检索、存储、维护、安全保护等技术为信息有效管理提供了有力支撑，国家电子政务信息化管理要求创造了良好的外部发展环境。我国社会保障事业发展中的金保工程、社保卡使用等都是基于信息系统网络平台建设的结果。

（二）基础信息整合

在我国，包括人力资源和社会保障部、民政部、卫生和健康委员会、财政部、发展和改革委员会、全国老龄工作委员会以及中国残联、中华慈善总会等在内的多个部门均涉及社会保障事业职能，做好资源整合，可以高效利用有限资源、提高办事效率。

1. 信息资源整合

为避免资源浪费、重复建设和错输数据，在规范化和标准化的前提下，整合信息资源是社会保障体系建设的重要任务。一是基础整合，即以参保人为核心，基于社会保障号/卡建立综合型信息系统；二是信息共享，即以社会保障项目为核心，围绕参保人和管理服务需要建立信息共享平台。基础整合启动成本高、速度慢、投入大，但经得起百年使用。

2. 业务资源整合

分部门管理存在本位主义的局限性，部门界限明显，业务管理有悖于系统性要求，易造成极大的资源浪费。借助网络技术平台，可以实现业务联动，在各司其职的基础上资源共享，实现业务水平的整体提高。社会保障管理覆盖面不断加大、业务内容增多、数据量倍增，信息系统管理要求具有长期性、完整性、互动性，满足“记录一生、管理一生、服务一生”的基本要求，并且必须以服务对象使用便利、高效为核心。我国社会保障“一卡通”就是基于这种思想建立起来的。

3. 政策和制度整合

社会保障信息基础整合，为政策和制度的整合奠定了基础，解决信息碎片化的局面，推动社会保障进入低耗能、高效率和精细化管理的发展阶段。

五、社会保障信息管理系统

（一）网络平台与金保工程

2002年，党中央和国务院确定了“十五”期间我国电子政务重点建设的12个业务系统，其中包括全国劳动保障信息系统，即“金保工程”。金保工程的核心是“一个工程，两大系统，三层结构，四大功能”，具体来说，就是在全国范围内建立一个统一、高效、简便、实用的劳动和社会保障信息系统，包括社会保险和劳动力市场两大主要系统，由中央、省、市三层数据分布和网络管理结构组成，具备业务经办、公共服务、基金监管、决策支持四大功能。为此，原劳动和社会保障部先后制定颁发了《劳动和社会保险管理信息系统建设规划要点》《劳动和社会保险管理信息系统信息结构通则（LB001-2000）》《养老保险信息系统全国联网实施意见》等社会保险信息化管理规划类文件以及《劳动和社会保障政策法规库分类编码（LB502-1999）》《社会保险管理信息系统业务指标体系（LB101-2000）》《社会保障（个人）卡规范（LB002-2000）》等信息化管理标准类文件。

（二）社会保障卡

社会保障号/卡码是国民建立社会保障权益记录的起点，也是国家认证公民身份的法律事件。伴随社会保障号/卡码颁发社会保障卡，是利用集成电路（IC）卡技术实现社会保障服务对象相关信息识别、收集、交换和应用的一种介质，是持卡人办理社会保障事务的证件，是金保工程的核心部分。1999年9月，劳动和社会保障部党组审议通过了《社会保障卡建设总体规划》。2010年《中华人民共和国社会保险法》规定：“国家建立全国统一的个人社会保障号/卡码。个人社会保障号/卡码为公民身份号码。”

1. 社会保障卡六项基本功能

社会保障卡六项基本功能包括：①身份认证。社会保障卡是认证公民身份、办理社会保障参保登记和权益记录的法律凭证和电子凭证。②居民信息记录。记录参保人员姓名、身份证号码、出生年月、性别、民族、户籍所在地等基本信息，不仅综合性强，而且具有定期更新的功能，是居民的基础档案。③缴费记录。记录和查询本人养老保险、失业保险、医疗保险、工伤保险、生育保险缴纳情况。④费用结算。持卡就医买药，进行医疗保险个人账户结算等。⑤领取待遇。参保人在居家就近的银行刷卡领取各类社会保障待遇，方便快捷；有些城市将社会保障卡与银行账户连接，使得社会保障卡同时具有了金融功能。⑥信息查询。通过社保公共服务网络，参保人可在社保经办机构、卫生局、社保定点医药机构、银行等服务经办机构及自助终端服务平台，查询本人社保参保信息、待遇信息、医疗就诊信息、银行账户信息等。

2. 社会保障卡制度建设的基本原则

①统一标准规范体系：2000 年，劳动和社会保障部制定并发布了《社会保障（个人）卡规范》，具体包括卡片规范、卡面规范、卡内信息规范及读写终端规范等。按照规范，社会保障卡采用接触式 CPU 卡，卡面正面背景为蓝色，印有国徽图案和“中华人民共和国社会保障卡”字样，背面为持卡人姓名、公民身份号码、照片等基本信息。各地发卡须严格遵循这一规范，并可根据当地的实际需要，在规范规定的卡内指标基础上按照统一的规则扩充本地需要的指标。②统一注册管理制度：各地发行社会保障卡须提交注册申请，经省级人力资源和社会保障部门初审后到人力资源和社会保障部进行审核，审核通过的为其注册并分配国际上唯一的“发卡机构标识号”（该号码由国际 IC 卡标准化组织按码段分配给我国，再由国家 IC 卡注册中心按码段分配给人力资源和社会保障部）。审核的内容主要包括发卡地区是否具备发卡和用卡条件、是否符合统一规范和管理要求、是否符合国家相关政策（如收费政策）等。③统一密钥管理体系：密钥是控制卡内信息读写权限、保证信息不被恶意篡改、实现对卡的合法性进行认证的技术手段。社会保障卡全国根密钥以及各项业务的主密钥由人力资源和社会保障部负责生成，并逐级分配到省级和地市级，形成统一的密钥管理体系。这不仅确保了各地应用社会保障卡时所应达到的安全要求，而且在技术上支持不同地区发放的卡能够“互认”，为社会保障卡将来全国通行通用建立了必备条件。④统一 COS（卡内操作系统）核准制度：为保证不同厂商提供的社会保障卡能够满足统一的规范要求，实行针对厂商的 COS 核准制度，并要求各地发卡必须采用经人力资源和社会保障部检测通过、具有检测合格证书的 COS。

3. 继续推行社会保障卡制度建设

继续推行社会保障卡制度建设包括：①统一规划，因地实施。在遵循全国统一规划、标准及相关管理要求的前提下，把发卡的权力交给地方（地级以上城市），各地可以根据当地实际情况自主决定发卡时间、发卡进度和发卡方式。②一卡多用，全国通用。参保人“一人一卡”，覆盖全部社会保障事宜，逐渐实现全国范围内跨地区使用。③低门槛进入，滚动发展。先从参保登记功能和养老保险、医疗保险做起，逐渐扩展到其他功能，在卡内空间划分上做好预留。

4. 面临的机遇与挑战

金保工程是我国建立了管理服务于十数亿人的就业、社会保险、住房公积金和最低生活保障的信息管理系统，其在职业介绍、养老保险参保缴费和待遇领取、医疗保险就医结算、社会保险基金管理等工作中发挥重要作用。我国社会保障信息管理的电子化程度很高，互联网、移动通信和物联网的程度则有待提升，以利于居民信息管理、统计分析和异地迁徙等需求。其目前存在的主要问题包括如下方面。

一是数据难以实现共享、准确性差。社会保障信息系统是覆盖城镇社会保险、就业服务、劳动关系、劳动保障监察以及农村社会保险等各项业务，覆盖城乡各类参保人员、城镇从业人员及转移农村劳动力等人群的管理系统，所以对数据精确性和系统运行准确性的要求非常高。对于同一个参保人，在任何地方信息数据的检索都应该是唯一的。但是现在由于各部门之间在数据共享方面存在漏洞，致使同一个人、同一件事常会出现几种不同的数据，并且可能出现重复现象，这主要是由于目前的社会保障管理体系存在业务、险种的分机构经办情况，因而在不同部门间会出现信息的重复录入，造成数据差异性现象严重，影响了社会保障管理数据的准确性与唯一性。

二是投资分散、人才发挥不够。资金问题一直是信息系统建设的一个难点问题，一些地区金保工程尚未得以实施，即使是在建中的也存在建设和运行资金不足与重复建设、资金浪费并存的矛盾。专业技术人才一直是制约社会保障信息系统发展的瓶颈之一，现有人员专业结构欠合理，而薪酬体制的限制又使用人部门难以按市场标准招揽或留住高水平技术和管理人才。

三是升级障碍多、发展滞后。社会保障基础信息资源量多、数据库庞大、处理复杂、系统升级更新要求快，信息安全技术需求高，升级换代的技术短缺和资金不足问题日益显现，亟待与专业信息技术公司合作。此外，信息整合和改造升级过程中，可能遇到管理体制中的部门利益和人员安排等问题，其难度远比技术攻关更大。

存在上述问题的主要原因：一是管理体制不顺，尚存在九龙治水和政策梗阻问题。国家层面尚没有统一的社会保障信息平台，而是分散在人社部、民政部、住建部、卫健委、总工会、军人保险局、老干部办公室等多个部门。身份不同、政策不一、部门之间协作不足，大大降低了社会保障的覆盖率、保障水平和服务质量。二是运行机制不畅，以参保人为核心的社会保障信息基础平台尚未整合，不同项目、不同地区和不同部门之间的社会保障信息不能全面共享。在人社部门内部，劳动就业与社会保险信息不能共享；行政机构和经办机构之间的分工不十分明确，各自建立信息中心，协调不是很好；在很多地区，医疗、失业、工伤、生育和养老五个险种的信息也不一致；以老残有所养为例，养老事务属于人社部门管理，残疾事务属于民政部门管理，独子家庭养老补贴和失独家庭补贴则属于卫健委管理。由于实行地方统筹，从基层、地方到中央的信息共享不足，参保人异地迁徙和转换身份时，转移社会保险关系和携带续接社会保障权益记录难，断保、退保、拒付等情况屡有发生；同时，存在比较严重的重复参保问题，给参保人和社会保障资金造成损害。三是操作流程欠规范，不同地区有不同的规则。由于长期实行社会保险基金地方统筹和地方政府责任制，国家层面的顶层设计滞后，各地制定了很多体现地方情况的规则，存在许多不统一之处。信息化建设也是从地方开始，各地的需求和设置均有差异。即使在2000年之后社会保险标准化建设工作已经纳入国家标准委员会，并制定了一系列标准，但是已经运营的地方流程很难推倒重来，国家社会保险标准也因此很难实施。四是经办机构建设不足，管理服务粗放发展。中国社会保障事业发展迅速，保障项目、参保人数、基金规模及其海量信息，均快速增长。但是，中国在这方面的行政管理仍不完善，重政策、轻执行，法治不健全、运行效率不高，税费征收和监督管理的机构、编制和预算远远大于公共服务机构。社会保障管理服务机构属于行政机关还是事业单位，定性不清。有关部门对居民基础信息管理的意义和社会保障号/卡管理的意义认识不到位，社会保障管理服务机构分散在不同部门之内，造成编制不足、经费不足，建立统一管理此类事务的国家社会保障总局则尚未提上议事日程。

（三）加强社保信息管理系统建设

在“互联网+”的新时代背景下，在全社会信用体系建设的大环境下，社会保障信息管理应顺应未来发展趋势，从以下几个方面加强社保信息管理。

1. 理顺管理体制

国家亟待制定《社会保障法纲要》，按照编纂法的体制建设健全社会保障法制，在此基础上建立国家社会保障决策委员会，强化中央政府的社会保障宏观决策和顶层设计能力、强化地方政府（省市级）的区域公共管理能力、强化基层政府（区县级）的公共服务能力。

整合国务院和地方政府的社会保障管理部门，人力资源和社会保障部从纵向管理国民就业、社会保险和与和职业相关的福利计划（如军人抚恤等），民政部门从横向管理赈灾救济、养老服务、社会工作、慈善事业和社会互济等工作。国家的社会保障法律和社会保障政策应当做到有法可依，统一、协调，促进国家社会保障体系建设。

2. 通畅运行机制

以参保人为核心，利用信息化手段，建立责任制和信息平台。要建立部门之间、地区之间和项目之间的信息共享机制，做到垂直管理和水平管理对接，各地区党委书记应当做"焊工"，具有统筹兼顾的责任和能力，并将处理好全局和局部利益作为考核标准。从中央统筹基础养老金到地方救助，建立信息共享机制和密钥管理制度，方便参保人在行业间和地区间的合理流动，降低社会保障管理服务成本和提高管理服务水平，确保国民的就业和社会保障权益。这需要推进国家行政体制、组织体系和行政流程的改革，统一规划、基础整合、消除信息孤岛，建设无缝隙的社会保障公共管理服务体系。

专栏 4-3

国家医保局持续严厉打击欺诈骗保行为

盗刷冒刷社保卡、伪造虚假票据报销、恶意挂床住院……长期以来，欺诈骗取医保基金的违法违规行为花样频出，严重侵害了人民群众的合法权益，破坏了医保基金的正常运行，造成了恶劣的社会影响。对此，国家医保局高度重视，持续深化欺诈骗保治理。

2019 年以来，国家医保局要求各地深入开展治理行动，进一步加大基金监管力度。截至 2019 年 6 月底，全国共检查定点医药机构 36.6 万家，检查发现并处理违规定点医药机构 5.7 万家，其中暂停医保服务 1.1 万家，解除定点协议 1 900 余家，移交司法机关 130 余家；检查发现参保人员违规并处理 1 万余人，其中约谈 4 000 余人，暂停医保卡结算 3 200 余人，移交司法机关约 300 人；发现经办机构违规现象 400 多例，约谈经办机构工作人员 180 余人，移送司法机关两人。截至目前，共追回医保基金及违约金共

13.5亿元，处行政罚款1.4亿元。

此外，国家医保局还对全国24个省（自治区、直辖市）定点医药机构开展“飞行检查”30批次，已查实涉案金额超8 777万元。

尽管在目前的高压态势下，欺诈骗保行为得到了一定遏制，但仍存在普遍多发情况，且主体多、环节多、行为隐秘性强，打击治理欺诈骗保形势依然严峻。

针对监管对象广泛、信息分散、行为隐蔽等特点，国家医保局不断创新监管方式方法，在建立健全监督检查制度、全面推进医保大数据智能监控工作、建立并完善欺诈骗保行为举报奖励制度的同时，着力推动建立医保信用评价与管理制度，联合相关部门探索建立医疗保障领域守信联合激励对象和失信联合惩戒对象名单制度，实施守法联合激励和失信联合惩戒。

（资料来源：《光明日报》2019年9月9日第3版。）

3. 规范操作流程

以国家社会保险标准为基础，规范和统一全国的社会保险操作流程，统一形象、统一编码、统一口径、统一标准、统一信息系统、统一操作流程，乃至统一组织建制和人员管理；再进一步与相关社会保障项目对接，如住房公积金、最低生活保障、军人抚恤等，扫除无缝隙对接时的障碍。

要加强和规范社区信息采集和管理能力。社区是公共服务和居民信息采集的窗口（网络和手机不可能完全替代基层政府的公共服务），需要在社区建立参保人信息及其权益记录的循环终端，这既是起点，也是终点。为此，一要提高工作效率，充分利用办公自动化系统，实现网上办公和无纸办公，使参保人不出家门或者在社区内就可以办理社保事宜；这就需要严格制定程序、明确行文范围、把握好收文办理的环节。二要做好政府信息公开工作，用科学的方法完善政府流程再造，进一步健全社保服务中心的建设和管理。以公众满意为目标，建立统一的集中门户网站群，建立非密级公文信息数据库；利用电子信息平台，在相关政务主站点和政府网站上积极开展政府非密级性公文的咨询、查询服务，实现公文信息资源共享。三要做好示范工程，以点带面，促进信息管理平台的应用。关于电子社保示范工程，在国内外都有不少，社保机构可以根据自己的实际情况借鉴和推广。有重点地选取一些工程进行突破，推广成功案例。

4. 培育管理服务机构

按照基本公共服务不可分割性原则建立国家社会保障总局，作为服务型政府的执行机构，以参保人为核心，统一管理社会保障号/卡（牵住龙鼻子）和建设垂直管理（从中央、地方、基础到窗口）与属地管理（各级政府、企业、个人和社会组织分工协作）对接的网格式国家社会保障公共管理服务体系（握住龙头）。

实行分类管理，建设社会保障管理服务队伍。委任国家公务员落实社会保障政策，聘任科技人员负责社会保障技术，聘用专业人员提供社会保障服务，购买商业银行、保险公司、信息公司和医疗机构服务，支持用人单位和社区履行社会保障职责。基于信息化系统，按照人头、人次、基金量和服务量定岗、定编，建立编制预算和配给、经费预算及拨款制度。建立绩效评估体系。基于DEA技术的两阶段客观绩效评测模型，提高资源配置效率，即不仅要看耗费了多少财政资源，而且要看财政资源所购买或配置的服务能力（如基础设施、数据保管场所等）的质和量；服务提供效率，即各种服务能力（如人员和窗口）在服务提供上是否有效、相互之间的替代性如何；同时改善经济效能，低耗高效地实施社会保障公共管理和提供公共服务，促进服务型政府建设。

专栏 4-4

保险行业反欺诈监管：《意外险风险名单评定指引》

一、意外险“黑灰名单”反欺诈

意外险因其保费低廉、保障范围灵活、保障功能较强，有着广泛的社会需求，客户数量众多。也正因为如此，其中的恶意骗保等欺诈行为频频发生。

中国银行保险信息技术管理有限公司（下称“中国银保信”）与中国保险行业协会共同牵头，在监管部门指导下，联合行业内11家保险公司，充分调研行业意见，研究制定了《保险行业意外险风险名单评定指引》（下称《指引》），即意外险“黑名单”“灰名单”标准，主要目的是防范化解保险欺诈风险。目前，《指引》正在业内征求意见。

意外险是保障杠杆最高的险种之一，保费低廉而保险金额高，且不采取严格的损失补偿原则，使得保险欺诈的“收益”很高。同时，意外险通常因单位保费收入低、保障时间较短，所以其数据库建设速度相对慢，使得识别和证明欺诈的难度相对大，也因此造成意外险领域的欺诈行为高发。

黑灰名单标准的推出，能防范保险保障被某些居心不良者利用。从保险市场角度而言，此举直接维护了保险公司的合法权益，从根本上保护了普通消费者的权益。从经济社会角度而言，此举减少了违法犯罪活动，促进了社会公序良俗。

二、千亿市场规模迎整顿

所谓意外险，是指以被保险人因意外事故而导致身故、残疾或者发生保险合同约定的其他事故为给付保险金条件的人身保险。同时，意外险是一种保费低廉、保障范围灵活、保障功能较强的险种，社会需求广泛，客户数量众多。

近年来，意外险作为保险的重要组成部分和经济补偿机制的一个重要方面，为提升全社会利用商业保险等市场化手段应对风险的意识、增强全社会风险抵御能力做出了重要贡献。公开数据显示，2019 年，我国意外险实现原保险保费收入 1 175 亿元，同比增长 9. 23%，赔付支出 298 亿元，同比增长 11. 19%。

由于意外险市场基础薄弱，定价机制科学性不强，销售行为不够规范，功能和作用发挥不够充分，与现代保险服务业的要求不相适应。对此，2020 年 3 月银保监会印发《关于加快推进意外险改革的意见》（下称《意见》），宣布用两年时间扭转意外险市场乱象丛生的局面。《意见》明确提到，要强化市场行为监管，其中就包括：建立健全意外险保单信息共享机制，研究制定“黑名单”“灰名单”标准，加强风险预警。

三、6 种欺诈行为纳入风险名单

《指引》以 6 种风险行为、4 种风险等级为框架，对主体风险情况进行评定。首先依据风险行为对主体进行评定，明确是否将其列入风险名单，其次根据风险行为造成的客观事实对主体进行定级，判断其在风险名单中的风险等级。

（一）6 种欺诈行为

根据风险名单评定要求，保险公司发现主体具有下列 6 种行为之一的可将其纳入风险名单：①故意造成被保险人死亡、伤残或者疾病；②故意虚构保险标的；③对发生的保险事故编造虚假的原因；④编造未曾发生的保险事故；⑤夸大损失的程度；⑥故意不如实告知。主体未发生以上行为，则不列入风险名单。

（二）设置4个风险等级

根据风险行为造成的危害程度，《指引》对主体进行风险等级评定，共设置4个等级，一级最重，四级最轻。①一级风险：主体因风险行为被权威机构（法院、行政机关等）刑事判决或行政处罚。②二级风险：主体因风险行为被公安机关立案。③三级风险：主体的风险行为尚未达到一、二级认定标准，但对行业造成影响。④四级风险：主体的风险行为尚未达到一、二、三级认定标准，但对3家以下（不含3家）保险公司造成影响。

保险公司对主体风险等级的评定应采取动态更新机制，并遵循等级从高原则。其中，主体是指在参与保险相关业务活动的人员和机构，分为2类，直接参与保险活动的称为保险活动参与人，包括投保人、被保险人、受益人、保险从业人员、保险中介机构；间接参与保险活动的称为保险活动相关人，包括医药机构（人员）、鉴定机构（人员）、其他涉及保险责任认定相关的第三方机构（人员）及非保单相关人员。

保险公司可参考《指引》开展意外险风险名单等级评定，完善本机构风险名单。保险公司也可自主决定是否采纳风险名单，风险名单对于保险公司的各项决策主要起到参考作用。

（资料来源：人民网精选全台资讯，2020年11月16日。笔者略做删减和改动。）

第五节 大数据征信下的隐私保护与密钥管理

大数据征信是指运用大数据技术构建征信模型及算法，通过对海量数据进行采集、分析、整合和挖掘，多维度刻画信用主体的违约率和信用状况，形成对信用主体的信用评价。大数据征信的核心是将大数据技术应用到征信活动中，强调处理数据的数量大、刻画信用的维度广和信用状况的动态呈现、交互性等特点。从运行机制上看，大数据征信主要是对征信信息进行自动采集、存储、分析和结果输出，对信用风险进行实时、动态的跟踪和管理，注重对弱相关、非结构化和多维度的海量数据进行深入挖掘和相关分析，力图客观、准确、全面、动态地呈现信息主体的信用状况。与传统征信相比，大数据征信覆盖了更为广泛的人群，数据收集和处理效率也有较大提升，在一定程度上避免了人为因素的干扰，防范了可能发生的道德风险，为普惠金融开辟了一条新路径（孔德超，2017）。

受大数据追求全数据、混杂性、相关关系和数据化的趋势影响，大数据征信大大拓宽了个人信息的范围，除了传统的信用信息数据外，个人的互联网大数据、传感数据、行为数据、地理位置数据等，都被纳入考察维度，都可通过算法模型转换成对个人的信用评价，造成个人信息、信用信息与隐私边界的进一步模糊。基于技术实现难度、市场需求、成本和效率的综合考量，征信机构在个人信息收集处理过程中，并没有动力对个人信息、信用信息与隐私信息予以区别对待，信息主体享有的知情同意权、异议权、更正权、删除权等，往往得不到充分尊重和保障。实践中，复杂而充满陷阱的隐私政策、为接受相关服务而被迫“让渡”的个人信息控制权，以及个人隐私被侵犯后调查取证的复杂流程、高技术壁垒、高成本等，往往成为阻碍信息主体寻求司法救济的主要障碍。在大数据征信行业迈向自动化和智能化的道路上，个人信息和个人隐私正面临着被无限制、无差别收集和使用的风险（孔德超，2017）。

一、“互联网+”新时代大数据下的隐私保护

在“互联网+”新时代，所有社会及个人活动都可能在移动互联网上被捕捉到。也就说，所有社会活动、金融交易等都在网络上留下了痕迹，由此带来的便利和进步是革命性、历史性和颠覆性的。

大数据虽然是一座金矿，但要对其进行充分采集、挖掘、整理、甄别、分类、分析等。因此，大数据的开发利用就涉及一个很重要的问题：隐私保护问题（常亮，2018）。

2018 年初，用户在查阅自己的支付宝年度账单时默认勾选“我同意《芝麻服务协议》”这件事引起一阵波澜，蚂蚁金服也回应并道歉。无论处于什么意图，默认勾选“同意”肯定是不对的，问题的关键是数据的采集使用与隐私保护。现在人们常说，只要是互联网上的数据，基本上没有隐私可言。因为，即便是线下的一些数据信息也是无隐私可言。比如到银行办理存款贷款汇款，到房管所办理房屋登记过户，到派出所办理户口入户迁移，办理入学入托等，都要登记家庭、身份证号、电话等基本情况与信息。

互联网上积累的大数据不允许采集挖掘分析使用是不可能的。关键在于如何规范使用，在于使用后一定要为客户的隐私以及普通信息数据保密。保

密，是问题的关键所在。只要有交易，就一定要使用数据。比如，你有贷款信用需求，这个金融交易一定要充分使用你的数据信息，关键在于使用以后，不能泄露给第三方。

非金融信用业务也有保护数据信息隐私问题。如去一个网站注册、使用共享单车等都需要注册相关信息数据。当用户注册这些数据信息以后，实际上不可能不让网站等挖掘使用这些数据信息，因为注册时也相当于是一种交易，除非不注册。关键问题在于，网站、共享单车等使用客户数据后，一定要为用户保密。

这里面涉及第三方使用数据如何办的问题，涉及所有经济体的金融信用数据问题，各大平台包括央行在内都可以共享信用等级数据。重点在于形成一种“有信走遍天下，无信寸步难行”的社会氛围与高压态势，使有信用者被提倡褒扬，无信用者如过街老鼠被人人喊打。全社会形成信用贵如金子，无信耻辱透顶的共识，这才能形成信用的正向激励机制。

第三方使用其他数据，网站等平台应该通过协议约束征得被采集人的同意。同样，这种情况下必须有约束条款，第三方也必须为客户数据信息保密。

专栏 4-5

信用评价离不开最真实的信用数据

2017 年 9 月，阿里巴巴集团旗下蚂蚁金服的芝麻信用平台出现了花钱“刷分”、提高信用等级然后进行套现的乱象，引起社会广泛关注。对于此事，蚂蚁金服对外宣称，已通过基于海量数据的智能风控大脑等防控机制，将绝大多数疑似诈骗交易拦截在事前。

企业的这种说法可能是事实，但从已经暴露的漏洞来看，其在风险防控体系上的漏洞是难以掩饰的，毕竟，它的信用评价体系已被虚假的信用数据攻破。信用评价体系若失真，与之相关联的金融链条都存在迅速被感染的风险，并且这种风险还会外溢到更广泛的社会层面。如果目前这种隐秘的“套现产业链”过快膨胀，就会出现大量的低信用用户因为虚假信用而大量套现或者大量透支消费，蚂蚁金服自然不会承担刚性兑付责任。事实上，为了提升自身的风险溢价能力，其已经在上交所发行了资产支持证券来分散风险。这种产品的一大特性就在于，如果基础资产质量不能保证，就很有可能成为风险的“放大器”。2008 年的美国次贷危机中，就曾有相关金融产品运用类似机制而形成所谓“有毒资产”，放大了金融风险。

目前暴露出的乱象可能只是局部现象，但也必须及时从根本上进行清理，真正筑牢风险“防火墙”。要做到这一点，互联网金融服务企业必须摒弃对所谓“海量数据”的过度依赖倾向。大数据虽然“大”，但其“短板”就在于真伪难辨、鱼龙混杂。在严肃的金融风险防控面前，企业还是要少玩些“时髦概念”，而应花更大精力来提高信用数据验证的“穿透性”，也就是一定要获取最基础、最真实的信用数据。

（资料来源：中安在线，http://comment. anhuinews. com/system/2017/08/10/007686064. shtml。笔者略做删减和改动。）

二、社会保障信息的密钥管理

社会保障卡的操作不仅需要确定持卡人的合法身份，而且需要识别读写接口设备的合法性，并保护持卡人的隐私权；不仅要对卡片内部的文件和记录进行分区分层的控制管理，而且要对各分区或各应用层的文件进行各种访问和操作授权的密码控制等。即，一要有效防止各种可能的攻击，保证系统的内部信息在整个系统和卡片的生命周期之内保持完整、有效和真实，这也成为社保一卡通实际应用系统设计的重要方面。二要防止对终端设备进行信息截获和复制、对通信网络系统进行攻击、对后台系统及管理方的攻击等。软件系统的安全防范措施包括设置反窃听监控保护、设置多级密码保护、建立多种制约机制、建立可靠的信息传送和保障措施、增加卡和终端设备本身的防伪功能、完善设备管理制度、加强社保卡的密码安全保护、保证卡中数据的完整等。

三、失信惩戒下的隐私保护

随着社会各界对信用体系建设越来越重视，用信用记录来制约不良行为也越来越成为政策选项。2016 年，原国家旅游局发布《游客不文明行为记录管理暂行办法》，提出必要时向公安、海关、边检、交通、央行征信机构等部门通报；2017 年 4 月，中国航空运输协会发布首批民航旅客不文明行为记录，这批旅客是自 2017 年 2 月 1 日《民航旅客不文明行为记录管理办法（试行）》实施以来的第一批“上榜”者；2017 年初，最高人民法院等 44 个部门联合签署《关于对失信被执行人实施联合惩戒的合作备忘录》，提出 55 项惩戒措施，以从更大范围惩戒失信被执行人。

随着信用体系的内涵与外延不断扩大，更多的行为影响着信用记录，而信用记录受损又会影响当事人更多的活动。前些年，人们关注的主要还是央行征信系统，其记录的是还款情况，影响的也只是今后的贷款；而现在，文明旅游、孝顺老人以及按时纳税、执行判决等情况都可能影响信用记录，若信用记录受损，也不只是影响贷款，还会坐不了飞机、乘不了高铁、住不了高级酒店。如今，“信用”的含金量越来越高，这对社会诚信建设是好事，不过，越是如此，人们也就越是关注谁有权记录他们的信用以及决定相应的惩戒。因此，信用惩戒坚持法治原则就显得尤为重要。

坚持法治原则的同时，也要注意信用惩戒与隐私保护相统一。当前有一种倾向，就是想要把所有负面的、不好的行为都纳入信用记录，然而，这未必是信用记录制度的本意。现在，旅游业、民航业都在记录“不文明游客（旅客）”，那么是不是今后任何一个行业（比如餐饮、酒店）都可以根据自己的标准列一个顾客的“黑名单”并在网上公布？这就有点“细思极恐”了。要知道，公民最严重的负面行为应是违法犯罪，而违法犯罪记录除公安机关掌握外，目前并未列入征信系统。犯罪记录除影响公务员招考等之外，也没有被泛化地使用在其他场合。因此，在信用惩戒的同时，也要把握好保护隐私的“度”（李庶民，2016）。

第六节 信用评价与个人隐私立法保护

假设个人的所有活动都能被数据记录，那么个人隐私的保护就变得非常重要。此前已有大型科技公司未经允许收集并不当使用客户信息，甚至出现客户数据泄露事件，足见对个人信息的保护亟待加强。

一、个人信息保护法

2021 年 11 月 1 日《中华人民共和国个人信息保护法》（以下简称《个人信息保护法》）正式施行。《个人信息保护法》集中体现了以人民为中心的立法理念，并在国家层面建立健全个人信息保护制度，预防和惩治侵害个人信息权益的行为。此法的颁布并施行说明，中国个人信息保护法律体系已经初步建立，政府部门将依法实施公平监管。

这部法律一共有 74 个条文，既是从维护个人在数字化时代的人格尊严和公平实践的角度制定的，也充分考虑了数字经济发展的合理需求和趋势，旨在确立和保护自然人对于个人信息的尊严、安全和公平使用的合理要求。它对自然人关于个人信息的权利、个人信息处理者对于个人信息的义务、相关部门对于个人信息的保护职责、个人信息处理具体要求、个人信息跨境、法律责任等做出了明确和可操作的规定（庞波等，2022）。可以认为，本法为我国的个人信息保护进行了顺应时代的系统设计，也为世界提供了一个充满借鉴价值的中国方案。

《个人信息保护法》的施行向世界展示了中国对于个人信息保护极其严肃的法律立场：将用严法迎接一个充分尊重个人信息并正当对待“数字人格”的新时代，并体现了中国期待在此基础上与其他国家或地区开展人文的、公正的个人信息保护合作，合理、正义地推进国际数字合作与流通，实现相互之间数字经济的最佳连接，共同分享数字经济的发展利益。

（一）《个人信息保护法》的意义

《个人信息保护法》对于涉外数字活动、涉外个人信息保护问题做出了明确规范，作为中国和其他国家或地区之间个人信息保护合作的准则，具有深远的国际意义。其第一章“总则”第三条做出了关于本法适用的规定，涉及境外活动的法律适用。该条第二款规定了三种类型的境外个人信息处理活动，应当适用本法。第三条规定：“Ⅰ. 在中华人民共和国境内处理自然人个人信息的活动，适用本法。Ⅱ. 在中华人民共和国境外处理中华人民共和国境内自然人个人信息的活动，有下列情形之一的，也适用本法：（一）以向境内自然人提供产品或者服务为目的；（二）分析、评估境内自然人的行为；（三）法律、行政法规规定的其他情形。”第五十三条还延伸补充规定：“本法第三条第二款规定的中华人民共和国境外的个人信息处理者，应当在中华人民共和国境内设立专门机构或者指定代表，负责处理个人信息保护相关事务，并将有关机构的名称或者代表的姓名、联系方式等报送履行个人信息保护职责的部门。”第三章“个人信息跨境提供的规则”，系统规定了对于中国的个人信息出境的专门管理要求。特别是第三十八条的规定非常重要，它明确了信息出境的法律条件，其中包括安全评估、专业认证和标准合同的基本要求，同时规定可以执行国际条约和协定以及应当保障境外接收方达标。此外，通过其他有关三个条文，分别就国内关键信息基础设施个人信息出境的限制管理、外国司法或者执法机构要求提供个人信息的批准管理、对我国存在歧视的国家或地区采取对等处置等做出了相应规定。这些将是今后中国和不同国家之间开展个人信息跨境保护合作的重要基础。

（二）《个人信息保护法》的十大亮点

亮点一：确立个人信息保护原则。《个人信息保护法》借鉴国际经验并立足我国实际，确立了个人信息处理应遵循的原则。强调处理个人信息应当遵循合法、正当、必要和诚信原则，具有明确、合理的目的并与处理目的直接相关，采取对个人权益影响最小的方式，如限于实现处理目的的最小范围、公开处理规则、保证信息质量、采取安全保护措施等。

亮点二：规范处理活动保障权益。《个人信息保护法》紧紧围绕规范个人信息处理活动、保障个人信息权益，构建了以“告知—同意”为核心的个人信息处理规则。《个人信息保护法》要求，处理个人信息时应当在事先充分告知的前提下取得个人同意，信息处理的重要事项发生变更的应当重新向个人告知并取得同意。

亮点三：禁止“大数据杀熟”行为。当前，越来越多的企业利用大数据分析、评估消费者的个人特征用于商业营销，其中最典型的就是“大数据杀熟”行为。对此，《个人信息保护法》明确规定：个人信息处理者利用个人信息进行自动化决策时，应当保证决策的透明度和结果公平、公正，不得对个人在交易价格等交易条件上实行不合理的差别待遇。

亮点四：严格保护敏感个人信息。《个人信息保护法》将生物识别、宗教信仰、特定身份、医疗健康、金融账户、行踪轨迹以及不满十四周岁未成年人的个人信息等列为敏感个人信息。《个人信息保护法》要求，只有在具有特定的目的和充分的必要性并采取严格保护措施的情形下，方可处理敏感个人信息，同时应当事前进行影响评估，并向个人告知处理的必要性以及对个人权益的影响。

亮点五：规范国家机关处理活动。为履行维护国家安全、惩治犯罪、管理经济社会事务等职责，国家机关需要处理大量个人信息。与此同时，保护个人信息权益、保障个人信息安全是国家机关应尽的义务和责任。对此，《个人信息保护法》对国家机关处理个人信息的活动做出专门规定，特别强调国家机关处理个人信息的活动适用本法，并且其在处理个人信息时应当依照法律、行政法规规定的权限和程序进行，不得超出履行法定职责所必需的范围和限度。

亮点六：赋予个人充分权利。《个人信息保护法》将个人在个人信息处理活动中的各项权利，包括知悉个人信息处理规则和处理事项、同意和撤回同意，以及个人信息的查询、复制、更正、删除等总结提升为知情权、决定权，明确个人有权限制个人信息的处理。

亮点七：强化个人信息处理者义务。个人信息处理者是个人信息保护的第一责任人，据此，《个人信息保护法》强调，个人信息处理者应当对其个人信息处理活动负责，并采取必要措施保障所处理个人信息的安全。

亮点八：赋予大型网络平台特别义务。《个人信息保护法》对大型互联网平台设定了特别的个人信息保护义务。①按照国家规定建立健全个人信息保护合规制度体制，成立主要由外部成员组成的独立机构对个人信息保护情况进行监督。②对严重违法处理个人信息的平台内产品或者服务提供者，停止提供服务。③遵循公开、公平、公正的原则，制定平台规则。④定期发布个人信息保护社会责任报告，接受社会监督。

亮点九：规范个人信息跨境流动。《个人信息保护法》构建了一套清晰、系统的个人信息跨境流动规则，以满足保障个人信息权益和安全的客观要求，适应国际经贸往来的现实需要。例如，明确向境外提供个人信息的途径，包括通过国家网信部门组织的安全评估、经专业机构认证、订立标准合同、按照我国缔结或参加的国际条约和协定等。

亮点十：健全个人信息保护工作机制。《个人信息保护法》明确，国家网信部门和国务院有关部门在各自职责范围内负责个人信息保护和监督管理工作，同时，对个人信息保护和监管职责做出规定，包括开展个人信息宣传教育、指导监督个人信息保护工作、接受处理相关投诉举报、组织对应用程序等进行测评、调查处理违法个人信息处理活动等。

专栏 4-6

《个人信息保护法》构筑安全防护网

一、个人信息处理活动的基本原则框架：合法、正当、必要与诚信

《个人信息保护法》的出台顺应了人民群众最迫切的利益诉求。在数字经济时代，个人与网络信息服务提供者之间存在明显的信息鸿沟，为了能够获得相应的信息服务使用权限，个人不得不“主动”提供自己的个人信息，但是却无法真正知晓自己的个人信息究竟将如何被处理以及谁将拥有自己的个人信息。更有甚者，个人信息买卖已然成为完整的黑灰产业链条，个人的财产安全和人身安全受到严重威胁。为了充分保护个人信息权益，

同时也为了规范个人信息处理活动，促进信息产业发展，《个人信息保护法》明确了个人信息处理活动应当以合法、正当、必要和诚信作为基本原则，即任何类型和任何阶段的个人信息处理行为均应当满足这些原则性要求，即便现行立法没有明确规定特定个人信息处理行为是否满足法定义务，如若相关行为违背合法、正当、必要和诚信四项基本原则之一，也应当承担相应的民事法律责任，情节严重的还应当承担刑事责任。换言之，这四项基本原则构成了《个人信息保护法》的内容主线：第一，合法性原则要求对个人信息的处理行为应当符合法律法规规定，这里的“法”并不单一局限于《个人信息保护法》，还包括《中华人民共和国网络安全法》《中华人民共和国数据安全法》《中华人民共和国民法典》《中华人民共和国刑法》《关键信息基础设施安全保护条例》等法律法规。第二，正当性原则要求对个人信息的处理行为应当符合立法宗旨和法律价值，不得以谋求自身利益而侵害其他个人的个人信息权益。在实践中，部分App运营者在用户注册阶段以不显著、不直接的方式向用户展示个人信息处理的目的、范围和方式等重要信息，这种行为显然违背了正当性原则。第三，必要性原则要求对个人信息的收集范围和处理方式应当仅以实现相应的信息服务功能和业务目的为必要。该原则强有力地回应了当下社会对App运营者肆意收集、处理个人信息行为的担忧和质疑，避免了个人为获取相应信息服务而被动提供个人信息问题的恶化。例如，地图导航类App运营者的个人信息收集范围应当仅以地理位置信息为限，职业、工资、旅游偏好等其他与地图导航功能无关的个人信息显然不在“与处理目的直接相关”的范围之内。第四，诚信原则强调个人信息处理者不得利用自身的优势地位侵害个人信息权益。一方面，个人信息处理者应当诚实信用地按照约定的目的和范围处理个人信息；另一方面，个人信息处理者不应当故意隐瞒、有意淡化事关个人信息权益的提示说明事项。

二、个人信息权益保护方式：权利与义务的一体化

在欧盟《通用数据保护条例》出台之后，全球各国个人信息立法曾一度或多或少受到欧盟个人数据权利体系的理论影响，删除权、更正权、查询权等具体权利似乎成为个人信息保护领域的“制度范本”。我国《个人信息保护法》则立足中国本土实践，向全世界提供了全新的个人信息保护思路：重视个人信息权益的实质性保护，以权利与义务的一体化要求为导向。

从《个人信息保护法》的第四章和第五章内容来看，个人在个人信息处理活动中享有查阅、复制、更正、补充、请求删除个人信息等具体权利。同时个人信息处理者也应当积极履行法定义务，确保个人权利能够有效实现，倘若个人信息处理者设置各种不合理非必要的维权程序、客服流程等“维权门槛”，既违背了个人信息处理行为的基本原则，也构成了法定义务履行的不充分。

个人在个人信息处理活动中行使权利有两个前提条件：第一，个人对个人信息处理应当享有充分的知情权和决定权。知情权是指个人有权知晓其个人信息的收集处理目的、范围和方式，并且这种知情应当以清晰易懂的显著方式予以实现。换言之，如果个人信息处理者为避免承担法律责任将所有个人信息处理事项事无巨细地向用户直接展示，或是以小号字体、密集文字排版等方式告知用户个人信息处理活动，则显然构成对个人信息知情权的实质侵害。第二，个人在实现知情权之后，应当能够独立自主地决定是否提供个人信息以及决定个人信息的实际处理范围和方式。在实践中，部分用户即便知晓个人信息处理的相关事项，但囿于使用特定信息服务的需要以及行业内格式合同的泛滥，其无力决定个人信息的具体处理方式。为了解决此类问题，《个人信息保护法》明确个人有权限制或限制对其个人信息处理。当然，该决定权也有其例外情形。

三、充足的安全感：国家机关全方位保护个人信息

《个人信息保护法》提供的个人信息保护路径并不局限于权利与义务的一致性要求，还包括专门的国家机关履行个人信息保护职责，提供全方位的个人信息保护和救济方式。《个人信息保护法》所提供的充足安全感既来自国家机关处理个人信息的特别规定，也来源于国家机关履行职责的专门规定。一方面，《个人信息保护法》规定国家机关在处理个人信息时同样应当遵守法律、行政法规规定的权限和程序。个人信息权益受到前所未有的重视，即便个人信息处理者是国家机关，其收集处理范围和限度同样不得超出履行法定职责之需要。并且，国家机关处理个人信息之前，应当依照规定履行告知义务。另一方面，《个人信息保护法》明确规定由国家网信部门负责统筹协调个人信息保护工作和相关监督管理工作。国务院有关部门依照本法和有关法律、行政法规的规定，在各自职责范围内负责个人信息保护和监督管理工作。具体而言，除了日常熟知的个人信息保护宣传教育，

接受、处理与个人信息保护相关的投诉、举报，调查、处理违法使用个人信息等活动之外，还包括个人信息保护评估、个人信息跨境传输安全评估、第三方安全认证体系、个人信息保护技术标准制定等具体领域的工作内容。此外，为了切实解决近期出现的“监控偷拍人脸识别”“大数据杀熟”等社会热点问题，《个人信息保护法》还专门规定国家网信部门统筹协调有关部门依据本法推进人脸识别、人工智能等新技术、新应用领域中个人信息保护规则、标准等的制定工作。

（资料来源：赵精武：《个人信息保护法构筑新时代个人信息权益保护的安全防护网》，中国网信，http：//www.cac.gov.cn/2021-09/08/c_1632692967516943.htm。笔者略做删减和改动。）

二、建立健全法律法规和监管体系是实现个人信息保护的基础

之前，我国个人隐私信息保护立法相对滞后。目前，涉及个人信息与隐私保护的法律主要有《中华人民共和国刑法》《中华人民共和国侵权责任法》《中华人民共和国网络安全法》《中华人民共和国消费者权益保护法》及《征信业管理条例》《征信机构管理办法》《电信和互联网用户个人信息保护规定》《个人信用信息基础数据库管理暂行办法》《征信机构监管指引》《征信机构信息安全规范》《信息安全技术公共及商用服务信息系统个人信息保护指南》等。总的来看，现行立法多是间接的、碎片化的、框架性的规定，存在执法部门权限职责不清，个人信息的收集处理规则不科学、不合理，企业守法成本高，司法救济渠道不畅，个人维权成本高昂且效率低下等诸多问题。特别是对大数据背景下如何规范收集、处理个人信息，如何保障信息主体的合法权益，提供何种司法救济手段等，尚缺乏相应的具体规定，个人隐私保护面临无法可依的窘境（孔德超，2017）。

三、个人信息保护的最终目的是促进数据的合理使用

要在充分保护个人信息的前提下，探索实现更加精确的数据确权、更加便捷的数据交易、更合理的数据使用，以激发市场主体活力和科技创新能力。此外，征信行业自律不足也是值得重视的问题。由于征信信息种类繁多，来源渠道复杂，涉及公安、工商、电信、金融等多个监管部门，监管协同难度较大，且监管机构尚未建立起科学有效的手段来实时判别征信机构的信息采集行为是否合法合规。在此背景之下，行业自律作为隐私保护最重要的一道

防火墙就显得尤为重要。但从征信业的总体情况来看，由于缺乏严格有效的监督制约机制和良好的行业自律环境，在行业准入、隐私保护标准、激励机制及社会舆论等方面尚未建立起科学合理的自律机制来保护个人隐私，行业组织能够发挥的作用也非常有限（孔德超，2017）。

四、强化公民信息隐私保护

在互联网+大数据背景下，个人信息收集范围快速拓宽，除传统信用信息外，移动互联网上的行为数据、位置信息等大数据信息都可能被捕捉到，个人信息和个人隐私正面临着被无限制、无差别收集和使用的风险。

加强隐私保护，首先要从源头上严格限定个人信用信息的收集和使用。抓紧制定公共信用信息目录，任何机构都应严格按照公共信用信息目录收集使用个人信用信息，须明示收集使用信息的目的、方式和范围并经本人同意。禁止任何单位和个人未经授权或通过强制授权、一次授权等终身收集使用个人信用信息。其次要在措施上依法依规开展失信惩戒。应发挥部际联席会议统筹协调组织实施职能，由相关部门依法依规编制失信惩戒措施基础清单，并定期更新。同时要实施增加义务或减损权益的失信惩戒措施，此举必须以失信行为事实为依据，直接援引法律法规、部门规章、政策文件作为依据，必须在清单范围内进行，防止小过重惩，过惩失当。

在公共领域之外的商业活动中，隐私信息保护亟待加强。据央视 3·15 晚会曝光：不良商家大肆收集个人信息，利用人脸识别技术区分顾客贴标签，严重侵犯公民隐私权。在互联网+大数据时代，公民的隐私信息被收集虽然不可避免，但收集主体必须明示且征得公民同意。有些商家利用技术擅自收集用户信息，且滥用甚至违法贩卖这些信息，应当受到法律的严厉打击。

专栏 4-7

公民信息隐私保护建议

一、完善个人信息及隐私立法保护体系

首先，应当对现行涉及个人信息保护和隐私保护的立法进行系统梳理，在尊重隐私观念和传统文化的基础上，平衡协调好个人、企业与国家之间的关系，在促进社会诚信秩序建立、征信市场健康发展的同时，确保各个层次的隐私保护得到落实。其次，整合现有的关于个人信息保护、隐私保护、征信信息规范等方面的法律法规，加快制定《个人信息保护法》实施条例等专门行政法规，将互联网个人信息及隐私保护作为重要内容予以规定，赋予其优于一般条款的地位，同时确立隐私保护的基本原则作为兜底条款，确保立法在规范、调整现有社会关系的同时，对未来社会经济、技术的发展具有一定的适应性和前瞻性。最后，隐私权兼具私法性和公法性，其在内容上经历了从消极被动的独处权利到积极主动的个人信息控制权利转变的过程。在大数据时代，对隐私权的保护更应注重信息主体对个人信息的实际控制，充分尊重信息主体的“知情同意权”以及更正权、异议权、删除权等，在完善行政责任和刑事责任的基础上，构建一套科学合理的民事补偿机制，使隐私权的保护更为全面和高效。

二、建设个人信息采集与利用的技术规则体系

首先，加大数据供给。提升数据开放水平，使个人数据在技术上可机读、可导入、读取和下载，在法律上可商业利用，即商业机构掌握的数据可在市场上交易，政府及公共服务机构掌握的非涉密数据向社会开放。政府及相关机构应当制定统一的数据供给标准，丰富数据形式，细化数据粒度，建立数据供给安全机制；建立层次分明的数据开放平台，鼓励社会力量参与数据的开放及应用；建立统一的市场化数据交易规则和监管规则，确保个人隐私得到充分有效保障。其次，完善个人信息采集标准。标准化的数据采集有利于统一数据格式、保障数据质量、便于数据的共享与传播，也可使数据保护工作更为透明。从欧美征信市场发展的经验看，征信机构在激烈的市场竞争和快速发展中，其数据源也逐渐趋同。为确保数据采集的及时、准确和完整，并且能够符合法律监管要求，数据采集的标准化必不可少。如美国征信业信息采集标准《数据报送资源指南》即是在美国消费和数据行业协会的指导下，由环联、艾克飞、益佰利等几大征信业巨头共同制定的。就中国具体情况而言，可由征信业主管机构组织制定强制性的征信信息采集国家标准，确保信息采集的合法性、科学性和统一性。最后，规范数据交易。在制度上，政府及相关机构应当发挥主导作用，明确可用于征信的个人数据交易的类型、程序、规则等，建立个人数据交易许可制度、个人数据流转登记制度和个人数据国际流动审查制度，从源头上规范个人数据流出渠道，建立个人数据交易追踪和溯源机制，维护国家数据主权、提升国际竞争力；在技术上，从隐私政策的透明度、用户对个人数

据的控制以及个人数据安全等角度出发，引入新型保护措施，强化对数据标识统一加密、转译处理，对特定个人的身份标识进行隔离，对互联对象的敏感性、关联度等进行约束，积极探索以去中心化为重要特征的区块链技术在个人征信中的应用，从而强化对个人隐私的甄别和技术保护。

三、政府监管企业自律和公众自我保护

首先，政府主管机关应当充分认识到大数据技术给个人征信市场带来的影响，在依法加强行业监管的同时，在基础数据供给上加大力度，促进大数据个人征信与传统征信齐头并进、互相配合、有序竞争。对于数据交易市场，相关政府机构应当从打击非法数据交易产业链入手，强化掌握个人数据机构的内部治理和数据安全管控，在充分保护个人隐私的前提下，规范、引导合法的数据交易，防止“劣币驱逐良币”的现象发生。其次，在法律法规尚不健全的情况下，大数据征信机构应加强自律，主动采取措施保护个人隐私，维护自身及行业的权威性和社会影响。在产品设计上，构建一个类似美国 FICO 的可被广泛采用的信用评分体系，解决隐私保护问题；建立企业自律组织，发出倡议或公约，提倡保护用户隐私；组建企业保护个人隐私联盟，推动隐私保护认证，发挥行业组织的作用；梳理企业内部可能泄露隐私的风险点，强化企业内部管控；完善技术保护工具，更新技术保护理念。最后，信息主体对个人信息控制权的实现，还须对隐私政策以及为实现这种控制而设计的程序规则有正确的理解。政府及相关社会机构应当发挥积极作用，通过典型案例等方式，让公众了解隐私泄露的途径和方式；将隐私保护纳入个人数据管理的范畴，坚持从小抓起，培养并提高青少年的隐私保护素养；通过展示、案例、媒体曝光等形式让公众了解最新的隐私泄露途径，提供可选择的隐私保护手段和方法，为公众实现个人隐私的自我保护提供科学合理的路径和方式。

（资料来源：孔德超：《大数据征信与个人隐私保护》，《中国社会科学报》2017 年 5 月 17 日。笔者略做删减和改动。）

第五章
“信用应用”视角下的北京社保公共服务经办体系建设

第一节 社会信用服务概念

社会信用服务是社会主体从事经济和社会活动的客观需要，也是保障社会信用体系正常运行的“润滑剂”。

一、信用服务

信用服务是指从事数据收集、信用报告、信用调查、信用评级、信用评价、信用咨询、信用管理、信用修复、商账追收、信用保险、信用担保、保付代理等业务活动（汪育明，2020）。

目前，我国已形成公共信用服务与市场信用服务并存、以公共信用服务为基础和主导、以市场信用服务为主体的信用服务体系。依据实施信用服务的主体性质不同，可以分为六种类型：①以国家公共信用信息中心负责管理的国家信用信息共享平台和以“信用中国”网站为核心、地方信用信息共享平台及信用网站为依托的平台体系和由网站集群提供的公共信用信息服务。②以央行征信中心负责管理的国家金融信用信息基础数据库为依托提供的金融征信服务。③以第三方信用服务机构为主体开展的市场化、商业化信用信息服务。④以新华信用、人民信用为代表的媒体开展的信用信息服务。⑤以大数据科技公司为代表开展的信用服务。⑥以邓白氏、标准普尔为代表的外资信用服务。

此外，还有以社会保障、市场监管、税务、海关、环保为代表的政务部门依据其行政职能所开展的行业信用评价。

二、信用服务机构定位

“政府推动，社会共建”是中国社会信用体系建设的重要特征，即“充分发挥政府的组织、引导、推动和示范作用。政府负责制定实施发展规划，健全法规和标准，培育和监管信用服务市场。注重发挥市场机制作用，协调并优化资源配置，鼓励和调动社会力量广泛参与，共同推进，形成社会信用体系建设合力”。

开展社会信用体系建设，必须同时发挥政府的主导作用与市场的基础作用，二者缺一不可。我国应当探索出一条既能充分发挥政府的组织、引导、推动和示范作用，又能充分发挥市场优化资源配置、充分竞争、优胜劣汰机制作用，鼓励和调动社会力量，广泛参与，共同推进，形成社会信用体系建设合力，政府与市场共创共建、共享共用、互利共赢的道路，创造出具有中国特色的社会信用体系建设的崭新模式。

三、信用服务机构在信用建设中的作用

一是为市场提供信用产品和服务，满足信用市场需求。为市场提供信用产品和信用服务是信用服务机构的主要业务，也是信用服务机构赖以存在的基础。发挥信用服务机构的作用，推动信用产品和信用服务的开发创新和广泛应用，有利于激发信用服务市场活力，培育和发展信用服务市场。

二是培育发展信用服务机构，充分发挥信用服务机构作用，有利于加快形成市场化信用服务与公共性信用服务互为补充、市场信用信息与公共信用信息相互交融、信用信息基础服务与增值服务相辅相成的多层次信用服务体系。

三是完善政务诚信评估体系，针对政务诚信建设引入第三方评估机构，发挥信用服务机构外部制衡机制作用，有利于提高评估结果的客观性和公正性。

四是发挥信用服务机构的作用，有利于规范市场经济秩序、防范化解信用风险，提高市场运行效率、降低市场交易成本、改善营商环境、维护社会和谐稳定。

五是协助政府开展行业信用监管。政府引入信用服务机构参与重点行业信用建设和信用监管，有利于推动“放管服”改革，为构建以信用为核心的新型市场监管体制提供市场化、专业化力量支持。

六是参与信用法律体系、信用目录体系和信用标准体系建设。信用服务机构可以利用自身的专业优势、技术优势、人才优势和经验优势，积极参与信用法律体系、信用目录体系和信用标准体系建设。

七是培育发展信用服务机构，利用信用服务机构的人员、技术、服务优势，有利于促进政府和市场共建共创、共享共用、互利共赢，形成社会信用体系建设强大合力，有利于提高政府行政效率，更好地发挥“守信联合激励，失信联合惩戒”机制作用，约束遏制不良信用行为发生，保障诚实守信者获得更大的利益，营造良好的社会信用环境，维护经济和社会秩序，促进社会文明进步。

第二节 社会信用应用理论概要

信用信息应用是实现信用信息价值和使用价值的最终环节。

一、信用信息应用

信用信息应用是指社会主体使用信用信息的活动及其信用信息使用价值的实现过程。信用信息的使用价值主要体现在以下几个方面：信用信息是开展信用服务活动的最基本数据，是揭示和防范信用风险的有效工具，是从事经济和社会活动的决策参考，是信用主体从事经济和社会活动的信誉资本，是开展信用惠民与利企服务的数据依托，是以信用为基础的新型监管机制的数据支撑，是守信激励与失信惩戒的重要依据，是发展数字经济的大数据资源，是实现社会治理现代化的数据支持。

二、信用信息应用意义

信用信息应用是信用信息流程链条上的关键环节，也是社会信用体系建设的重要内容。信用信息应用的广度和深度，决定了社会信用体系建设的广度和深度。信用信息的采集、存储、加工等环节，都是为应用服务的，只有经过应用环节，信用信息及信用信息产品的价值才能最终得以实现，信用信息及信用信息产品在社会信用体系建设中的重要作用才能得以发挥。

信用信息的采集、存储、加工等环节，决定了信用信息及信用信息产品的使用价值，而信用信息及信用信息产品的应用又作用于信用信息的采集、存储、加工等环节，促进信用信息的采集、存储、加工等环节的发展和提高。有鉴于此，一方面，应当以信用信息归集促进信用信息应用；另一方面，应当以信用信息应用促进信用信息归集。二者有机结合，互相促进，相得益彰。

信用信息应用是守信激励、失信惩戒机制得以运行的必要条件，是实现守信褒奖、失信约束的重要媒介，是对诚实守信、履约践诺行为进行褒扬，对欺骗失信、爽约背诺行为进行约束的重要载体。

信用信息应用是贯彻执行社会信用法律法规，以及保护信用主体合法权益的关键节点。信用信息应用应当实现法治化、制度化、机制化和规范化。为保障信用信息应用，必须建立健全信用信息公开机制、信用信息共享机制、信用状况评价机制。为规范公共信用信息应用行为，应当依法制定公共信用信息应用目录清单。

专栏 5-1

注重拓展深化信用应用

信用信息通过信息系统和数字技术，直接参与资源配置或为资源配置提供支撑，实现信用赋能，提高经济社会运行效率。“十四五”时期，信用应用的更进一步拓展，要从政府带头应用向市场、社会应用多层次推进；从以查询为主的初级应用向形成模式的深度应用延伸；一些相对碎片化的应用探索要逐步被覆盖政府、市场和社会的多样化、体系化应用所替代。

一、政府应用要围绕“放管服”改革，不断探索更加成熟稳定的模式

（一）建立以信用为基础的新型分类监管机制

事前，发挥数据共享和信用报告应用功能，开展信用核查，对失信主体严把入口关，对守信主体提高办事效率；事中，将区域、行业信用评价用于日常检查、专项检查中，确定监管频次和强度；事后，完善联合奖惩系统的发起、推送、响应、反馈应用流程，加大部门协同力度，降低合规成本、提高违规成本。

（二）加强政府应用的精准化和制度化

政府的应用事项与信用信息之间的精准度要更进一步提高。“十四五”时期，政府的信用应用应在信用信息的选择上严守相关性要求；力求在各种失信信息的评价上有相对科学的尺度。同时，结合重点任务和相关领域，推动各部门在总的政策框架下调整优化相关工作流程，相应出台本部门的配套管理办法和实施细则。

二、市场应用要推动有影响力突破，形成对实体经济的有力支撑

市场应用是衡量信用赋能成效的关键领域，但由于数据基础、机构能力、数据安全等因素，服务市场经济发展的重大应用场景还比较少。为此，需要在引导诚信经营、支持金融服务实体经济发展等方面，开展进一步创新探索。

（一）抓好商务领域集成应用

进一步加大政府公共信用数据与市场信用数据的融合、市级综合数据与区级个性化数据的联动互补；推进重点商圈应用，推出重点信用产品应用；扩大行业平台型企业的应用，形成全领域、全行业的广泛带动；积极探索信用应用嵌入政府监管的流程环节，支撑政府决策的预警预判，打造新

型监管方式，不断推进平台的运行模式和功能创新。

（二）赋能小微企业融资

融资服务是信用应用的传统领域和重点领域。公共信用尤其要重视赋能小微企业。从政策推动看，信易贷平台的建设是一个重大抓手。信易贷平台具有供给需求联动、多元数据融合、综合政策支持、各类服务一站式的功能。“十四五”期间，平台在实现融资服务方面必将发挥更大作用。要持续加强信用数据归集、治理和动态更新，形成多源多层数据集成，吸纳各类支持应用的特色数据；要积极协调推动相关产品和服务嵌入“一网通办”总门户、市民办事 App 等，逐步形成统一渠道；要加强各级政府部门支持，实现政府政策支持措施在平台的汇集；要带动信用服务机构发展，营造良好生态，切实扩大影响，发挥更大作用。

三、打造群众得实惠的社会应用场景

社会发展领域要形成党委领导、政府负责、民主协商、社会协同、公众参与、法治保障、科技支撑的社会治理体系。其中，以数字化、网络化、智能化为特征的现代科技对城市社会治理赋能具有重要意义，而信用是其发挥作用的重要抓手和体现。

（一）通过信用大数据支持构建社会治理新格局

基于信用大数据的统一归集和有效整合，运用可视化分析、人工智能算法等技术，更加直观、及时、有效地发现社会治理中的诸多问题及其背后规律，提升社会治理的科学化、精准化水平。要充分总结“十三五”经验，进一步拓展信用信息来源，加强同其他数据的整合、联动，夯实数据基础，优化算法模型；要选择人口流动、敏感场所治理等社会关注度高的领域创新重点应用；进一步推动数据嵌入工作流程，实现社会治理的资源合理配置和事项精准处置。

（二）聚焦民生重点领域，打造信用产品

民生服务领域是信用贴近群众的重要领域，“十三五”期间这方面的总体应用不多，需要更多作为。围绕家政、租房、就业等民生重点领域打造“查保姆”“查房东”“找工作”等便捷应用，推动应用功能模块更为便捷地为市民所触达；加强同行业协会、行业龙头企业的合作，丰富数据来源、拓展行业影响力，营造守信激励、失信惩戒的社会氛围。

（资料来源：余文凯：《“十四五”时期深化社会信用体系建设若干问题的思考》，《科学发展》2021 年第 1 期。笔者略做删减和改动。）

第三节 北京市信用信息的实际应用

北京作为我国的首都和政治、经济、文化中心，在社会信用体系建设方面积累了大量先进的经验。

北京市政府在信息化建设方面较为领先，已陆续建成了综治平台、环保平台、安全生产平台、食药监平台、公共资源交易平台和投资项目在线审批监管平台等信息平台；在这些平台上已经积累了大量各行业各部门的信息，通过建成投用的公共信用信息服务平台，将各平台信息充分聚合，实现了公共信用信息的集中管理。在政府部门进行日常监管和服务的过程中，将各项信用信息作为依据进行评价，同时面向社会全面开放公共信用信息的公开与查询服务。

政府部门还通过平台将由其形成的信用信息和社会信用机构掌握的信用信息互为补充，为政府部门建立守信联合激励和失信联合惩戒机制创造了基本条件。

面对社会上出现的一些群众投诉举报较多、对社会公众的安全和利益构成严重威胁、对经济社会发展产生负面效果的信用缺失问题，北京市采取专门措施积极应对，建立了分类监管和信用评价制度以及政府部门联合奖惩协同机制，以信用为核心，形成了政府部门联动、行业组织自律、信用服务机构参与、社会舆论监督的共同治理新格局和创新型市场监管体制。

由于政府是社会信用体系建设的主体，因而北京市高度重视自身政务领域的诚信建设，建立了政府部门守信践诺机制，政务领域诚信监督体系也已基本建成，其中包括政府专项督导、部门横向监督、社会普遍参与监督等多种方式，并将政务诚信纳入政府绩效考核。就政府部门而言，在重点领域，如政府采购、招商引资、PPP、招投标等领域加强诚信建设力度。对基层而言，持续加大对街道乡镇政务信息、财务信息的公开力度，并且在对街道乡镇进行绩效考核时增加对街道乡镇日常守信践诺行为的考核比重。对各级政府部门和公务员而言，加大对失信行为的曝光和惩处力度，以政务诚信新气象带动社会诚信达到新高度。

于社会而言，诚信不能仅仅存在于政府的监管和市场的运行之中，更要根植于公民的道德水平和社会主义精神文明之中。北京市将诚信企业、诚信个人、诚信群体的先进事迹，通过新闻媒体和社会舆论进行广泛宣传和深入褒扬，提高社会各界对诚实守信的高度认同，同时也对那些因失信而造成恶劣社会影响和情节严重的行为进行深度披露和严厉谴责，以此为反面案例加强警示教育，不断增强全社会的诚信意识和诚信观念。

为确保社会信用体系建设的持续推进，北京市研究制定并发布了公共信用信息管理办法，加强对政府部门信用工作考核和评估，通过人大进行地方立法，将社会信用提升到了法治的高度。为保证相关工作能够依法依规组织开展，北京市研究提出了完善公共信用信息管理、促进征信行业发展、信用评价评分、信用分类监管、信用联合奖惩等一系列信用监管措施，同时充分发挥社会信用体系建设联席会议制度作用，确保社会信用体系建设的各领域各项工作全面落实（罗冠峰，2019）。

一、北京市社会信用体系建设概况

2016 年，北京市已在全国城市信用环境监测结果中排名第一。近年来，北京市社会信用体系建设继续呈现较快进步趋势。

（一）信用政策法规制度逐步完善

北京市认真贯彻落实国务院《社会信用体系建设规划纲要》和建立完善信用联合奖惩制度、加强政务诚信建设、个人诚信体系建设等文件精神，相继印发了《关于建立完善信用联合奖惩制度加快推进诚信建设的实施意见》《北京市加强企业信用体系建设第二阶段行动计划》《关于支持人民法院解决执行难增加司法公信力的意见》等指导性文件，编制了《北京市行政机关归集和使用公共信用信息办法》草案和《公共信用信息目录》，组织第三方机构开展了 16 个区和 12 个重点领域信用环境状况监测工作，并对联席会议各成员单位年度重点任务完成情况开展了绩效评估考核，确保了各项工作任务的有效落实。

（二）公共信用信息服务平台基本建成

北京市在个人、企业、社会组织和事业单位法人信用信息系统的基础上，建设了全市统一的公共信用信息服务平台。截至 2020 年，平台已归集了 55 个部门的 8 000 余万条企业信用信息、27 个部门的 1. 38 亿条个人信用信息、9 900 余家社团组织的信用信息、1. 1 万家事业单位的信用信息，依法向社会提供了信用信息的查询和公示服务，实现了政府部门间信用信息的共享和应用，实现了与“信用中国”网站和国家平台的对接；并依托信用平台建立了全市行政处罚和行政许可等信息“双公示”机制，完成了 140 余万法人和其他社会组织统一社会信用代码的转换和赋码工作，有力支撑了“放管服”、“随机抽查”和“扩大服务业对外开放”等相关工作。

（三）信用联合惩戒机制基本建立

北京市高法、工商局、税务局等部门先后印发了对失信被执行人、严重失信企业、税收违法案件当事人的联合惩戒备忘录，对严重失信主体采取了限制参加政府采购、限制任职资格、限制出境、限制高消费、限制取得生产许可证等惩戒措施，取得了良好的社会效果。据不完全统计，全市已累计将18万家次企业列入异常经营名录，限制任职资格1 653人次；累计将65家次企业列为重大税收违法案件当事人，将123名法定代表人列为限制出境对象，并实际阻止出境26人次；累计将10万余人次列入失信被执行人“黑名单”，并实际阻止购买高等级车票2万余人次；冻结违法建设当事人房产3 665处。截至2018年，在北京市联合惩戒机制的威慑下，17%的“老赖”已自动履行义务或达成和解，近50%的重大税收违法当事人补交了税款，21%的违法建设当事人已自动拆除违法建筑。

（四）行业和领域创新试点示范持续推进

北京市住建委已与国家建筑市场诚信信息平台实现了对接，对工程监理企业及注册监理工程师、质量检测机构开展了市场行为评价和信用差别化管理。北京市旅游委不断完善旅游行业信用信息网，加大了对旅行社、等级景区、星级饭店、导游等“黑名单”的公示力度。北京市民政局印发了《社会组织信用信息管理暂行办法》，建设了信用信息公示系统，委托第三方机构开展了社会组织信用评价。怀柔区在全市率先开通了社会信用信息服务平台，建设了“信用怀柔”网站，实现了政府部门间信用信息的共享和应用。海淀区被国家发展改革委批准为全国信用建设创建示范城区，开展了创新示范。深入推进京津冀社会信用体系合作共建工作，三地共同召开了第二届京津冀信用合作共建研讨会，签署了《京津冀合作共建工作要点》，建设了“信用京津冀”专栏，实现三地信用信息平台的对接和企业信用信息的共享。

（五）信用服务的社会感知度不断提升

面向社会开通了个人公共信用信息的免费查询服务，推进了公共信用信息在部分商业银行和互联网金融服务平台的应用；将企业公共信用信息纳入了百度公司互联网外卖平台，依据信用状况清退不良企业，加强了行业自律。推动了公共信用信息在蚂蚁金服信用评分中的应用。对信用分值高的市民提供优惠租车、免费借用雨伞、电池和图书等便民服务。加强了与公共企事业单位合作，将一批严重拖欠费用的用户信息纳入了市公共信用信息服务平台，扩大了征信覆盖范围。此外，北京市还持续开展了“信用北京”论坛、“3·15”国际消费者权益日、征信知识宣传周、诚实做人守信做事、企业诚信创建活动等诚信主题教育实践活动，不断提高公民的诚信意识，提升社会的感知度。

二、北京市信用信息应用《实施意见》的主要内容

2017年3月31日，北京市政府印发了《关于建立完善信用联合奖惩制度加快推进诚信建设的实施意见》（以下简称《实施意见》），明确了北京市诚信建设的指导思想、建设目标和重点任务。《实施意见》主要包括总体要求、重点任务、保障措施三个部分，从六个方面提出了20项重点任务。一是夯实诚信建设基础，主要包括完善信用信息归集机制、完善信用信息共享应用机制、完善信用信息公开机制和完善跟踪问效责任机制；二是强化诚信行为激励，主要包括对诚信市场主体实施行政性、市场性和社会性激励措施；三是加大失信行为惩戒力度，主要包括对严重失信主体采取行政性、市场性和社会性惩戒措施；四是建立信用联合奖惩制度，主要包括建立奖惩措施清单制度、规范信用红黑名单制度、构建联合奖惩协同机制、健全权益保护和信用修复机制；五是开展诚信建设创新示范，主要包括开展政务诚信建设创新示范、开展重点行业领域诚信建设创新示范、开展京津冀诚信建设区域合作创新示范；六是积极推进诚信文化建设，主要包括大力弘扬诚信文化、全面开展诚信教育、深入开展诚信主题活动。截至2021年，《实施意见》中的目标基本达成：全市所有公共信用信息依目录归集至市信用平台，依法可公开的归集信息全部向社会公开，重点行业领域监管平台与市信用平台互联互通，信用联合奖惩机制全面覆盖重点行业领域，信用联合奖惩制度基本健全，实现信用信息跨地区、跨部门、跨领域归集、共享、公开和应用，形成政府部门协同联动、行业组织自律管理、信用服务机构积极参与、社会舆论广泛监督的共同治理格局。

三、北京市信用信息应用的重点工作任务

（一）加快推进信用政策法规制度建设

由市政府法制办牵头，会同市经信委和市工商局，加快完善公共信用信

息管理办法草案，尽快提请市政府审议。由市经信委牵头，启动社会信用条例立法工作，印发实施统计、食品药品、安全生产、质量监督等领域信用联合惩戒备忘录。

（二）完善公共信用信息服务平台建设

由市经信委牵头，建设完成全市统一的公共信用信息服务平台，完善"信用北京"网站服务功能，建立健全信用信息查询和应用机制，为企业、个人和信用服务机构等查询和使用提供便利。各区政府、各行业主管部门都要建立本区域和本领域的信用信息采集系统和信用信息公示网站，全面落实"双公示"制度，加快推进个体工商户社会信用代码的换照赋码工作。

（三）深入开展重点领域信用体系建设

以食品药品、安全生产、环境保护、产品质量、医疗卫生、劳动保障、电子商务、互联网等 19 个领域为重点，以 14 类重点职业人群为主要对象，加快完善本领域信用信息记录，探索建立信用分类监管和协同监管制度。支持海淀区做好国家信用示范城区的创建工作，为全市信用体系建设起到示范引领作用。加快京津冀信用合作共建工作，推进建立区域统一的信用奖惩联动机制。

（四）大力提升信用联合奖惩协同能力

各行业主管部门都要将市公共信用信息服务平台信用信息的查询和使用，嵌入各部门的行政审批和日常监管流程，做到应查必查。依托全市统一的信用联合奖惩系统，按照行政性、市场性、社会性联合奖惩的要求，加大对诚信典型和严重失信主体的联合激励和联合惩戒力度，同时依据相关法律法规和政策规定对相关责任人一并采取联合惩戒措施，确保联合惩戒措施落实到人，形成政府部门协同联动、行业组织自律管理、信用服务机构积极参与、社会舆论广泛监督的共同治理格局。各区政府要督导所属部门，认真做好信用联合奖惩机制的落地工作。

（五）丰富公共信用信息的社会应用

积极挖掘信用信息的经济价值和社会效益，加快培育和发展信用服务市场，创造更多的信用应用需求和场景。推动金融机构使用公共信用信息，促进中小企业融资。开展市民诚信积分激励工作，在交通出行、商业消费、休闲旅游等方面为市民提供信用便捷服务。鼓励各部门将信用信息融入公共服务和市民生活，实施信用惠民举措。

（六）深入开展诚信宣传教育和培训工作

持续开展诚实做人守信做事、征信知识宣传周等主题活动，继续开展企业诚信创建活动。支持各部门结合自身职能，持续开展形式多样的诚信主题宣传教育活动。鼓励各行业协会、商会等社会组织，加强行业诚信自律宣传教育，开展信用业务培训活动，努力营造诚实守信的社会氛围。

四、北京市社会信用体系建设三年行动计划

计划从2020年到2022年，基本形成以信用为基础的新型监管和治理机制，信用监管政策制度和标准体系比较完备，信用数据共享机制日臻完善，信用监管科技化、智能化水平显著提升，信用监管方式在重点行业和领域得到充分应用，在提升对市场主体服务和监管水平、降低监管和治理成本、改革优化营商环境、提高社会治理能力等方面成效显著，社会诚信意识普遍提升。

（一）夯实信用建设基础

1. 完善信用信息归集机制

依托市大数据平台，加快市公共信用信息服务平台二期建设，完善全市统一的信用联合奖惩信息管理系统，实现与各行业业务系统的嵌入式对接。基于大数据目录区块链，制定全市统一的信用信息采集和分类管理标准，编制《北京市公共信用信息目录》。完善与信用服务机构、金融机构、社会组织等各类社会主体的信用信息共享合作机制，促进公共信用信息和社会信用信息融合互动。

2. 全面建立信用信息记录

各有关部门在办理注册登记、进行资质审核、开展日常监管、提供公共服务等过程中，以统一社会信用代码为标识，及时、准确、全面记录市场主体信用行为，特别是将失信记录建档留痕，形成完整的市场主体信用记录，做到可查、可核、可溯。建立信用信息异议处理机制，由信息提供单位对异议信息进行核实，经核实有误的信息应及时更正或撤销。在保护公共安全、国家秘密、商业秘密和个人隐私的前提下，依法依规公开信用信息。

3. 优化信用信息社会化服务

进一步优化完善“信用中国（北京）”网站、市企业信用信息网，为信用服务机构、社会公众提供信用信息查询服务，不断丰富服务方式，拓宽服务渠道，重点披露失信被执行人、行政许可、行政处罚、经营异常名录、严

重违法失信企业名单、商品质量等信息。依托市大数据平台，进一步完善市企业信用信息网的企业信用信息归集、共享机制，拓展信用信息服务场景，为市场主体和社会公众提供便利的企业信用信息服务。

4. 建立健全信用信息自愿注册制度

在“信用中国（北京）”网站和市企业信用信息网开发市场主体信用信息自愿注册功能，研究制定鼓励市场主体自愿注册信用信息的激励措施。各有关部门应引导市场主体自愿注册资质证照、市场经营、合同履约、社会公益等信用信息；市场主体应对信息真实性做出公开承诺，并授权网站对相关信息进行整合、共享与应用。

（二）创新事前环节信用监管

1. 建立健全政务服务事项信用承诺制度

在除直接涉及国家安全、公共安全和人民群众生命健康以外的行业、领域，推行政务服务事项办理告知承诺制，编制《告知承诺事项清单》，对清单中的事项应一次性告知申请人办理条件、标准、技术要求、所需材料；申请人以书面（含电子文本）形式承诺其符合办理条件，并承担违反承诺的相应后果后，有关部门依据告知承诺书直接做出同意决定。建立行政许可容缺受理机制，各有关部门根据实际情况，对于申请人信用状况较好、部分申报材料不齐备但书面承诺在7个工作日内提供的，应先行受理。各类违诺失信行为信息应当纳入信用记录，作为事中事后监管的重要依据。

2. 推动自律性信用承诺制度建设

支持行业协会商会和社会组织建立健全行业内信用承诺制度，积极引导市场主体主动做出综合信用承诺或产品服务质量等专项承诺，并将签署的信用承诺书向社会公开，接受社会监督。

3. 建立完善经营者准入前诚信教育制度

各有关部门应制定本行业领域经营者准入前诚信教育制度，充分利用各级各类政务服务窗口，广泛开展市场主体守法诚信教育。为市场主体办理注册、审批、备案等相关业务时，适时开展标准化、规范化、便捷化的法律知识和信用知识教育，提高经营者和重点岗位职业人群依法经营及诚信执业意识。开展诚信教育不得收取费用，不得作为市场准入的必要条件。

4. 积极推广信用报告应用

引导各类市场主体在生产经营活动中更广泛、主动地应用信用报告。在政府采购、招标投标、行政审批、市场准入、资质审核等事项中，充分发挥公共信用服务机构和第三方信用服务机构出具的信用报告作用。按照国家统一部署，推动信用报告结果实现异地互认。

（三）加强事中环节信用监管

1. 建立完善信用分级分类监管制度

各有关部门研究制定以信用为基础的分级分类监管制度，编制本行业、本领域的信用评价指标体系、信用分级分类标准等。依据市公共信用信息服务平台形成的公共信用评价结果，利用多渠道归集的信用信息，结合行业管理数据，对监管对象进行信用分级分类，在“双随机、一公开”等监管工作中采取差异化监管措施。

2. 研究制定信用监管信息公示制度

在行政许可、行政处罚信息集中公示的基础上，研究推进行政强制、行政确认、行政征收、行政给付、行政裁决、行政补偿、行政奖励和行政监督检查等其他行政行为信息 7 个工作日内公开公示；推动在司法裁判和执行活动中应当公开的失信被执行人、虚假诉讼失信人相关信息通过适当渠道公开，在不危及国家安全、公共安全、经济安全、社会稳定，不侵犯商业秘密、个人隐私的前提下，做到“应公开、尽公开”。

3. 探索建立重点关注对象名单制度

在重点行业和领域对存在失信行为但尚未达到失信联合惩戒对象认定标准的市场主体，探索建立重点关注对象名单制度和相关管理规范，实施与其失信程度相对应的监管措施。

（四）完善事后环节信用监管

1. 完善信用联合奖惩机制

完善信用联合奖惩对象名单管理办法和全市统一的信用联合奖惩对象清单、行为清单、措施清单。各有关部门应依法依规对信用联合奖惩对象分别采取激励性、惩戒性措施，对与人民群众生命财产安全直接相关的重点领域实施严格监管，视情节在一定期限内实施市场和行业禁入措施。鼓励和引导行业协会商会、社会组织、商业机构等为信用状况良好的市场主体提供行业性、市场性激励措施。

2. 建立完善信用修复制度

对于完成信用修复的失信市场主体，按程序停止公示其失信记录，终止实施联合惩戒措施。鼓励符合条件的第三方信用服务机构向失信市场主体提供信用报告、信用管理咨询等服务。

（五）组织开展信用监管支撑系列专项行动

1. 开展技术创新驱动专项行动

探索和推动区块链技术在信用领域的规模化应用，构建社会信用区块链体系，形成以数据定义信用的管理与技术体系，充分发挥信用信息记录数据在分级分类监管规则中的应用。探讨利用智能合约机制，实现敏感数据“可用不可见”，以及失去信用数据的有序流动和运转。

2. 开展信用监管大数据应用专项行动

鼓励各区、各部门结合实际，依托国家“互联网+监管”系统和市大数据平台，依法依规与信用服务机构合作，建立信用领域大数据监测机制，提升信用信息数据分析、风险研判预警和应急处置能力。支持各区在基层治理、商圈发展等方面深入应用大数据开展信用监管。

3. 开展行业组织和信用服务机构协同监管专项行动

支持行业协会商会开展行业信用建设和信用监管，加大行业失信惩戒力度，根据企业失信情节轻重在行业内实施通报批评、公开谴责、不予接纳、劝退等惩戒措施。鼓励行业协会商会建立会员信用记录，开展信用承诺、信用培训、诚信宣传、诚信倡议等活动。引导行业协会商会与信用服务机构在信用记录归集、信用信息共享、信用大数据分析、信用风险预警、失信案例核查、失信行为跟踪监测等方面开展合作。推动征信、信用评级、信用保险、信用担保、履约担保、信用管理咨询及培训等信用服务发展。

4. 开展个人诚信体系建设与守信惠民专项行动

探索依据个人公共信用信息，构建个人诚信激励机制，鼓励各行业和领域面向重点岗位职业人群等开展试点应用。支持社会机构开展信用+医疗、信用+交通、信用+消费等惠民创新应用，促进个人诚信激励机制在公共服务、市场交易、社会生活等领域拓展应用场景。

5. 推进京津冀信用监管协同机制建设

以交通、旅游、生态环境等行业领域为重点，推进京津冀统一的信用监管政策制度和标准体系建设，加强信用监管信息共享，支持社会机构合作建设“京津冀信用科技实验室”，促进信用评价和分级分类监管、信用惠民便企服务在京津冀区域的联合创新应用。

第四节 北京社保公共服务经办体系的职责定位

北京社保服务经办机构是对养老、医疗、失业、工伤、生育保险实施有效管理和提供规范、便捷、安全服务，以保证单位和个人或受益人利益最大化的专门机构，是社会保险法律法规和政策的执行机构，是服务型政府的窗口之一。

上述职责要求社保服务经办机构具备较强的公共服务执行能力，即为社保制度长期可持续发展，将法律法规及制度政策具体落实到广大参保单位和参保者的各种服务手段、条件、环境、措施和办法，包括机构组织管理能力、业务经办执行能力、管理人员业务操作和素质提升能力、业务经费保障能力、信息网络技术支持能力和社会化服务能力。

提升社保经办机构能力水平，需要从机构重构和技术改造两方面入手，打造与服务型政府理念相吻合、与未来社保基金统筹层次相适应的组织体系和业务流程。结合服务型政府建设，首都北京社保服务经办机构的近期和远期发展目标如下。

一、近期目标：强身健体（2010—2020 年）

一致行动，打造新型社保服务经办机构。统一目标、统一规划、统一行动，树立社保服务经办机构新形象，强化组织、规范规则、简化流程、建立富有激励性的考评和薪酬制度，借鉴公司组织弹性，实施岗位、人员和预算的三元战略，打造新型社保服务经办机构。

二元整合，建设城乡一体化社保服务经办体系。伴随城乡一体化社保体系的整合进程，社保机构的执行力应在纵向和横向两个维度上得到加强。纵向上应提高社保基金统筹层次，将养老保险基金向全国统筹转变，医疗保险、生育保险和工伤保险向省级统筹转变，并建设与之相适应的社保组织体制、运营机制和服务系统。横向上应从内部管理到外部服务，整合险种经办，淡化条块分割，做到五险信息共享，利用“互联网+”实现社保信息流和资金流的全过程管理，实现一站式服务。

三位一体，淡化参保人身份。三位一体，包括公务员、事业单位职工和企业单位职工（包括灵活就业人员）小三位一体管理和服务系统的整合，以及雇员、自雇人和居民大三位一体的管理和服务系统整合。与此同时，伴随《中华人民共和国社会保险法》及相关政策的完善，建立统一经办城镇企业职工、机关事业单位职工、农村社保以及城乡居民的社会保险计划的内部管理和外部服务系统，并逐步提高执行能力。

五险合一，信息共享和机构整合。五险合一主要是指为方便参保人而进行的横向业务整合，包括信息共享和适度机构整合。信息共享指实现五个险种的参保登记、征缴核定和增减、转移变动都在一个窗口办理，由一个经办机构管理，从而实现统一单位编号、统一缴费基数，一个机构管理，实行一票征收，避免对参保人信息进行重复记录和操作。机构整合主要是通过合理设置内部机构，基于统一的信息中心、内部稽核、客服管理和社会服务机构，整合五险管理系统和支持统一服务派送流程。

加快信息系统建设。统一数据标准和技术标准，促进联网和数据共享，方便社保关系转移接续，实现社会保险一卡通。预留接口，与服务型政府公共服务派送系统对接，为其发展奠定基础。

二、远期目标：大社会保障体制（2025 年前后）

大社会保障管理体制下的联席会议制和公共服务网（公共服务集中派送）是服务型政府建设的高级阶段。国家应整合人力资源和社会保障部、民政部、住房和城乡建设部、财政部的职能，建立国家社会安全和社会保障协调机制，如联席会议制。联席会议制不是一般性的政府会议，而是在首席执行官和问责制之下发生的，具有财政预算分配、公共服务职能分配、公共服务绩效考核和奖励功能的效能型行政运营机制。基于政府相关部门的大社会保障联席会议制，以及其他领域的同类制度安排（如大卫生联席会议制），一个社会服务网将应运而生。

设立国家社会保障总局，下设社会保险局。在社会建设和社会治理过程中，国家应设立国家社会保障总局。国家社会保险局则是国家社会保障管理体系内最重要的分支（如图 5-1 所示），管理项目最多、覆盖人员最广、基金规模最大且专业性较强。

国家社会保障总局就如下事务进行综合管理和提供服务，由此形成公共服务网：①社会保险，即根据国家社会保险法律以及人力资源和社会保障部、民政部、财政部等决策机构的相关政策和发展规划，就国家基本养老保险、国家基本医疗保险、生育保险、失业保险、工伤保险等计划实施管理和提供服务；②社会福利，即根据国家社会保障法律和民政部门的福利政策，就城乡居民生活保障服务系统，覆盖社会优抚、最低生活保障、社会救助、城市收容、老年服务等福利计划实施管理和提供服务；③住房保障，即根据国家住房保障法律和住房和城乡建设部的政策，就住房公积金、经济适用房、廉租房等计划实施管理和提供服务。

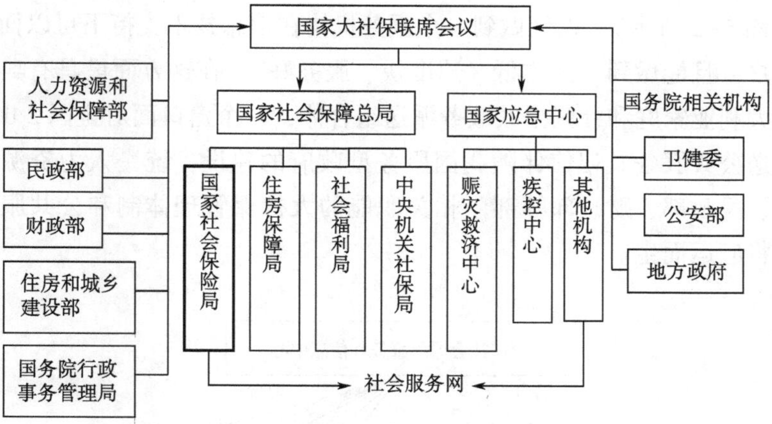

图 5-1 未来国家大社保组织结构和社会服务网展望

届时，国家社会保险局将作为国家社会保障总局的分支机构，基于全国统一的社会保障信息系统和公共服务网，操作社会保险事务的管理和服务；此时，社会保险经办机构要做到与相关社会保障项目连接（甚至包括居民日常生活理财项目），实现宽带连接，将社会保险服务纳入政府公共服务系统。

第五节 北京社保公共服务经办管理体系

综上，基于构建服务型政府理念，比照工商、税务行政管理体系和地方市民政务服务体系经验，建议在中央层面设立国务院直属的国家社会保障总局，接受人力资源和社会保障部业务指导，专门负责为参保人提供社会保险公共服务（如图 5-1 所示），在财政预算、组织人事、管理体制、运营机制、操作流程、财务报告、信息披露等方面具有相对独立性，并直接面对社会公众。由于目前社会养老保险只是实现了省级统筹，因此省级社保经办机构可以称社会保险局，省级以下应统一更名为社会保险中心，基层社保服务窗口可整合并入当地公共服务覆盖体系之内，采取多种方式（如市民服务中心或社区服务中心）提供社保公共服务。

如此重新理顺的社会保险管理体制，有利于提高政府公共服务效能。服务型政府的本质是效能政府，就是要运用信息技术，动员和整合社会资源，理顺管理体制，改善运行机制，有效提供公共服务，形成公共服务网。所谓公共服务网，是指在“互联网+”技术支持下，有效的公共服务供应链应呈现“后台管理向上集中，前台服务向下分布，减少中间环节”的正三角形战略结构（如图 5-2 所示），以便做到一个服务机构在信息技术支持下可以面对成千上万客户，且能做到“成本低、速度快、服务好”。在这方面最具有典型意义的是澳大利亚家庭和社区公共服务派送组合体，一个窗口面对全国 2 000 多万人口派送公共服务。相信伴随我国服务型政府的建设，统一人力资源和社会保障部、民政部、财政部等部门相关职能的大社保管理体制和公共服务派送机制也将应运而生。

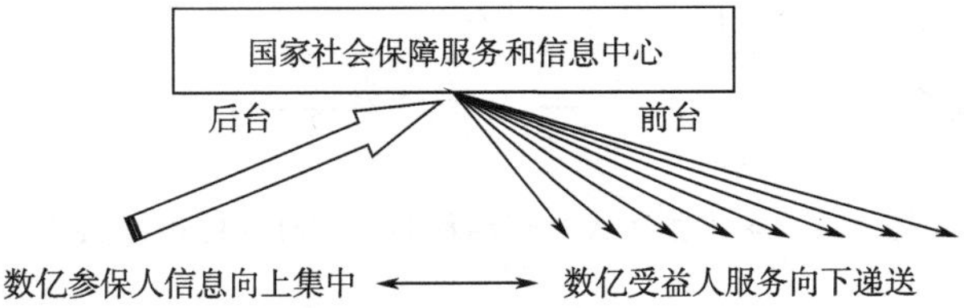

图 5-2　社会保险管理服务运营机制

社会保险制度安排包括三个环节和一个线条。三个环节即资金筹集、基金管理和待遇支付，一个线条即钱，包括找钱、管钱和花钱。社会保险是社会契约下的风险储蓄俱乐部（准公共品），即权益计划；伴随资金发生的是权益记录，如工龄、缴费年限和缴费金额等。

社会保险管理的核心内容即参保人和受益人的信息流和资金流，包括信息和资金的筹集和保管、上传和下解。如果筹集和保管环节出现断裂，支付受益人待遇将无据可依，影响受益人权益保障（如退保行为）；如果上传和下解环节出现阻力，参保人和受益人便无法转移和携带自己的权益记录和账户资金（如携带难）；如果这两个环节都出了问题，社会保险制度将无法正常运行，这是谁都不希望出现的结果。之前的上海社保基金案和广州退保案影响了社保机构的形象，这类事件的发生的根源还在于组织体制和运行机制的缺陷。

社会保险管理的资源整合目前存在如下问题：一是社保机构组织设置比

较复杂，纵向涉及中央、省和地方的责权关系，以及统筹层次的水平；横向涉及各险种之间的联系及不同功能的部门设置与政府部门之间的协作关系。二是社保机构的工作内容也比较复杂，涉及资金征缴、基金管理和运行、受益人资格审查和待遇支付（医疗保险更加复杂，涉及医疗服务机构和社保机构之间结算的技术问题），以及从支付养老金到社区服务等。社保机构的发展战略，即根据“以人为本”和提高效能的原则，围绕信息流和资金流进行组织体制建设和服务流程改造，保证信息流和资金流低成本、高速度地流通。

总之，社会保险经办机构管理体系重构需要分两步走，第一步是内部系统整合，实现五险合一；第二步是外部链接，纳入公共服务系统。

一、五险合一与内部整合

社保经办机构内部整合包括横向业务整合与纵向系统整合。横向业务整合，即指城乡养老、医疗、失业、工伤、生育五个社会保险计划统一操作流程、共享信息，实现“前端合一、中端分离、后端集中”的目标。纵向系统整合，即指从服务窗口、基金统筹到信息管理，减少层级、简化流程、改善机制、整合机构、强化技术支持和共享信息，由此形成一个窗口对外的社保公共服务能力。

（一）五险合一的工作流程

社会保险管理和服务的工作流程包括：前端、中端1（资金流）、中端2（信息流）、返前端、后端。①前端：统一申报、登记和征缴各险保费。②中端1：财务收支两条线，基金统筹管理，从低层级向高层级过渡；个人账户准市场化运行，委托受托人运行。③中端2：五险数据分类保管，业务审核分类管理。④返前端：货币性支付一卡通，辅之以相关社会化服务。⑤后端：支持系统集成化、信息共享管理和个人隐私管理。

（二）五险合一的工作机制

社会保险管理和服务的工作机制应当坚持“前端合一、中端相对分离、后端集成”的基本原则。前端合一包括前期一票征收和后期一站式服务，中端相对分离即指业务分离和机构不分离，后端集成即指统一信息系统和共享数据库。

（三）五险合一的工作机构

在工作流程和工作机制整合的过程中，必然会提出机构整合的要求。一是决策机构的整合。对劳动就业和社会保障实行一体化管理体制或分离管理体制，各国有不同的选择。目前在很多地区，社会保险局、医疗保险局和劳动局仍各自独立存在和运行，未来可能会朝着统一为“人力资源和社会保障局”的方向发展。二是执行机构的整合。通常，决策机构整合在先，执行机构整合在后，执行机构整合不能一刀切，有多种选择，需要分步进行。第一步，社保机构内部同一险种分设机构的整合，例如，养老保险分设机关事业单位处、企业处和农村处，亟待整合为一个处；第二步，社保机构和医疗保险机构的整合，目前医保机构可能是社会保险局的二级机构或者平行机构，整合模式包括绝对统一（1 套班子和 1 个队伍）和相对统一（1 套班子和 2 个队伍）；第三步，社保、医保和就业机构的相对整合，即 1 套班子和 2 个队伍或者 3 个队伍；第四步，中央国家机关社会保障社保机构整合，合并各部委机关老干部管理机构进入人事管理机构，减少职位和编制，建立统一的中央国家机关社会保障局，对接国家社会保障总局和国家社保信息系统，向中央国家机关在职人员和离退休人员提供社会化的社会保障管理与服务。

二、社保机构三级效能运行机制

运行机制是有效发挥组织功能的制度安排，社保机构能力建设应根据服务需求建立效能型运行机制。

（一）社保机构的主要功能

社保机构的主要功能（经办），即参保人信息流和资金流的三级管理，包括前端服务管理、中端基金管理和后端信息管理。

一是前端服务管理目标向下，直达社区。要将社会保险公共服务送到参保人生活和工作的地方，包括社区社保服务中心、社保银行窗口、社区医疗服务、社区就业指导站等。

二是中端基金管理目标向上，直达省级统筹，乃至中央统筹。社会保险基金需要统筹管理，包括实账运行养老保险个人账户基金的集中受托人管理，以确保基金安全、调剂使用，乃至实账运行基金的保值增值。

三是后端信息管理目标集中，直达中央。在城市居民社会保险信息库的基础上，对居民信息进行集约管理，采集居民基本信息，建立国家社会保险信息中心和数据库。一方面，可以方便跨省异地转移社会保险关系；另一方面，可以为国家制定社会保险规划和方案提供完整的、权威的数据。

社保机构应当是政府采集和管理居民信息的权威机构。第一，社保管理和服务涉及居民从出生、就业到死亡的完整信息；第二，要实现人人享有社会保障的目标，必须建立居民征信制度，以强化内控能力，将有限的资金用于最需要的居民，同时防止欺诈和搭便车行为。社保机构建立居民个人信息库和社会保险征信制度，可以与税务、公安、民政等相关部门共享居民信息，减少重复建设成本、预防福利欺诈，提高政府工作效能。

（二）三级效能运行机制

社会保险经办机构管理体系创新，即打造三级效能运行机制（如图5-3所示），强调“服务向前端派送、基金在中端管理、信息向后端集中”的纵向整合原则和目标，由此提高管理效率，缩短需求和服务之间的距离。

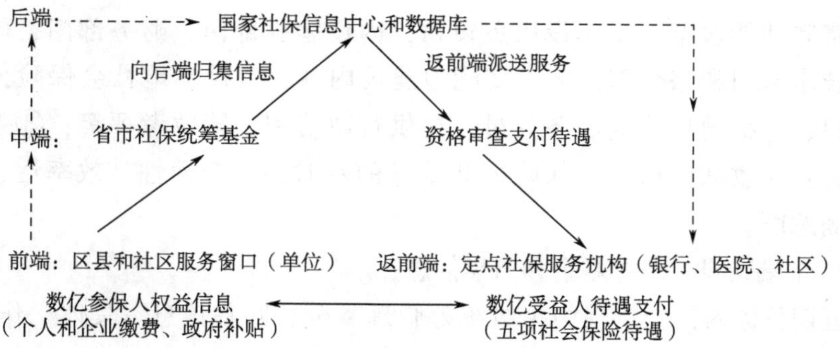

图5-3 社会保险三级效能运行机制的结构和流程

1. 前端建设：服务窗口和管理账户

（1）服务窗口。服务窗口是收发信息、收支资金和管理个人账户的工作地，可以设立在市、区县、乡镇、社区以及用人单位。服务窗口的类型包括：政府服务大厅窗口、网上办公窗口、社区人工窗口（如社保管理员）、定点机构窗口等。具体工作如下：①开展社会保险申报和登记（从单位到个人）、审核社会保险缴费基数、社会保险费征缴、建立个人账户、审核受益人资格和发出待遇支付指令，以及办理社会保险关系建立、中断、转移、接续和终止；②负责养老、医疗、工伤、生育、失业保险有关信息的采集、整理，向统筹机构报送数据，向社会服务机构传送信息；③为参保人建立个人账户，管理个人征信和进行信息交流，包括信息披露、受益人资格审查和结算、待遇支付等；④参与信息系统总体规划的制定、实施和维护社会保险信息标准化建设；⑤组织开展社会保险法律政策的宣传、对参保人和受益人的教育、培训社区社保工作者等。

（2）账户管理。个人账户是社会保险参保人（未来受益人）的权益记录（数据）和财务记录（资金）。社会保险参保人是企业职工、自雇人和居民，他们同时也是社会保险受益人，所以是社保机构的主客户；便于携带和服务一生的管理应当建立在个人账户基础之上，个人是社会保险申报和登记主体。用人单位仅仅是缴费人，不是未来受益人，因而是次客户。

目前，大多数社会保险申报和登记以单位为主体，企业参保职工还属于单位人，代扣代缴代办了职工的社会保险事务。如果转向个人账户式管理，在社会保险申报、登记和建立账户环节将增加很多工作量。以北京市为例，养老保险参保户（单位）为15万，参保人为600万；如果改为面对个人办理社会保险业务，需要多识别的面孔将增加40倍。市、县、乡社会保险中心的职责和功能包括：①建设服务窗口，内设客服部门、财务部门、稽核部门、技术部门和综合部门等；②能力建设内容：建设本地社会保险公共服务窗口，包括聘任公共服务人员、提供行政费用、绩效考评等；③效能考核指标：接收和传送社会保险公共服务的及时性、全面性、效率性、公平性和满意度。

2. 中端建设：统筹基金和归集信息

近期目标内，先实现中央级统筹管理基金和归集信息。具体工作包括：①按国家有关规定对社保机构的财政预算和资金使用进行规划和实施监督；②对社保机构的公务管理人员和技术任职资格、上岗标准、业务培训和服务行为实施管理、监督、评价和奖惩；③组织开展社会保险法律政策的宣传和对参保人和受益人的教育工作；④指导本市社保机构开展社会保险社会化管理服务工作和做好企业退休人员的社会化服务；⑤参与本市社会保险信息系统总体规划的制定、实施和维护工作，指导社保机构的信息标准化建设。

（1）信息管理。全市统一归集和保管社会保险信息，保护参保人和受益人权益，支持携带和转移。具体工作如下：①对本市社会保险数据进行审核、归集，做到全省联网、数据共享；②汇总编制本市养老、医疗、工伤、生育保险基金的年度、季度、月度财务预决算报告；③指导本市各地社保机构信息管理工作，依法上传社会保险数据；④参与本地区信息系统总体规划的制定和实施，改善社会保险信息系统的标准化建设。

（2）基金管理。社会统筹是保障社会保险计划收支平衡和待遇支付的责任机制。在养老保险省级统筹的条件下，省级社保机构对养老保险基金收支平衡和确保待遇支付承担责任；在医疗保险（包括生育保险）、工伤保险、失业保险市级统筹的条件下，市级社保机构对本市医疗保险、工伤保险和失业保险基金收支平衡和确保待遇支付承担责任。具体工作包括：①社会保险基金稽核、审计、自检等风控制度的建立和组织实施；②指导本市社保机构财务、会计、统计工作，建立健全防范欠缴、拒缴、瞒报社会保险费和虚报冒领社会保险待遇的工作程序，以保障社会保险基金安全运行；③管理养老保险个人账户，选择和委托基金托管机构、投资管理机构，监督个人养老保险基金管理的安全性和有效性。

3. 后端建设：制度建设和信息管理

社会保险制度建设包括政策执行、机构建设、信息管理和社会服务。国家社会保障总局的职责和功能为：确保国家社会保险法律政策的执行、指导全国社保机构的工作和能力建设、对社会保险信息和数据进行集中管理，对全国统筹项目和基金实施管理。效能考核指标为：政策执行力、社保机构建设、信息系统建设、社会服务体系建设。

（1）政策执行：国家社会保障总局是社会保险法律和政策的执行机构，主要职责为：①制定社会保险法律和政策在全国范围的执行方案，确保法律政策的公平实施；②制定学习、宣传计划和组织落实；③向国家社会保险法律政策决策部门反馈信息，提出社会保险立法和政策建议；④依法建立社会保险法律执法监督和政策执行监督机制；⑤进行国内和国际的社会保险工作经验交流。

（2）机构建设。国家社会保障总局是社会保险管理和服务行为规则、操作流程和内控措施的制定部门和监督部门，是全国社保机构的带队人，其主要职责为：①研究和制定社保机构发展目标，制定战略措施和行动计划；②研究和制定管理体制、运行机制、操作流程、组织管理等规划和实施方案，并监督实行；③建立外部监督和内部控制规则和制度；④制定操作流程、考核标准、奖惩制度，指导下级社保机构的工作；⑤建立和培育社保机构能力建设的研究机构、培训机构和评价机构。

（3）信息管理。国家人力资源和社会保障部设立“社会保险信息系统建设与管理司”，负责制定信息管理政策和技术标准、推进信息系统建设项目开发、社会保险信息发布等工作。主要职责为：①建立国家社会保险信息中心，对全国社会保险数据进行审核、汇总和分析与预测，做到全国联网、数据共享，与国家有关部门交流信息，为参保人跨省异地携带社会保险关系提供操作平台；②参与制定国家信息系统建设总体规划，制定统一技术标准和信息系统建设项目，指导地方各级政府社保机构改造和维护社会保险信息系统工作，促进信息系统标准化建设，进行社会保险一卡通服务能力建设。

（4）统筹基金。国家社会保险局是全国各类社会保险计划基金收支平衡和安全运行的监督者，是国家社会保险统筹计划基金收支平衡和安全运行的担保者。具体工作包括：①指导全国社保基金的稽核、审计、自检工作，及其风控制度的建立和组织实施；②制定国家社会保险基金调剂计划，指导全国社保机构管理、储存、划拨社会保险基金；③管理全国统筹养老保险基金、数据审核、归集、汇总，进行信息交流和信息披露，保障社会保险基金安全并确保待遇支付。

（5）社会服务。建立和完善社会保险服务项目外包（如建立社保银行、定点医疗机构、社区社保服务站等）和购买服务（银行社保窗口）的运行和治理机制；打造社会化服务体系，做好养老和医疗以及工伤和失业的社会化服务。

第六节　北京社保公共服务体系能力建设

一、公共服务需求和服务型政府建设

信息化和全球化在给企业发展和居民生活带来更多机会的同时也带来了更大压力，为此在企业生产和居民生活的方面亟待建立服务链条（包括公共服务、社会服务和商业服务），并且对这种服务的需求是无穷尽的，此类服务可以降低企业生产和人民生活的成本，从而提高企业竞争力和居民生活质量，这就是建设服务型政府的社会背景。

社会保障是国家抵御公民社会风险，实现生有所育、住有所居、病有所医、伤有所疗、失业有所帮、老残有所养、灾难有所救，保障居民基本生活安全的制度体系。社会保障是国家义务、党的纲领和政府职责。

社会保障是公共服务的龙头，社会保障号码是龙鼻子，按照一号、一户、一站式建设公共服务体系，是由管理型政府转向服务型政府的必由之路。因此，社会保障管理服务机构（经办机构）是国家社会保障法律政策的执行机构，包括业务管理、受益人服务、执法监督三大功能，是服务型政府的重要组成部分（不同于事业单位和公益组织），是有别于管理型政府的创新部分。

政府履行社会保障职责的主要工作如下：一是项目预算、税费征缴和基金管理；二是建立待遇调整机制和支付系统；三是完善参保登记和居民经济状况调查制度。此外，在人员流动性很强的信息时代，社会保障登记和个人信息管理，与相关部门信息共享后，逐渐成为居民信息管理和征信管理的核心部分，具有国家“第二安全部”的功能，并可逐渐替代身份证。在国务院通过大部制承担社会保障的顶层设计并提交立法机构通过立法的基础上，亟待建立独立的社会保障执行机构［国际上类似机构如美国社会保障总署(1985年)、澳大利亚中联机构（1991年)、加拿大公共服务机构和欧盟国家的社会保障银行］，打造保障公民基本生活安全的公共服务体系。

建设服务型政府的社会背景决定了信息时代的国家行政被分解为决策、执行和监督三大功能。服务型政府与管理型政府的主要区别之一，即前者强化了具有执行能力的公共服务机构，由此形成大部制科学决策机构、高效执行机构、权威监督机构的组织架构。因此，传统的“行政”概念和“行政学”逐渐淡出。在此过程中，一要警惕“穿旧鞋走新路”的倾向，即仍然固守传统行政概念看待决策机构和执行机构的关系；二要避免照搬传统行政文化建设纯粹管理型执行机构，要学会建立具有竞争力的公共服务外包机制，利用社会资源建设公共服务体系。服务型政府的执行机构更多是公共服务的组织者和监督者，而非单纯的管理者。

二、社会保险经办机构能力建设的瓶颈

根据《中华人民共和国社会保险法》的规定，社会保险经办机构是参保人的法定代理人，是服务型政府的执行机构。从国际上来看，澳大利亚《公共服务法》规定，特定的公共服务中联机构（central-link）是政府的组成部分。理论上，社会保险经办机构应当顺理成章地代表参保人管理社会保险基金，提供相关服务。但是现实中，社会保险经办机构的能力建设遇到了如下三个方面的约束。

（一）预算约束

在我国，政府规模具有财政预算约束性，经办机构的人工费用、服务经费十分有限，月人均实际收入不足3 000元，参保人的人均服务费用不足0.5元。信息系统开发与建设经费更是缺乏经常性预算，资金严重不足。很多社保机构为取得经费而与银行、保险等商业机构合作，多头开发、信息孤岛、中止合作的现象比较普遍。显然，仅依靠增加预算和资金的方法来提高医保

监控能力是不可能的。

（二）编制约束

以我国的医疗保险为例，其审核工作量十分巨大，在参保人约850万的苏州市，当地社保中心每月要处理800万~1 000万条划卡数据，平均每人每分钟审核2 450个单据，因此只能按照十万分之一的比例进行抽查，其效果十分有限。由于政府工作人员数量受到严格的编制控制，因而仅依靠增加人力的方法来强化医保监控能力也是不可能的。

尽管社会保险经办机构的人员数量有所增加，但政府工作人员的数量与服务对象的数量（参保人、受益人）仍然不成比例。并且社会保险或医疗保险的服务，如参保缴费、费用报销等，其发生频率都非常高，这使得经办机构的工作负担更为沉重。

（三）专业性约束

养老保险需要精算平衡；医疗保险需要与医生对话，管理服务需要具有医疗服务、医药管理、医疗保险政策、财务与法律、信息技术等复型知识结构和实践经验的人才。医疗保险基金的收支平衡问题，需要在大样本数据的基础上进行保险精算，计算在特定待遇水平下的费用支出。社保经办机构的工作人员，大多不具有专业背景，即使具有专业背景，也存在缺少数据与从业经验等问题。在医疗保险服务供给过程中，还需要制约参保人的机会主义行为，避免逆向选择和道德风险。然而政府在控制此类风险上同样缺乏专业性，医疗保险基金的“跑冒滴漏”问题严重。

可见，依政府和参公管理机构的财政预算、薪酬制度和用人机制，难以招聘和留住上述专业紧缺人才，因而目前仅凭医保机构自身的人才建设来强化其监控能力是不现实的。

专栏5-2

广东省居民养老保险管理服务系统共建模式及经验总结

一、广东省居民养老保险社银合作模式的主要经验

（一）坚持利益相关人共赢目标

银保合作可以方便参保人、提高政府的公共服务能力、增加银行服务业务和收入。2009年，全国开始实施新型农村养老保险制度，省政府提出了新农保“三年全覆盖”的工作目标，应保人数约为3 200万。2011年开始

推行城镇居民养老保险，应保人数约为600万。省社保局面临“无机构、无人员、无经费、无系统”的困境。社保机构原有总人数为7 017人，城保五险参保达到1.28亿人次，人均经办业务量达到1.82万人次，“小马拉大车”的超负荷问题多年存在。

居民养老保险是一项长期性、微利性的项目，不仅需要制度严密、信息化程度高的管理体系和广泛的物理网点作支撑，而且需要广大的基层网点数十年如一日，面向普通老百姓提供主动、积极、规范的优质服务，从而占用了大量的服务资源。对此广东省采取“政府主导、社银合作、省级集中购买服务”的方式，借助银行金融管理信息系统平台和服务网络资源，实现参保缴费和待遇申报一站式服务。在不改变基金县级统筹管理责任的前提下，实现“五统一”，即“统一信息管理、统一经办规程、统一个账基金管理、统一核算办法、统一社会化发放”。

管理服务外包的原则和目标。为了实现“全覆盖、方便参保人”的目标，在有限的时间里，用有限的资金，建设城乡居民养老保险管理监督和公共服务体系，确保全体居民就地方便参保并享有养老金待遇，确保养老保险信息和基金的安全管理，鉴于社保业务流程与银行工作的相似性，省社保局瞄准大型商业银行作为合作伙伴。

管理服务承包的原则和目标。为什么中国邮政储蓄银行（以下简称“邮储银行”）要参与新农保这样一个工作量大、成本高昂、效益不突出的业务？一是战略上匹配。国务院赋予邮储银行的定位是“沟通城乡，服务三农、社区，服务大众”，坚持走好以“网络联通城乡、服务便民惠民、着力民生建设”为特色的普惠金融发展道路，新农保是该行必须坚定推进的工作。二是理念上契合。邮储银行文化基点是“让农民和城市居民一样享受金融服务的便利”，其基层员工长期以来也有服务农民工、老年人等庞大的社会基层群体的基础，在理念上契合。三是能力上足够。邮储银行是全国及广东网点覆盖面最广的银行，乡镇网点覆盖率为93.6%；在服务软件上，自1999年开始，就独家承接了省级养老金社会化发放工作，具有丰富的经验；还有70万名签约邮递员，在广大农村地区也有良好的客户关系，可以做到能力匹配。四是效益上可行。“新农保”作为一项重大惠民工程，确实短期内不可能实现经济效益，长期看也很难产生较大利润，但该行从战略高度认识这个问题，看长远、看全局：一方面，看到养老保险积累到一定规模之后所产生的经济效益；另一方面，坚持微利原则，看“新农保”经办工作对全行整体发展带来的推动作用，追求综合效益。

最终，在平等协商的基础上，双方达成如下共识：视对方为战略合作伙伴，本着精诚合作、优势互补、平等互利、资源共享的原则，开展社会保险服务合作。

（二）创新联合共建的管理体制

双方订立了三年期共建合同，并约定乙方即邮储银行享有续约权，建立了长期合作伙伴关系。在管理体制上，借鉴了法国“高效合同”的经验[在法国统一并整合了社会保险费征缴机构和流程之后，在社会保险基金和商业银行之间形成了高效合作合同，即通过双方高效合作，确保三方受益。①签约银行确保在第一时间处理社保业务，提高社会保险基金的运行效益；②社会保险基金确保整体委托，增加基金的规模效应，确保商业银行可获得存贷利差，并返还社会保险基金的1%（在一般利息的基础上加1%）；③确保社会保险基金安全管理，向参保人提供近距离的服务。]，在省级层面统一操作，坚持一个委托人和一个受托人的制度安排，初创了公共服务外包的治理机制，初步实现了三方共赢的目标。

1. 省级社保局作为唯一的委托人

在管理体制上，坚持了“政事分离”“财政与社保合一”“全省统一”三个原则，做到三个避免：避免行政机构参与招标带来的职责混乱，避免社保和财政分别招标和委托导致基金碎片化的优势流失和基金损失，避免分级招标导致委托人碎片化的道德风险和经济成本。由此，培育了责权相匹配的委托人，保证了社会保险基金的规模效应，创新了购买公共服务的对价支付措施，统一和规范了全省居民养老保险管理服务监督体系共建的规则和过程。

2. 省级邮储银行分行作为唯一的受托人

此种选择很有必要：①符合目前养老保险省级统筹的原则，②具有全省统一布局、投资和建立服务网络的能力，避免信息系统和服务体系的碎片化问题；③便于基金的集中管理，产生规模效应（存贷利差），弥补提供公共服务的成本，并获得微利；④便于参保人流动，目前在全省内转移社会保险关系和携带个人权益及资金已经没有障碍。

(三) 厘清合作双方责任

根据《中华人民共和国社会保险法》的规定，社会保险经办机构是全体参保人的法定代理人，其法定职责包括管理、服务和监督。甲方遵循“会计和审计原理”履行管理服务体系设计职责，并委托乙方打造服务平台；乙方遵循“出纳原理”根据甲方的指令履行职责；继而，甲方履行监督职责；在执法方面，非政府合作伙伴可以提供数据分析等帮助，但不能代社会保险管理机构从事执法行为。

广东省居民养老保险社银合作坚持“公开、公平、公正”的原则。经办机构加强对统筹范围内经办业务的调查研究，因地制宜地确定购买服务的内容、方式、经费和标准等，形成完整的措施和操作方法。同时，严格规范了购买服务的办事流程，规范服务的申请、审批、提供、评估、结算、变更、撤销等程序，增强工作的透明度，使购买服务真正做到政策具体、程序规范、周到细致。

甲方制定了《广东省新型农村社会养老保险试点业务办理规程》《广东省新型农村社会养老保险基金核算试行办法》《广东省新型农村社会养老保险待遇领取人员年度生存认证管理暂行办法》等规范性文件，为统一全省新农保经办业务、提供信息系统支撑、与邮储银行成熟的金融信息管理系统平台合作奠定了基础，开发了“广东省新农保经办业务管理信息系统”，并将该系统直接延伸至全省各邮储银行基层服务网点；同时为方便各级社保经办部门加强对新农保业务的管理，该系统在省、市、县三级设立管理服务终端，并统一明确了各级的业务操作管理权限范围。为确保系统数据安全，管理统一，省、市、县三级业务终端不能随意操作和修改业务数据，所有数据维护管理必须统一由省级提出需求，邮储银行据此进行统一维护，并确保留有痕迹。市、县级终端可适时查询监督和统计所属参保缴费情况，发现问题按操作权限处理；省级终端用于及时查询全省各地参保缴费情况、对个人账户实施监控维护管理、确认记录个人账户财政补贴资金、汇总审核当月全省符合待遇领取人员数据、信息系统参数维护、系统权限管理。这样既实现了全省数据的省级统管、数据共享，又确保了信息的安全完整。

为切实保障社银合作管理模式的顺利实施，2010 年 1—9 月，省社保局先后两次会同邮储银行广东省分行组织了全省新农保试点市、县社保机构分管领导及经办管理人员，以及邮储银行广东省分行各市、县 (分、支行)

部门骨干及网点经办人员参加新农保经办业务管理培训班，分别对国家和省的新农保政策、管理规程、前台操作、资金及信息管理等进行了系统培训，培训人数近1 000人，通过培训，确保了试点工作的顺利推进和制度的有效实施。

在不改变政府管理职能、保证居民信息私密性的基础上，邮储银行设立居保专窗并配备专职人员，承担了新农保参保人员原始资料登记、核对、录入，代收个人缴费、代发养老金等简单繁琐的日常性服务工作。为此，省内各级政府减少了大量的机构、人力和经费投入，财政部分负责政府养老补贴预算和账户监督；社会保险行政部门负责完善政策；社保机构从琐碎的服务事务中脱身，集中有限的人力、物力用于制度建设和基金监督，保障服务质量和效率。社保局每年上、下半年定期会同邮储银行对全省的经办服务进行检查，日常也会不定期进行随机抽检，针对实际情况提出改进要求。每次检查结束后，双方进行沟通，梳理现有的内部控制制度并加以完善，完善业务制度，同时加强各环节之间相互监督、相互制衡的机制。

（四）规范业务流程，方便参保人

双方合作整合社保和银行流程，实行一点接入、一站式综合服务，提升了公共服务水平和效率。

新农保政策落实的关键在于农民对新农保政策的理解、认可程度以及参保积极性。调查发现，导致农民参保意识弱的主要因素之一，是社保手续烦琐、流程复杂、收益不直观。为此，广东省深化了社银合作内涵，通过后台信息系统的对接，整合双方的经办流程，消除重复环节，简化经办手续，将所有服务集中在银行的一个窗口，为农民提供一站式综合服务。使农民只要“跑一趟路、对一个窗口、填一张表”，就能轻松地办理新农保参保手续，这项工作已于合作后的三年内完成。

邮储银行在试点地区的网点内均设立了“新农保”服务专窗。60岁以下人员持身份证、户口本到银行邮储银行网点直接办理参保登记、开设实名账户，完成个人缴费，即办理完参保手续；60岁以上人员不用缴费即可完成参保。客户办理手续的同时，银行后台工作仍在继续，相关信息自动反映到各级社保经办平台，整个过程有条不紊，精确快捷安全。业务办理后，农民持有一张国有银行的存折，可以随时查看，预期利益更加直观，从而大大提高了其参保积极性。

3年后，合作进入建立标准化的服务窗口，统一新农保的服务规范的发展阶段。设立了参保高峰期间六个一的标准化网点设置，即一个铭牌（新农保服务网点铭牌）、一个岗位（新农保咨询岗）、一个专窗（新农保服务专窗）、一张海报（参保宣传海报）、一个流程（参保流程图）、一批单式（参保表格、参保宣传单张）。

（五）完善信息管理系统

新农保和城居保参保人员多，需要核实和储存的资料量大，需要完善的、覆盖城乡的信息管理网络和系统才能够有效管理各类信息。三年前，借助邮储银行的信息网络，搭建了新农保和城居保的居民养老保险费信息管理系统，迅速解决了信息化管理的难题。

该系统平台不仅涵盖了农民从资料录入、资料自动审核、缴费、个人账户管理、利息计算、待遇申请、待遇审核、待遇核发全过程的管理，使每位农民的新农保业务有一个全面、清晰的记录，而且涵盖了社保对全省机构管理（市、县、镇、村）、人员管理、报表管理、财政申请、财政到账、待遇发放管理、生存验证等各项具体的管理功能，为社保系统做好新农保的管理提供了精确和强有力的手段，同时网络覆盖到了93.6%的乡镇，有效地满足了农村居民参保需求。

二、广东省居民养老保险社银合作模式的意义

（一）通过创新经办模式，探索解决农村公共服务力量不足的长效机制

多年来的发展实践证明，尽管各级社保机构和人员不断增长，但是与迅猛发展的社会保障事业相比，与巨大的社保公共服务需求相比，仍然无法充分满足之。按照广东1 236个镇估计，承接新农保工作，需要在镇、乡一级增加2 500~3 000人左右，在县一级增加500~600人，每年按广东省人均工资计算，需要增加人力成本至少1.5亿元，还要增加办公场地、设备、网络、线路，每年运行维护费用就需约1.5亿元左右。其他公共服务也是如此。广东省通过社银合作，跳出了经办能力建设困境，找到了一条提升基层经办服务能力的长效机制。

（二）通过探索一站式服务，提高公共管理和服务效率

在福建等省增加3万经办人的情况下，在广东，按照社平工资计算，仅人工成本大约需要12亿元，而每年所收的费用仅为15亿元，成本非常高昂。在银行窗口“一站式”办完新农保服务，改变了长期以来政府公共服

务职能分割、手续烦琐、时限长的弊病，是对政府行政管理方式的一大创新，真正方便了居民。按照一般的做法，农民手工填写参保登记表，需要一式三份，在社保局办理完参保手续后，再到银行开设账户，如果出现差错，还需要再往返数次；在广东，参保农民只需填写一张表格，在窗口录入就可以了。仅以表格为例，如果一个人减少两张表格，就可以节约 7 600 万张纸，节省约 380 万元，其他的费用更是大大减少。同时，通过窗口整合，减少了各单位分别录入数据等重复劳动和系统间数据核对工作，降低了服务差错率，大大提高了公共服务效率。

（三）通过集中整合商业银行资源，提升公共服务的专业性

事实证明，涉农商业银行是农村地区信息化程度高、管理最为规范的服务体系，在助力政府政策落地中具有重要的意义。由于银行的参与，广东新农保工作得以在很短时间内建成先进的信息管理系统，形成了高效、规范、统一的服务标准和流程，使得公共服务更加专业。

（四）借助银行账户系统，实现社保资金的全省统管和实账管理

为进一步规范社保基金管理、完善社保体系建设，促进区域统筹、城乡统筹奠定了坚实的基础。通过银行账户管理系统，广东新农保工作实现了省级统一管理。社保资金的收缴、管理、发放流程清晰，监管到位。在省级统一管理模式下，形成了全省统一的信息系统、服务标准、操作规程，这为下一阶段社会保障工作在更大范围内实现区域统筹、城乡统筹奠定了坚实基础。广东省邮储银行参与新农保经办工作的实践证明，整合商业银行在农村的发展，不仅有助于完善金融服务，而且其在提升农村公共服务、社会管理水平等方面都可以发挥重要作用。充分利用商业银行的计算机系统、管理体系和服务网络，对于促进我国统筹城乡、区域发展，推进城乡一体化有着重要的意义。

（资料来源：杨燕绥主编：《社会保险经办机构能力建设研究》，中国劳动社会保障出版社 2011 年版。笔者略做删减和改动。）

三、北京市的社保经办机构能力建设

北京市的社会建设已进入“公民权益保护”和“社会网络管理”的新时代。为此应以社会保障权益记录为核心，在政府部门和社会组织之间构建信息共享机制，形成社保、民政、公安、卫健、住建、海关、用工单位的信息

联动，互为利用，减少政府运作成本，提高工作效率。

同时，北京市应聚焦养老保险和医疗保险，完善首都居民信用管理新模式。以首都社保公共服务平台为基础，建立居民社保信用记录，强化信用约束，对养老保险不如实申报信息和缴费的、重复参保的、身故后仍然领取的，实施失信惩戒；应重点治理医疗保险领域的居民骗保等违法失信行为，引导居民合理就医。此外，北京市应持续推进诚信建设，加快《北京市社会信用条例》的立法工作，完善信用“红黑名单”制度、奖惩措施清单制度、信用主体权益保护机制；加速推进北京公共信用信息共享应用，加强首都公共信用信息服务平台建设，及时将居民失信记录上传至全国信用信息共享平台，按规定实施联合惩戒。

参考文献

［1］《社会保障概论》编写组．社会保障概论［M］．北京：高等教育出版社，2019：174.

［2］常亮．大数据要充分利用但更要保护用户隐私［N］．贵州政协报，2018-01-11.

［3］陈文玲．中国社会信用体系与文化报告［M］．北京：中国经济出版社，2016.

［4］陈仰东．权益记录的责任［J］．中国社会保障，2010，190（04）：41.

［5］邓大松，杨东．意大利公共养老金制度发展和改革研究［J］．社会保障研究，2013，28（03）：100-105.

［6］丁建定．居家养老服务：认识误区、理性原则及完善对策［J］．中国人民大学学报，2013，27（02）：20-26.

［7］杜鹏，孙鹃娟，张文娟，等．中国老年人的养老需求及家庭和社会养老资源现状［J］．人口研究，2016，40（06）：49-61.

［8］方祥生．欧洲“老龄产业”呼之欲出［N］．光明日报，2010-08-14.

［9］耿爱生．养老模式的变革取向：“医养结合”及其实现［J］．贵州社会科学，2015（09）：101-107.

［10］关于《关于建立医药价格和招采信用评价制度的指导意见》的答记者问［EB/OL］．（2020-09-16）［2023-03-22］．http：//www.nhsa.gov.cn/art/2020/9/16/art_38_3582.html.

［11］广东省社会科学院广东社会建设发展战略研究课题组．冰岛、瑞典社会福利制度调研报告［J］．新经济，2013，388（29）：3-5.

［12］海鸿雁．西班牙养老金体系改革［N］．中国社会报，2014-06-16.

［13］贺德荣，蒋白纯．面向社会管理的个人信用评价指标体系研究和设计［J］．电子政务，2013（05）：97-103.

［14］胡乃军．德法养老保险体系介绍［N］．中国劳动保障报，2016-05-27.

［15］霍奇逊．现代制度主义经济学宣言［M］．向以斌，等译．北京：

北京大学出版社，1993：9.

［16］焦国成．中国社会信用体系建设的理论与实践［M］，北京：中国人民大学出版社，2009.

［17］康芒斯．制度经济学［M］．于树生，译．北京：商务印书馆，1962：7.

［18］孔德超．大数据征信反思：基于个人征信视角［J］．现代管理科学，2017，294（09）：103-105.

［19］孔德超．大数据征信与个人隐私保护［N］．中国社会科学报，2017-05-17.

［20］李静．福利多元主义视角下社会企业介入养老服务：理论、优势与路径［J］．苏州大学学报，2016，37（05）：9-15.

［21］李庶民．信用惩戒应坚持法治原则［N］．金融时报［N］．2016-05-14.

［22］李晓卉．澳大利亚养老金制度的经验对我国的启示［J］．大众商务，2009（04）：282-283.

［23］李亚军．印度非缴费型养老金制度发展评述［J］．南亚研究季刊，2014，156（01）：5，71-75.

［24］李勇，王一峰．战后德国养老金制度变迁对我国的启示［J］．行政与法，2013，178（06）：51-56.

［25］吕志新．美国太阳城：集中式养老社区的代表［J］．中国医院建筑与装备，2013，14（08）：50-51.

［26］罗冠峰．酒泉市政府部门信用信息共享机制研究［D］．兰州：兰州大学，2019.

［27］罗培新．社会信用法［M］．北京：北京大学出版社，2018.

［28］聂帅钧．失信联合惩戒措施的合法性检讨与控制［J］．财经法学，2021（02）：117-134.

［29］潘晓峰．信用管理是新时代推进德法合治的关键［J］．市场监督管理，2021（05）：5-7.

［30］庞波，谢厚正，马增利．刍议无线电管理行政执法与个人信息保护［J］．中国无线电，2022，321（05）：18-19，23.

［31］皮专胜．体现公平与效率的养老金制度：澳大利亚养老金制度的评介与启示［J］．学习论坛，2006（12）：42-44.

［32］人力资源和社会保障部．拖欠农民工工资，重罚［J］．就业与保障，2019，221（Z1）：21-23.

［33］任笑元．《北京市公共信用信息管理办法》实施［N］．中国消费者报，2018-05-10.

［34］沈国华．法国的养老保险制度及其改革［J］．外国经济与管理，1997（05）：37-40.

［35］石晓军，郑海涛．国家信用体系的多维指数方法及实证研究［J］．财经研究，2007（01）：4-15.

［36］史薇，谢宇．家庭养老资源对城市老年人居家养老服务需求的影响研究［J］．西北人口，2014，35（04）：88-94.

［37］斯科特，格拉顿．长寿人生：如何在长寿时代美好地生活［M］．舍其，译．北京：中信出版集团，2020.

［38］孙鹃娟，沈定．中国老年人口的养老意愿及其城乡差异：基于中国老年社会追踪调查数据的分析［J］．人口与经济，2017（02）：11-20.

［39］童星．发展社区居家养老服务以应对老龄化［J］．探索与争鸣，2015（08）：69-72.

［40］汪育明．社会信用管理：中国社会信用体系建设理论与实践［M］．北京：中国市场出版社，2020：311.

［41］王朝才，刘军民．意大利养老金制度改革考察报告［J］．地方财政研究，2012，96（10）：72-80.

［42］王明海，辛炳森，李秋云，等．澳大利亚多层次养老金福利制对我们的启示［J］．劳动保障世界，2004（06）：32-34.

［43］王琼．城市社区居家养老服务需求及其影响因素［J］．人口研究，2016，40（01）：98-112.

［44］王文婷．失信惩戒措施合法性研究［J］．中国信用，2021，56（08）：111-115.

［45］王勇华．寒蝉效应［J］．董事会，2019（05）：93-94.

［46］卫大可．英国老龄社会政策发展及对机构养老服务转型的影响［J］．城市建筑，2014（05）：34-36.

［47］吴维海，张晓丽．大国信用：全球视野的中国社会信用体系［M］．北京：中国计划出版社，2017.

［48］休斯．公共管理导论［M］．3 版．张成福，译．北京：中国人民大

学出版社，2001.

[49] 许东黎．对北京市社会保险个人权益记录管理服务的思考 [J]．北京劳动保障职业学院学报，2014，8（02）：8-13.

[50] 杨燕绥，秦晨，李超凡．“十四五”期间提升老龄人口医养服务路径的思考 [J]．行政管理改革，2021（01）：11-17.

[51] 杨燕绥，于淼．三孩政策目标与护养融合体系建设 [J]．行政管理改革，2021（09）：26-34.

[52] 杨燕绥，秦晨．坚持系统观念完善社会保障公共服务体系 [J]．中国社会保障，2020，317（12）：29.

[53] 杨燕绥，杨丹．整合社保服务体系是社会建设的突破口 [N]．中国劳动保障报，2011-04-08.

[54] 杨燕绥．社会保险经办机构能力建设 [M]．北京：劳动社会保障出版社，2011.

[55] 杨燕绥．银色经济与嵌入式养老服务 [M]．北京：清华大学出版社，2017.

[56] 杨志超．北欧老年就业政策对我国延迟退休制度的启示 [J]．学术界，2013，182（07）：214-221，312.

[57] 姚国伟，吴国平．社会信用法律规制的理论依据 [J]．江汉论坛，2010（07）：136-139.

[58] 姚远．从宏观角度认识我国政府对居家养老方式的选择 [J]．人口研究，2008（02）：16-24.

[59] 余文凯．“十四五”时期深化社会信用体系建设若干问题的思考 [J]．科学发展，2021（01）：21-27.

[60] 誉衡药业．哈尔滨誉衡药业股份有限公司关于对深圳证券交易所问询函回复说明的公告 [N]．中国证券报，2021-06-09.

[61] 张珂，董登新．加拿大养老保障制度及其借鉴意义 [J]．湖北经济学院学报（人文社会科学版），2008，43（01）：82-83，86.

[62] 张珂．加拿大养老保障制度研究 [D]．武汉：武汉科技大学，2008.

[63] 张留禄．社会保障中的社会信用研究 [J]．征信，2010，28（04）：9-12.

[64] 张文宏．特大城市“城市病”研究 [M]．北京：社会科学文献出

版社，2020.

［65］张郧，黄晓瑞．机构养老服务需求影响因素的实证研究［J］．统计与决策，2016（04）：103-105.

［66］章晓懿，刘帮成．社区居家养老服务质量模型研究［J］．中国人口科学，2011（03）：83-92，112.

［67］赵精武．个人信息保护法：构筑新时代个人信息权益保护的安全防护网［N］．潇湘晨报，2021-10-11（1）.

［68］周弘．社会保障制度国际比较［M］．北京：中国劳动社会保障出版社，2010.

［69］周煜．美国式“以房养老”制度模式及启示［J］．山东财经大学学报，2014（04）：96-102.

［70］BRUBAKER T H，BRUBAKER E. Family care of the elderly in the United States：an issue of gender differences?［M］//KOSBERG J I. Family care of the elderly：social and cultural changes. London：SAGE Publications，1992：210-231.

［71］CHEN S. Social policy of the economic state and community care in Chinese culture：aging，family，urban change and the socialist welfare pluralism［M］. Brookfield，USA：Ashgate Publishing Company，1996.

［72］COULTON C，FROST A K. Use of social and health services by the elderly［J］. Journal of health and social behavior，1982（23）：330-339.

［73］FRADKIN L G，HEATH A. Care giving of older adults［M］. Santa Barbara，California：ABC-CLIO，Inc.，1992.

［74］KU A. World population ageing 1950～2050［R］. New York：Population Division，Dept. of Economic and Social Affairs，United Nations，2012：12，48.

［75］MILLER M J. Credit reporting systems and the international economy［M］. Cambridge，Mass.：MIT Press，2003.

［76］O’MEARA S. How health research will support China’s ageing population［J］. Nature，2020，578（7793）：S1-S3.

［77］SCHMID H. The Israeli long-term care insurance law：selected issues in providing home care services to the frail elderly［J］. Health and social care in the community，2004，13（03）：191-200.

附录 1

INSURANCE FRAUD
保险欺诈

INSURANCE FRAUD	保险欺诈
Insurance fraud occurs when a person or entity makes false insurance claims in order to obtain compensation or benefits to which they are not entitled. Insurance fraud is committed in many forms, but regardless of the type, it is considered a serious crime in all jurisdictions. To explore this concept, consider the following insurance fraud definition.	保险欺诈发生在当事人或实体做出虚假的保险索赔，以获得他们没有资格获得的补偿或福利之时。保险欺诈的形式多种多样，但不管其类型如何，在所有司法管辖中都被认为是一种严重的犯罪。要探讨这个概念，请考虑以下保险欺诈定义。
What is Insurance Fraud	**什么是保险欺诈**
The term insurance fraud refers to the commission of any act with the intent to obtain an outcome that is favorable, but fraudulent	“保险欺诈”一词是指在保险索赔过程中的任何欺诈行为，其目的是获利。保险欺诈可能包括当事人完全提出虚假的保

during an insurance claim. Insurance fraud may entail a person filing a false insurance claim altogether, or exaggerating their damages, injuries or other losses in order to receive benefits. Many people fail to consider that insurance fraud can also apply to an insurance company knowingly denying benefits that are, in fact, due.

The primary reason that people commit insurance fraud is to gain financially. Many people who maintain an insurance policy year after year come to believe that, because they have paid premiums for so long, they deserve to be compensated in the form of an insurance claim. Sometimes the claim is legitimate, but the person will tries to increase the amount of compensation by claiming more severe injuries or greater losses than actually occurred. In some instances, people even destroy their own property, if the payment they expect to receive from their insurance company holds a greater value to them.

Types of Insurance Fraud

There are many types of insurance fraud, but the judicial system often categorizes them as either hard fraud or soft fraud. Hard fraud occurs when a person intentionally fakes an accident, theft, or injury to collect money from an insurance company.

For example, Tom has been unemployed for several months, when his old clunker car breaks down. Desperate for money to replace his car, Tom decides to make it look like someone broke into his house, then made a

险索赔，或者夸大他们的损失、伤害或其他损失，以获得利益。许多人没有意识到，保险欺诈也适用于保险公司，即蓄意逃避赔偿责任，拒付保险金。

人们从事保险欺诈的主要原因是为了获得经济利益。许多人年复一年地持有保险单，他们因此认为，他们已经支付了这么久的保费，应该以保险索赔的形式得到补偿。有时索赔本身是合法的，但他们试图增加赔偿金额，声称发生了比实际更严重的伤害或更大的损失。在某些情况下，有的人甚至破坏自己的财产，只因他们期望从保险公司收到更多的款项。

保险欺诈的类型

保险欺诈有多种类型，但司法系统通常将其分为硬欺诈或软欺诈。当故意伪造事故、盗窃或伤害以向保险公司骗取理赔时，就是硬欺诈。

例如，汤姆已经失业几个月了，他的老破车坏掉，他极想得到钱以更换他的车，汤姆谎称有人闯入他的房子，然后报警声称有几样昂贵的东西被盗。这种类型的硬欺诈是常见的，也是保险公司雇佣保

police report claiming theft of several expensive items. This type of hard insurance fraud is common, and is one reason insurance companies employ an insurance fraud investigator. Hard fraud cases almost always results in felony charges.

险欺诈调查员的一个原因。硬欺诈案件的处理结果几乎总是重罪指控。

Soft fraud occurs when a person has a valid insurance claim, but falsifies part of the claim, or exaggerates damages in order to obtain the maximum benefits. Many people do not consider this to be as serious as hard fraud, but it is still a crime, and can result in increased insurance costs for clients.

软欺诈是指某人的保险索赔是有效的，但为了获得最大利益而伪造部分索赔或夸大损失。很多人认为这不如硬欺诈那样严重，但它仍然是犯罪，并可能导致保险费用增加。

For example, Elizabeth is involved in a minor collision when someone backs into her car in a parking lot. There is substantial damage to one part of her car, and she is uninjured. When it comes to filing the insurance claim, however, Elizabeth reports having neck and back pain, and even seeks treatment by a chiropractor to support her claim of injury. In this type of soft fraud, Elizabeth has a valid claim for damages to her vehicle, but she claims personal injury in an attempt to receive a higher payout.

例如，停车场里有人倒车时，碰到了伊丽莎白的车。这使她的车的一部分受到实质性的损害，但她本人没有受伤。然而，当申请保险索赔时，伊丽莎白申报她的颈部和背部疼痛，甚至寻求治疗的按摩师来支持她受伤的观点。在这种类型的软欺诈中，伊丽莎白对车辆的损坏提出了有效的索赔，但她声称人身伤害是为了获得更高的赔偿。

Losses Due to Fraud

The exact amount of money lost due to insurance fraud cases is hard to determine, as the crime often goes unnoticed. The number of fraud cases that are actually caught is believed to be much lower than what actually occurs. Some organizations estimate that over $80 billion are lost each year to fraudulent insurance claims in the United States alone. It

因欺诈造成的损失

保险欺诈案件损失的确切金额很难确定，因为犯罪经常被忽视。欺诈案件破获的数量实际上远远低于实际发生的。一些组织估计，每年仅在美国因保险索赔欺诈就导致超过 800 亿美元的损失。据估计，保险业每年总损失的大约 10%是由于欺诈索赔造成的。欺诈案件的高额成本以较高保费的形式转嫁给了保险客户，因为保险

is estimated that approximately 10 percent of the insurance industry's total annual losses are due to fraudulent claims. The high cost of fraudulent cases is passed down to insurance customers in the form of higher premiums, as the insurance companies try to recoup some of those losses.

公司试图弥补部分损失。

Life Insurance Fraud

Life insurance fraud occurs when a person fakes their own death, or the death of another person, in order to receive life insurance payments from the insurance company. This type of fraud usually involves two or more people. When the life insurance company is notified of a death, the named beneficiary receives the insurance settlement. Many people committing life insurance fraud resurface years after the assumed death took place. If the person is caught, the person who aided in the life insurance fraud scheme is charged with the crime as well. Life insurance fraud would be considered hard fraud and, because of the dollar amounts involved, is a felony.

人寿保险欺诈

当一个人伪造自己的死亡或另一个人的死亡，以从保险公司获得人寿保险付款时，就会发生人寿保险欺诈。这种诈骗通常涉及两个或两个以上的人。当人寿保险公司接到死亡通知时，指定受益人将收到保险结算单。许多人寿保险欺诈行为浮出水面是在伪造死亡发生多年后。如有人被捕，则协助人寿保险诈骗计划的人亦会被控犯罪。人寿保险欺诈将被视为硬欺诈，由于涉及的金额巨大，因此属于重罪。

Real Life Insurance Fraud Cases

1. Fake Surgeries and Narcotics

In the early 2000s, Dr. David Wexler, a dermatologist practicing in New York City, paid drug addicts to allow him to use their names for fake insurance claims. The doctor billed insurance companies to the tune of over $400,000 for minor surgeries he never performed. In addition to small monthly kickbacks, the doctor provided a large amount of narcotic medications to the addicts to keep them coming

真实的人寿保险欺诈案例

1. 假手术和麻醉药品

21 世纪初，在纽约市执业的皮肤科医生大卫·韦克斯勒（David Wexler）向吸毒者支付费用，允许他使用他们的名字来进行虚假保险索赔。这位医生向保险公司开出了超过 40 万美元的账单，用于他从未做过的小手术。除了每月的少量回扣外，医生还向吸毒者提供了大量的麻醉药品，以使他们能保持与他合作。韦克斯勒被定罪，判处 20 年监禁，并面临最高 100 万美

back. Wexler was convicted and sentenced to 20 years in prison, and faced a fine of up to $1 million.	元的罚款。
2. Insurance Fraud, Arson, and Murder	2. 保险欺诈、纵火和谋杀
In 2007, Chicago grain-futures mogul, Marc Thompson, found himself in debt to the tune of nearly $680, 000. Thompson decided to burn down his house and collect the insurance money. To make the fire seem more plausible, Thompson carried his 90-year old mother down to the basement, splashed an accelerant around the walls, and set the fire. Thompson's mother died in the fire, after which he claimed she had committed suicide by torching the house.	2007 年，芝加哥谷物期货巨头马克·汤普森（Marc Thompson）负债近 68 万美元。汤普森决定烧掉他的房子，领取保险金。为了让火灾看起来更可信，汤普森把他 90 岁的母亲带到地下室，在墙壁周围喷洒了一种助燃剂，然后放火。汤普森母亲在火灾中丧生，之后他声称她是通过烧毁房子自杀的。
When investigators looked into Thompson's finances, they discovered the debts, which were not completely covered by the $600,000 insurance payout. They then found that Thompson had stashed the insurance money in an offshore bank account, then filedbankruptcy, wiping out that debt, leaving him with the proceeds of his fraud. Thompson was eventually charged with arson, fraud, and a host of other serious crimes. After conviction, Thompson was sentenced to 190 years in federal prison.	当调查人员调查汤普森的财务状况时，他们发现了这笔并没有被 60 万美元的保险支出完全覆盖的债务。他们还发现，汤普森把保险金藏在了一个离岸银行账户里，然后申请破产，了结了债务，留下了诈骗所得。汤普森最终被控纵火、欺诈和其他一系列严重罪行。定罪后，汤普森被判处 190 年联邦监禁。
3. Mouse Soup	3. 老鼠汤
In May 2004, Carla Patterson and her son went to the Cracker Barrel restaurant in Newport News, Virginia, for Mother's Day lunch. After being served soup, Patterson screamed loudly, saying she had found a dead mouse in her bowl of vegetable soup. Her son quickly snapped several pictures of the dead	2004 年 5 月，卡拉·帕特森（Carla Patterson）和她的儿子去弗吉尼亚州纽波特纽斯的 Cracker Barrel 餐厅吃母亲节午餐。帕特森在端上汤后大声尖叫，说她在她的蔬菜汤碗里发现了一只死老鼠。她的儿子很快拍下了几张死老鼠的照片，并向新闻媒体发出了警告，新闻媒体的报道导

mouse, and alerted the news media, whose reports led to such a drop in the restaurant's patrons that it nearly went out of business.	致餐厅的顾客数量下降，几乎倒闭。
Patterson filed alawsuit against the restaurant, attempting to get a $500, 000 payout. Investigators, through extensive investigation and testing, proved that the rodent had been placed in the soup after it had been cooked, leading to charges of insurance fraud, among others. Although the Patterson's scam deeply affected the restaurant's employees, many of whom had their hours cut, or lost their jobs altogether, Patterson was sentenced only to a year in prison. （资料来源：http://legaldictionary.net/insurance-fraud/）	帕特森对这家餐厅提起诉讼，试图获得50万美元的赔偿。调查人员通过广泛的调查和测试，证明这只老鼠是在煮熟后被放在汤里的，从而帕特森被指控保险欺诈。尽管帕特森的骗局深深地影响了餐厅的员工，其中许多人被削减了工作时间，或完全失去了工作，但帕特森只被判处一年监禁。

附录 2

10 POPULAR HEALTH CARE PROVIDER FRAUD SCHEMES
十大流行医疗保健提供者欺诈诡计

"Do no harm" isn't their motto Charles Piper	"不伤害"并不是他们的座右铭 查尔斯·派珀
Most medical providers are honest and work hard to improve their patients' health. However, a few want to illegally increase the size of their bank accounts. Learn some of the basic health care provider schemes and how to deter them from taking some easy money.	大多数医疗提供者都是诚实的，努力改善患者的健康状况。然而，少数医疗提供者想要非法增加他们的收入。我们需要了解一些基本的医疗提供者的诡计，以及如何阻止他们轻易地拿到钱。
Patients with Alzheimer's disease were sitting unsupervised inside a small room of a medical psychological care facility watching the movie "Forrest Gump" for the umpteenth time. Granted, it's a great movie, but each time the patients sat in front of the tube watching it, the facility submitted insurance claims for providing "group therapy."	阿尔茨海默病患者在一家医疗心理护理机构的一个小房间里无监督地坐着，第无数次观看电影《阿甘正传》。当然，这是一部很棒的电影，但每次患者坐在电视机前观看时，医疗机构都会提交为提供"团体治疗"的保险索赔。
I discovered this fraud during my investigation of the facility. It's just one of a long list of crimes committed by a handful of crooked medical providers.	我在调查医疗机构时发现了这一欺诈行为。这只是少数不法医疗机构犯下的一长串罪行之一。
Essentially, fraud in health care is just like in any other industry: Fraudsters with the means and opportunity take full advantage to unjustly profit. Health care crooks inside and outside the industry include patients, payers, employers, vendors and suppliers, and providers, including pharmacists. (Organized	从本质上讲，医疗保健领域的欺诈行为与任何其他行业一样：欺诈者有手段和机会充分利用不正当利益。行业内外的医疗欺诈者包括患者、付款人、雇主、医疗供货商、医疗服务提供者，以及药剂师。(有组织犯罪团伙和计算机黑客也在实施医疗欺诈中发挥作用。)

crime rings and computer hackers also play roles in committing health care fraud.)	
The difference between the health care realm and many other industries is its huge, alluring, easy pile of cash. According to the Centers for Medicare & Medicaid Services (CMS), national health expenditures in the U. S. reached $2. 6 trillion in 2010—17. 9 percent of GDP. The CMS projects U. S. health spending to rise to 7. 4 percent in 2014 as a result of the major coverage expansions from the U. S. Affordable Care Act (ACA) — an estimated 22 million people will be insured. Over the period of 2015 - 2021, health spending is projected to grow at an average rate of 6. 2 percent annually.	医疗保健领域与许多其他行业的不同之处在于其巨大、诱人、容易获得的利益。根据医疗保险和医疗补助服务中心（CMS）的数据，美国2010年的国家卫生支出达到2.6万亿美元——占GDP的17.9%。CMS预计，由于美国的医疗保险覆盖范围大幅扩大，美国2014年的医疗支出将增至7.4%。《平价医疗法案》（ACA）预计2200万人将获得保险。2015—2021年，预计卫生支出将以年均6.2%的速度增长。
Over the years, I' ve found investigating fraud committed by health care providers, facilities and institutions to be extremely fascinating, challenging and rewarding. Most associate those individuals and entities with only doing good and helping others. Although that' s true of most health care providers and institutions, others do "go south."	多年来，我发现调查医疗提供者和医疗机构实施的欺诈行为非常令人着迷、具有挑战性和回报。大多数人将这些个人和实体与行善和帮助他人联系在一起，尽管大多数医疗提供者和机构确实是如此，但有些却变质了。
In this article, I describe 10 of the common health provider fraud schemes I' ve found, and I include some cases I' ve investigated. This list definitely isn' t inclusive, but it will get you started on understanding how providers can be tempted to defraud a lumbering system.	在这篇文章中，我描述了我发现的10个常见的医疗提供者欺诈诡计，并列举了我调查过的一些案例。此列表肯定不能包含所有的欺诈，但它会让你开始了解有的医疗机构如何在诱惑之下去从一个笨拙的体系中骗钱。
TEN COMMON HEALTH CARE PROVIDER FRAUD SCHEMES	**十种常见的医疗提供者欺诈诡计：**
· Billing for services not rendered.	·为没有提供的服务计费。
· Billing for a non-covered service as a	

covered service. · Misrepresenting dates of service. · Misrepresenting locations of service. · Misrepresenting provider of service. · Waiving of deductibles and/or co-payments. · Incorrect reporting of diagnoses or procedures (includes unbundling). · Overutilization of services. · Corruption (kickbacks and bribery). · False or unnecessary issuance of prescription drugs.	·将非承保服务作为承保服务计费。 ·谎报服务日期。 ·谎报服务地点。 ·谎报服务提供者。 ·免除免赔额和/或共同付款。 ·虚报诊断或手术（包括拆分）。 ·过度使用服务。 ·腐败（回扣和贿赂）。 ·虚假或不必要地开处方药。
1. BILLING FOR SERVICES NOT RENDERED In almost every health care fraud examination I've conducted, I've found evidence that the medical provider or its facility submitted claim forms to government health care plans and/or insurance companies for services and care— that were never provided—and the corresponding patient files had no supporting documentation. It makes sense that if a fraudster would commit any of the other schemes listed above, which takes a bit of brainpower and effort, they might as well throw in some extra dates and codes on the claim forms to try to make some real easy money.	1. 为没有提供的服务计费 在我进行的几乎每一次医疗欺诈检查中，我都发现有证据表明，医疗提供者或其机构向政府医疗保健计划和/或保险公司提交了服务和护理的索赔表，但其实那些服务和护理从未提供过，相应的患者病历也没有支持性的文档。如果欺诈者实施了上面列出的任何其他诡计（这需要一些脑力和精力），他们不妨在索赔表上加上一些额外的日期和代码，以试图获得一些真正容易的钱，这是说得通的。
During the early stages of a health care fraud examination or investigation, I identify the reported dates of service listed on the claim forms and then look for any documentary evidence that the patients were at the facility on those dates.	在医疗欺诈检查或调查的早期阶段，我确定了索赔表上列出的报告服务日期，然后查找患者在这些日期在医院的任何书面证据。

I first check a patient's medical file. If a staff member had seen the patient, obviously somebody should have written something down—even if it was just documenting the patient's height and/or weight. If I find no documentation, I check the facility's sign-in logs. If there's nothing there, I check the appointment calendars.	我先检查病人的病历。如果工作人员看过患者，显然应该有人写下一些东西——即使只是记录患者的身高和/或体重。如果我找不到那些记录，我会检查医疗机构的登录日志。如果也没有，我会检查预约日历。
Of course, you try to be fair and objective. Our ability to empathize with others (including suspects) helps us treat them fairly and allows us to better understand their situations. So, I realize that records can be misplaced, and, occasionally, somebody might forget to write something down. However, a pattern of billing for services and care with no supporting documentation is unacceptable and unlikely to be coincidental.	当然，你努力做到公正客观。我们的共情能力（包括嫌疑人）有助于我们公平对待他们，并让我们更好地了解他们的处境。所以，我意识到记录可能会放错地方，偶尔，有人可能会忘记写一些东西。然而，没有支持性文档的服务和护理计费模式是不可接受的，也不可能是巧合。
Healthcare providers' excuses for missing documentation are sometimes almost humorous. Some providers have blamed non-existing floods, fires and even Y2K (remember the "Year 2000 Problem" or the "Millennium Bug"?) for missing documents. I keep waiting for someone to tell me his dog ate the documentation.	医疗提供者为缺少文档而找的借口有时近乎幽默。一些医疗提供者将缺少文档归咎于不存在的洪水、火灾甚至 Y2K 问题（还记得“2000 年问题”或“千年虫”吗?）。我一直在等有人告诉我他的狗吃了文档。
Documents alone don't usually prove intentional wrongdoing. Fraud examiners and investigators also will need to locate witnesses who can—and are willing to— truthfully relate what they know about the fraud. That's when well-planned interviews come into play.	单凭文档通常不能证明是故意的不法行为。欺诈审查员和调查人员还需要找到能够并且愿意如实讲述他们所知道的欺诈情况的证人。这时，精心策划的采访开始发挥作用。
Often interviewing the patients whose names are listed on the questionable claim forms	经常采访那些姓名列在可疑索赔表上的患者可以澄清问题。他们知道自己是否

can clear things up. They know whether they visited the doctor or not, and—unless they were unconscious when providers examined them—they'll have a pretty good idea what services they received. However, sometimes patients have foggy memories or medical issues that impair their memories of past visits. And the claims might be several years old. In Medicare investigations, an added dilemma is that the elderly patients sometimes die before they're interviewed or before the cases go to trial.	去看了医生，除非他们在医生检查时意识不清，否则他们会很清楚自己接受过哪些服务。然而，有时患者记忆模糊或身体有问题，这会损害他们对过去就诊的记忆。而且索赔可能已经有好几年了。在医疗保险调查中，一个额外的困境是，老年患者有时在接受采访或案件审理前死亡。
Most people in the medical field are honest and ethical, so fraud usually will bother their consciences. Sometimes they'll just quit their jobs because they don't want to be part of illegal activities. But for those who remain on the job, they often won't tell what they know until they're confronted. I've found it's usually best to interview employees and former employees of medical facilities at their homes or at least away from the facilities. Make sure you leave your business card with them, even if they don't want to talk (yet).	医疗领域的大多数人都是诚实和道德的，所以欺诈通常会困扰他们的良心。有时他们会因为不想参与非法活动而辞去工作。但对于那些仍在工作岗位上的人来说，他们通常在被发现之前不会说出自己所知道的。我发现，采访医疗机构的员工和前员工，最好选择在他们家里或者至少在远离医疗机构的地方。即使他们不想说话，你也要把名片留给他们。
Billings for services and care not rendered often make for simple cases to present in court because the scheme is so basic that even half-asleep jurors can understand it. Even when I'm putting together a health care fraud case that also includes more complex fraud schemes, if I find evidence of billing for services with no supporting documentation, I often include those first in my summary report.	为没有提供的服务计费在法庭上经常被视为简单的案件，因为诡计非常的简单，即使半睡半醒的陪审员也都可以理解。即使我在整理一个涉及更复杂的欺诈的医疗案件时，如果我发现了计费却没有配套文档的证据，我通常会在总结报告中首先列出这些。

2. BILLING FOR A NON - COVERED SERVICE AS A COVERED SERVICE	2. 将非承保服务作为承保服务计费
During one fraud examination I conducted, an allergy doctor was providing a treatment, which was considered experimental and therefore not approved by government health care plans or other insurance companies. With a few strokes of a pen or taps on a keyboard, the allergy doctor submitted claim forms and still got paid for utilizing the experimental treatment. She accomplished this by calling it (and coding it) something else that was covered by insurance plans and policies.	在我进行的一次欺诈检查中，一名过敏医生正在提供治疗，治疗被认为是实验性的，因此没有得到政府医疗计划或其他保险公司的批准。只需动笔或敲击键盘几下，过敏医生就提交了表格，并通过实验性治疗得到了报酬。她通过安上保险计划和保单所承保的其他内容的名头来做到这一点。
Like most other criminals, this doctor rationalized her wrongful actions. She believed she was providing a useful service to her allergy - suffering patients and that it wasn't her fault the government and insurance companies hadn't yet approved the experimental treatment.	像大多数其他罪犯一样，这个医生合理化了她的错误行为。她相信自己为过敏患者提供了有益的服务，政府和保险公司尚未批准这项实验性治疗，这并不是她的错。
Keep in mind that most patients are only concerned with two things: getting healthy (or finding relief from their suffering) and how much they personally have to pay out of their own pockets for medical services. Because the insurance companies are footing the bills (or most of them), patients usually have no qualms as long as they are regaining their health.	请记住，大多数患者只关心两件事：康复（或从痛苦中找到解脱），以及他们个人需要自掏腰包支付多少医疗服务费用。因为保险公司买单（或大部分），患者通常无疑虑，只要他们恢复健康。
In the allergy clinic case, the doctor only gave a few patients the experimental treatment; most received approved care. But I noticed something unusual when I reviewed the patients' files: The insurance claim forms	在过敏临床病例中，医生只给了少数患者实验性治疗，大多数接受了批准的护理。但当我查看患者的病历时，我注意到了一些不寻常的事情：保险索赔表显示，许多患者每周（周一至周五）在过敏门诊

showed that many patients were treated at the allergy clinic four or five days per week (Monday through Friday). I remember thinking, "I wouldn't come here that often even if they were giving away free lunches." However, when I interviewed some of the allergy doctor's patients at their homes, they told me they only received injections twice a week. Obviously, my case was getting stronger.	接受四五天的治疗。我记得有人说过"我不会经常来这里，即使他们免费送午餐"。当我去过敏医生的一些病人的家里采访他们时，他们告诉我，他们每周只注射两次。很明显，真相呼之欲出。
3. MISREPRESENTING DATES OF SERVICE	3. 谎报服务日期
Providers might make more money by reporting they visited with or and treated the same patient on two separate days rather than one day. Each "office visit" is usually considered a separate billable service. Often the services the fraudsters list on claim forms are actually provided, but the dates are false because it's more profitable for the providers. So check to assure that the patients' medical file documentation matches the dates of service listed on the claim forms.	医疗机构可能会通过报告他们在两个不同的日子而不是在某一天就诊或治疗同一患者而赚更多的钱。每次"诊室拜访"通常被视为单独的收费服务。欺诈者在索赔表上列出的服务通常是实际提供的，但日期是假的，因为这对医疗提供者来说更有利可图。因此，要检查以确保患者的病历档案与索赔表上列出的服务日期相符。
Focus on the "date of service" not the date the claim form was signed or submitted because those dates may be several days after the service was provided.	重点关注"服务日期"，而不是签署或提交索赔表的日期，因为这些日期可能是服务提供后的几天。
4. MISREPRESENTING LOCATIONS OF SERVICE	4. 谎报服务地点
Let's get back to that allergy clinic. When I interviewed patients at their homes, many who previously told me they only received injections twice a week, also told me they only went to the allergy clinic once a month. The patients said that the allergy clinic	让我们回到那个过敏的诊所。当我在病人的家里采访病人时，许多以前告诉我他们只接受了每周两次注射的病人，现在则告诉我，他们只每月一次去过敏诊所。患者表示，过敏诊所的工作人员会给他们每人一束装满抗原的注射器，并告诉他们在家里注射！

workers would hand each of them a bunch of syringes filled with antigens and tell them to inject themselves in their homes!	
Because I'm a bit shy of needles, and the thought of injecting myself makes me cringe, I wondered if insurance companies would knowingly approve self-injections away from the allergy clinic. A specialist from one of the insurance companies told me that it (and most other companies) didn't accept self-injection as a reimbursable expense. The specialist said medical providers should monitor patients for several minutes after injections to ensure the patients don't have adverse reactions.	因为我有一点晕针，一想到自己注射，我就退缩了，我想知道保险公司是否会批准在过敏诊所以外的地方自己注射。其中一家保险公司的一位专家告诉我，该公司（以及大多数其他公司）不接受自己注射作为可报销费用。专家表示，医疗机构应在注射后对患者进行几分钟的监测，以确保患者不会出现不良反应。
I examined the claim forms and found that the allergy doctor had reported that the injections were given at the allergy clinic. I started to wonder if the allergy clinic was doing anything legally. I confronted the allergy doctor with the evidence, and she claimed she didn't know this type of billing was improper.	我检查了索赔表，发现过敏医生报告说注射是在过敏诊所进行的。我开始怀疑过敏诊所所做的事情是否合法。我向过敏医生出示了证据，她声称她不知道这种收费方式是不正当的。
I asked how she determined the day of the week the patients injected themselves when preparing the claim forms, and the doctor said that she just guessed. I thought it was more than a coincidence that she always "guessed" the injections were given Monday through Friday (when the allergy clinic was open for business) and not Saturday, Sunday or holidays (when the allergy clinic was closed). I think she knew that billing for Sunday injections would have raised red flags at the insurance companies.	我问她在准备索赔表格时，是如何确定病人每周自己给自己注射的时间的，医生说她只是猜测。我认为，她总是"猜测"注射是在周一到周五（当过敏诊所开放营业时），而不是周六、周日或节假日（当过敏门诊关闭时），这就不仅仅是巧合了。我想她知道星期日注射的账单会令保险公司不高兴。

In other cases, I investigated physicians who had billed for services provided in their offices that were located in the U. S. while the physicians were actually on overseas vacations. These were closer to "no supporting documentation" fraud, but because the physicians didn't take their patients with them on their trips, those claims were really far off!	在其他案例中，我调查了那些在美国诊所里提供服务的医生，而实际上他们却是在海外度假。这些是更接近于“没有支持性文档”的欺诈行为，但因为医生没有把他们的病人一起带上去旅行，这些索赔真的太离谱了！
5. MISREPRESENTING PROVIDER OF SERVICE	5. 谎报服务提供者
It's a scary thought that somebody might impersonate a physician and bill for treatment, but it does happen. I've conducted numerous investigations in which medical doctors signed insurance claim forms showing that they had provided all the care but in reality, lesser-educated mental health professionals actually conducted the therapy.	一想到有人可能冒充医生并为治疗开账单，这真是一件可怕的事，但它确实发生了。我进行了多次调查，医生签署了保险索赔表，表明他们提供了所有的护理，但实际上是教育程度较低的心理健康专业人员进行的治疗。
In these cases, the affected insurance companies would still have paid for the care provided by the lesser-educated therapists (as long as they were licensed), but they would have paid less. For example, I learned that licensed clinical social workers are often reimbursed less than physicians.	在这些情况下，受影响的保险公司仍然会为教育程度较低的治疗师提供的护理支付费用（只要他们持有执照），但他们支付的费用会较少。例如，我了解到，持有执照的临床社工的报销金额通常低于医生。
In another investigation, I discovered that a psychological care facility even hired people to be therapists who had never been trained to provide those services. One of those unlicensed providers told me he was hired solely because he was a friend of the owner.	在另一项调查中，我发现一个心理护理机构甚至聘请了从未接受过培训的人担任治疗师来提供服务。其中一位无执照的“治疗师”告诉我，他之所以被聘用，完全是因为他是老板的朋友。
The facility also had hired a part-time doctor to come in the office two days a week to review treatment files and sign claim forms.	该机构还聘请了一名兼职医生，每周两天来办公室查看治疗文件并签署索赔表。在一次采访中，我问医生，为什么他

During an interview, I asked the doctor why he had signed the claim forms when he didn't personally provide the treatment. The doctor was almost defiant when he said he was permitted to do so because he was the supervising physician. I next asked him if he knew that some of the therapists weren't licensed to provide therapy. The doctor shook his head and asked me, "Well then, why the heck are they working here!?" The doctor said he assumed the owner checked the therapists' credentials before hiring them. He also said he didn't realize that the insurance companies paid more just because a physician signed the claim forms.	没有亲自提供治疗，却在索赔表上签字。医生几乎是很轻蔑地说他是被允许这样做的，因为他是主管医师。我接着问他，他是否知道有些治疗师没有执照。医生摇了摇头，问我："那么，他们为什么在这里工作?!"医生说，他假设老板在雇佣治疗师之前检查了他们的资质。他还表示，他没有意识到保险公司仅仅因为一名医生签署了索赔表就支付了更多的费用。
The doctor also admitted that he normally wasn't on the premises when the lesser-educated "therapists" provided the care, but he rationalized signing the claim forms because he reviewed the patient files before signing. The doctor sadly looked at me and said, "I guess I'm the goat." I replied, "Not if you testify."	这位医生还承认，当教育程度较低的"治疗师"提供护理时，他通常不在现场，但他签署索赔表是合理的，因为他在签署前查看了患者病历。医生悲伤地看着我说："我想我是替罪羊。"我回答："如果你作证的话就不是。"
I looked forward to interviewing the owner; however, he didn't offer any valid excuses for his crimes. He did say he didn't think he should go to jail because he was extremely overweight.	我期待过与机构的老板面谈；然而，老板没有为自己的罪行提供任何合理的借口。他说他认为他不应该去监狱，因为他极其超重。
6. WAIVING OF DEDUCTIBLES AND/OR CO-PAYMENTS	6. 免除免赔额和/或共同付款
Obviously, patients seldom complain when their out-of pocket expenses are low or non-existent.	显然，当患者的自付费用很低或根本不存在时，他们很少抱怨。

Most government health care plans and insurance companies don't allow medical providers or facilities to waive patients' deductibles or co-payments. The rationale may be that if patients have to pay something to see doctors, they'll only seek care if they really need it. Perhaps it's also a way to offset some of the expenses. Regardless, some providers do waive patients' deductibles or co-payments and then submit other false claims to insurance companies to make up the dollar difference. Truly unscrupulous providers also will add a bunch of other false services to the claim forms to increase their illegal gains knowing that the patients are unlikely to complain because their co-payments and deductibles were waived.	大多数政府医疗保健计划和保险公司不允许医疗提供者或机构免除患者的免赔额或共同付款。其理由可能是，如果患者必须支付看病费用，他们只有在真正需要时才会寻求治疗。也许这也是一种弥补部分费用的方法。不管怎样，一些医疗机构确实免除了患者的免赔额或共同付款，然后向保险公司提交其他虚假索赔，以弥补差额。实际上，无良的医疗提供者也会在索赔表中添加一系列其他虚假服务，以增加他们的非法收益，因为他们知道患者不太可能投诉，因为他们的共同付款和免赔额被免除了。
When I've interviewed providers who waive co-payments and/or deductibles, they often rationalize their false claims submissions by saying that they don't make any extra profit by doing this; they're just helping out their patients who can't afford to pay their medical bills. However, the insurance companies (and/or government programs) often end up paying expenses they shouldn't have to pay, which results in higher premiums for all policyholders or lost tax dollars.	我采访过那些免除共同付款和/或免赔额的提供者，他们通常会说他们这样做不会获得任何额外利润，以此来合理化他们提交的虚假索赔；他们只是在帮助那些付不起医药费的病人。然而，保险公司（和/或政府项目）往往最终支付了它们不应该支付的费用，这导致所有投保人的保费增加或税收损失。
Fraud examiners, investigators, auditors, compliance personnel and analysts should note that medical facilities' financial records should show payments—or the lack thereof—of co-payments and/or deductibles. Patients might also have copies of receipts issued from medical facilities or perhaps even cancelled	欺诈审查员、调查人员、审计员、合规人员和分析师应注意，医疗机构的财务记录应显示付款情况或无共同付款和/或免赔额的情况。患者还可能有医疗机构出具的收据副本，甚至可能有注销的显示了支付情况的支票或信用卡收据。

checks or credit card receipts showing what they paid.	
So keep in mind that it may also prove beneficial to interview patients plus current and former medical facility employees. It's been my experience that it's usually tactically smarter to try to interview former employees before interviewing current employees. Former employees don't have the fear of losing their jobs (livelihood) for telling the truth and are less likely to tell their former employers about the interviews. Keep in mind that a company's counsel might say that you can't legally approach and question those current or former employees.	因此，请记住，采访患者以及当前和以前的医疗机构员工也可能是有益的。根据我的经验，在采访现有员工之前，先采访前员工通常更明智。前雇员不会因为说出真相而担心失去工作（生计），也不太可能向前雇主透露采访情况。请记住，公司的法律顾问可能会说，你不能合法地接近和质疑那些现任或前任员工。
7. INCORRECT REPORTING OF DIAGNOSES OR PROCEDURES	7. 虚报诊断或手术（包括拆分）
This provider scheme is similar to one often used in the auto repair industry. As you probably know, it costs more to get a car tuned-up than it does to change the air filter. But if an auto-repair business charges you for a tune-up but only changed the air filter, it's making money illegally. Listing an incorrect diagnosis or procedure is essentially the same thing.	这个类似于汽车维修行业中经常使用的诡计。正如你可能知道的那样，对汽车进行调整要比更换空气滤清器花费更多。但如果汽车修理公司只更换了空气滤清器而向你收取调整费用，那就是非法赚钱。列出虚假的诊断或手术本质上是一样的。
Unscrupulous providers can bill for extra services if they report false serious diagnoses or procedures performed. For example, if an elderly patient reportedly fell inside a nursing home, a crooked provider could intentionally misdiagnose her with head trauma requiring the (unnecessary) use of a computed tomography (CT) scan and/or blood tests.	如果不道德的医疗提供者报告了虚假的严重诊断或手术，他们可以收取额外的服务费用。例如，如果一个老人在养老院跌倒，无良的医疗提供者可能会故意误诊为头部外伤，需要（不必要的）使用计算机断层扫描（CT）和/或血液检查。

The sky's the limit for potential fraudulent provider claims with the elderly in poor health or patients with severe mental handicaps.	对于健康状况不佳的老年人或患有严重精神障碍的患者，潜在的欺诈性医疗机构索赔是天方夜谭。
Of course, some diagnoses require longer, more expensive hospital stays. I've studied numerous cases in which patients were often admitted for hospitalization, but they mysteriously "got better" as soon as their insurance coverage ran out.	当然，一些诊断需要的时间更长，花费也更昂贵。我研究过许多患者经常住院的案例，当他们的保险用完后，他们就神秘地"好转"了。
One of the most popular incorrect reporting of procedures is unbundling. In simple terms, unbundling is similar to going to a fast food restaurant and ordering a value meal—a burger, fries and soft drink for \$5. However, when you look at your receipt, you find that the restaurant charged you separately for each item so that your total bill was \$6.50. Obviously, the business makes more money by unbundling the package deal.	最常见的虚报手术就是拆分。简单来说，拆分类似于去快餐店点一份价值 5 美元的汉堡、薯条和软饮料。然而，当你看到收据，你会发现，快餐店对每一项都单独收费，所以你的总账单是 6.50 美元。显然，快餐店通过拆分一揽子交易而赚得更多钱。
So, simple unbundling occurs when a provider charges a comprehensive code plus more component codes. Here's a theoretical example from the ACFE's 2013 Fraud Examiners Manual. A correctly billed procedure for a hysterectomy would cost \$1,300. If a medical provider were to unbundle that procedure, it might charge that \$1,300 plus \$950 for removal of ovaries and fallopian tubes, \$671 for the exploration of the abdomen, \$250 for an appendectomy and \$550 for "lysis of adhesions" — for a total of \$3,721. (See 1.1130 of the 2013 Fraud Examiners Manual.)	因此，简单的拆分发生在医疗提供者综合收费叠加分项收费时。这里有个 ACFE 2013 年欺诈审查员手册中的理论示例。正常计费的子宫切除手术花费 1 300 美元。如果医疗机构将这一手术拆分，它可能会收取 1 300 美元加上 950 美元的卵巢和输卵管切除费、671 美元的腹部探查费、250 美元的阑尾切除术费和 550 美元的"粘连松解"费，共计 3 721 美元（见 2013 年欺诈审查员手册 1.1130）。

8. OVERUTILIZATION OF SERVICES	8. 过度使用服务
This typically involves billing for services that aren't really necessary—like completing and billing for an unnecessary car tune-up. Unscrupulous providers use this scheme on hypochondriac patients. Tests and exams can go on indefinitely or at least as long as a patient still has coverage or is able to make payments. Alcohol and drug rehabilitation facilities are ripe for overutilization.	这通常涉及对那些并非真正必要的服务进行计费，就像完成不必要的汽车调试并计费那样。无良提供者会对疑病患者使用这种诡计。测试和检查可以无限期地进行，或者至少在患者仍有保险或有能力付款的情况下进行。酒精和药物戒断康复设施已经成熟，可以过度使用。
According to the U. S. National Survey on Drug Use and Health "in 2011, 21.6 million persons aged 12 or older needed treatment for an illicit drug or alcohol use problem (8.4 percent of persons aged 12 or older). Of these, 2.3 million (0.9 percent of persons aged 12 or older and 10.8 percent of those who needed treatment) received treatment at a specialty facility." Obviously, there's a lot of potential for fraud in this area.	根据美国国家药物使用与健康调查，"2011 年，2 160 万 12 岁或以上的人因非法药物或酒精使用问题需要治疗（占 12 岁或 12 岁以上人群的 8.4%）。其中，230 万人（0.9%的 12 岁或以上的人和 10.8%的需要治疗的人）在专科医院接受治疗"。显然，这一领域存在很大的欺诈潜力。
9. CORRUPTION (KICKBACKS AND BRIBERY)	9. 腐败（回扣和贿赂）
Like all industries, the potential for corruption in the health care industry is great. Providers have been known to unlawfully pay for and/or receive payment for referrals. Obviously, that practice can lend itself to abuse when referrals are made for services that aren't even needed, such as X-rays, MRIs, prescription drugs, etc.	和其他行业一样，医疗保健行业的腐败潜力也是巨大的。我们已经知道，医疗提供者会非法支付和/或收取转介费用。很明显，当为不需要的服务进行转介（如 X 光片、核磁共振成像、处方药等）时，这种做法可能会被滥用。
To prove a bribery/kickback scheme, you must establish quid pro quo ("this for that"). Substantiating that the provider paid or received something of value in return for	要展现贿赂/回扣诡计，你必须建立交换条件（"这换那"）。证明提供者支付或接受了有价值的东西作为转介的回报是至关重要的，这也很不容易做到。有时，回

referrals is paramount and not very easy to do. Sometimes the kickbacks or bribes are hidden or disguised in the form of luxury vacations, discounts on facility rentals or hidden gifts as compared to just slipping a check or cash under the table. I investigated one provider who made inflated office rental payments to another physician to disguise his kickbacks for referring patients to him.	扣或贿赂被隐藏或伪装成豪华度假、设施租赁折扣或隐藏礼品，而不是仅仅在桌子下面塞一张支票或现金。我调查了一位提供者，他向另一位医生支付了高额的办公室租金，以掩饰他将病人介绍给他的回扣。
10. FALSE OR UNNECESSARY ISSUANCE OF PRESCRIPTION DRUGS	10. 虚假或不必要地开处方药
Prescription drug abuse is sometimes defined as taking prescription medication (prescribed or not) for reasons beyond physicians' intentions. I first became aware of the severity and growth of this problem after reading "Under the Counter: The Diversion and Abuse of Controlled Prescription Drugs in the U. S.," a 214-page 2005 report prepared by the National Center on Addiction and Substance Abuse (CASA) at Columbia University. According to the report, the number of U. S. citizens who abuse controlled prescription drugs nearly doubled from 7.8 million to 15.1 million from 1992 to 2003.	处方药滥用有时被定义为出于超出医生意图的原因服用处方药（处方药或非处方药）。我第一次意识到这个问题的严重性是在阅读了哥伦比亚大学国家吸毒和药物滥用中心（CASA）编写的一份长达 214 页的 2005 年报告《柜台下：美国管制处方药的转移和滥用》之后。根据该报告，从 1992 年到 2003 年，滥用管制处方药的美国人几乎翻了一番，从 780 万增加到 1 510 万。
Painkillers are the most commonly abused prescription. These drugs' street value is almost 10 times the legal prescription value. Media around the country often report that thieves have robbed pharmacies at gunpoint to get painkillers. Crime prevention tips often suggest that homeowners should ensure visitors—especially children and teens—don't have unneeded access to the occupants'	止痛药是最常被滥用的处方。这些药物的市场价值几乎是法定处方价值的 10 倍。美国各地的媒体经常报道小偷持枪抢劫药店以获取止痛药。犯罪预防提示通常建议人们应确保来访者，尤其是儿童和青少年，不会不必要地接触家里的处方药。CASA 的报告显示，过度使用药物的情况在增加。

prescription drugs. The CASA report shows that reported overdoses are increasing.	
Some patients "doctor shop" to obtain drug prescriptions—especially painkillers. The doctors usually have no idea that the patients have already visited other physicians to obtain the same or other drugs. Fraudsters can easily recover the cost of the doctors' visits and filling of prescriptions by selling some or all of the drugs on the street. Some patients—and even medical facility employees—have been known to steal prescription paper pads and forge prescriptions and provider signatures. Others make pen-and-ink changes to the quantity and/or authorized refill numbers on the paper prescriptions. (Electronic prescriptions from providers to pharmacists are helping prevent this fraud.)	有些患者在"医生商店"获得处方药尤其是止痛药。医生通常不知道患者已经去其他医生那里获取了相同的或其他的药物。欺诈者可以通过在街上出售部分或全部药物，轻松收回医生就诊和开具处方的费用。一些患者甚至医疗机构的员工，窃取处方纸伪造处方，并伪造提供者的签名。还有一些人则对纸质处方上的数量和/或编号进行篡改。（电子处方有助于防止这种欺诈。）
According to the CASA report, 28.4 percent of surveyed pharmacists reported that they didn't regularly validate the prescribing physicians' DEA numbers (assigned to them by the U. S. Drug Enforcement Administration, which permits them to prescribe drugs) before dispensing controlled drugs, and one in 10 pharmacists rarely or never did.	据 CASA 报道，28.4%的受调查的药剂师报告称，在分发管制药物之前，他们没有定期验证处方医师的 DEA 号码（由美国缉毒署分配，许可药剂师开药），10 个药剂师中有一个很少或从来没有验证过。
I conducted an investigation in which a pharmacist stole large quantities of painkillers from his employer's inventory and then electronically submitted false claims to insurance companies using names of other beneficiaries' and their insurance policy numbers, which he obtained from his employer's computer. The pharmacist was smart enough to slip cash co-	我调查过的一名药剂师从他雇主的库存中偷走了大量止痛药，然后使用他从雇主计算机中获得的其他受益人名字和保单号，以电子方式向保险公司提交虚假索赔。药剂师很聪明，可以把现金从自己的口袋里偷偷放进收银机，这样他的雇主就不会有现金短缺。为了进一步避免被发现，他定期只以每个受益人的名义提交少量索

payments out of his own pocket into the cash register so there wouldn't be a financial shortage for his employer. To further avoid detection, he regularly submitted only a few claims for low quantity under each beneficiary's name. Submitting a claim for 1,000 painkillers under one patient's name in one day would have raised red flags.	赔。如果在一天内以一名患者的名义提交 1 000 种止痛药的索赔，就会引发危险。
The insurance beneficiaries never even knew that the pharmacist had illegally used their names and insurance policies because most didn't receive explanation of benefit forms in the mail from their insurance companies for prescriptions filled under their names. None of the insurance beneficiaries lost any money in the scheme.	保险受益人甚至都不知道药剂师非法使用了他们的名字和保单，因为大多数人都没有收到保险公司对他们名下处方的福利表格的解释的邮件。没有保险受益人损失了钱财。
When I confronted the pharmacist, he claimed he lifted weights daily and needed the painkillers for his soreness. (I could tell that he hadn't been lifting anything heavier than pill bottles.) If he had ingested all the painkillers he stole he would have been dead from an overdose. The investigation later proved that the pharmacist was selling the painkillers on the street for cash. Some acquaintances of the pharmacist said they paid him for the illegally obtained drugs.	当我与药剂师对质时，他声称自己每天都在举重，需要止痛药来缓解疼痛。（我看得出来，他没有举起比药瓶更重的东西。）如果他吞下所有他偷的止痛药，他会死于嗑药过量。调查后来证明，这药剂师在街上出售止痛药以换取现金。药剂师的一些熟人说，他们为他非法获得的药物付钱。
Claims can only be submitted, processed and paid when all of the required protected identifying information (PII) is listed on the claim forms. That PII will include the patient's: name (and beneficiary name if not the same as the patient), date of birth, insurance policy number and possibly Social Securitynumber. PII is the key that opens the safe deposit box. With	当所有必需的受保护的识别信息（PII）列在索赔表格时，索赔才能被提交、处理和支付。PII 包括患者的姓名（如果与患者不相同，还包括受益人姓名）、出生日期、保险单编号以及可能的社会保障编号。PII 是打开保险箱的钥匙。没有它，就不会支付任何索赔。

out it, no claim will be paid.	
Don't blindly assume that the "patients" whose names are listed on the claim forms actually received anything. A cautious fraudster may simply include a few low-dollar false billings on several different patient claim forms to stay under the radar: 200 false prescription claims at $50 each often will receive less scrutiny than one false claim for $10,000. So remember, don't dismiss small-dollar claims listed under individual patient names because they could be part of a higher-dollar fraud scheme. The names are still important data that you shouldn't overlook.	不要盲目地认为索赔表上列出的“患者”实际上收到了任何东西。一个谨慎的欺诈者可能会简单地在几个不同的患者索赔表上加入一些低额的虚假账单，以保持警惕：200 份每份 50 美元的虚假处方索赔通常比一份 10 000 美元的虚假索赔受到的审查更少。因此，请记住，不要忽视以患者姓名列出的小额索赔，因为它们可能是高额欺诈诡计的一部分。这些名字仍然是重要的数据，你不应该忽视。
A crooked pharmacist could also alter the quantity listed on legitimately received prescriptions for painkillers (or other drugs), manipulate the patients' paperwork and receipts or make co-payments like the above pharmacist and steal the extra drugs for himself. Possible schemes are endless.	一个狡猾的药剂师还可以改变合法收到的止痛药（或其他药物）处方上列出的数量，操纵患者的文件和收据，或像上述药剂师那样支付部分费用，并为自己偷取额外的药物。可能的诡计层出不穷。
KNOW THE SCHEMES	**了解诡计**
The health care profession is filled with honest, ethical, dedicated and committed individuals. However, like all industries, there are those who betray their colleagues and society.	医疗行业充满了诚实、道德、敬业和忠诚的个人。然而，像所有行业一样，也有一些人背叛了他们的同事和社会。
The scheme descriptions in this article will get you started in learning how to battle this scourge, help victims and reduce soaring health care costs.	本文描述的诡计将帮助您开始学习如何应对这一祸害，帮助受害者并降低不断飙升的医疗保健成本。
Charles Piper, CFE, CRT, is a private investigator, consultant and owner of Charles Piper's Professional Services in West Tennessee. Visit www.piper-pi.com.	查尔斯·派珀是西田纳西州 Charles Piper 专业服务公司（www.piper-pi.com）的私人调查员、顾问和所有者。
（资料来源：https://www.acfe.com/article.aspx?id=4294976280）	

后　记

百年变局+新冠疫情，所有安排都乱了套，真是太难了。本书酝酿已久，延宕不断，现终于付梓了。

我国社会信用体系建设已走过立四梁八柱的基础期，进入提质升级规范运行期。北京社会信用体系建设及信用管理，更是先人一步，走在了全国前列。北京在社保公共服务体系建设中，建立实施医疗机构信用记录，公布严重失信者“黑名单”，并公开向公共信用信息平台推送“黑红名单”及联合奖惩信息，加强医疗服务多元化监管，持续从机构自治、行业自律、政府监管、社会监督等方面发力，提高北京市公共服务体系的医疗服务质量水平。

本书研究内容囿于笔者水平，持续时间较长，时过境迁，书中内容可能已经落伍，难免有与当下信用体系建设和社保公共服务建设最新进展不符之处，敬请读者批评指正。

最后，感谢北京物资学院的出版资助，感谢有关项目的研究资助，感谢研究伙伴的智力支持。

2023 年 3 月 12 日